Franz und Rudolf Hauleitner

Wiener Hausberge Nord

Gutensteiner Alpen – Hohe Wand – Dürre Wand – Fischauer und Grünbacher Berge – Westlicher Wienerwald

50 ausgewählte Touren

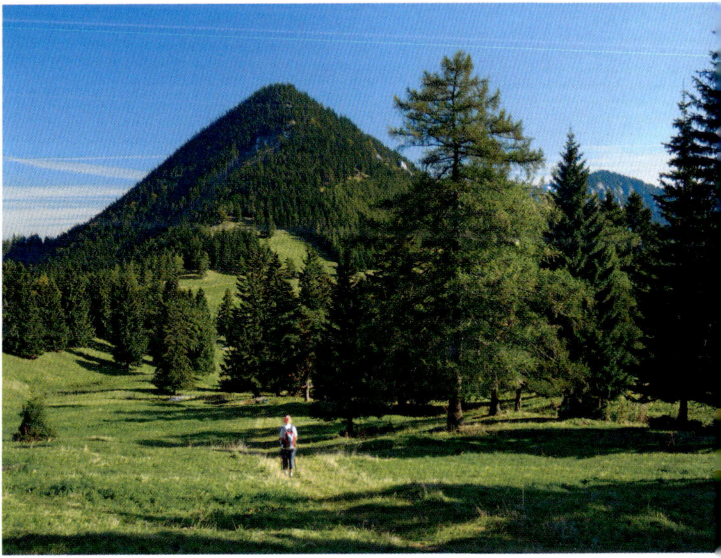

ROTHER
BERGVERLAG

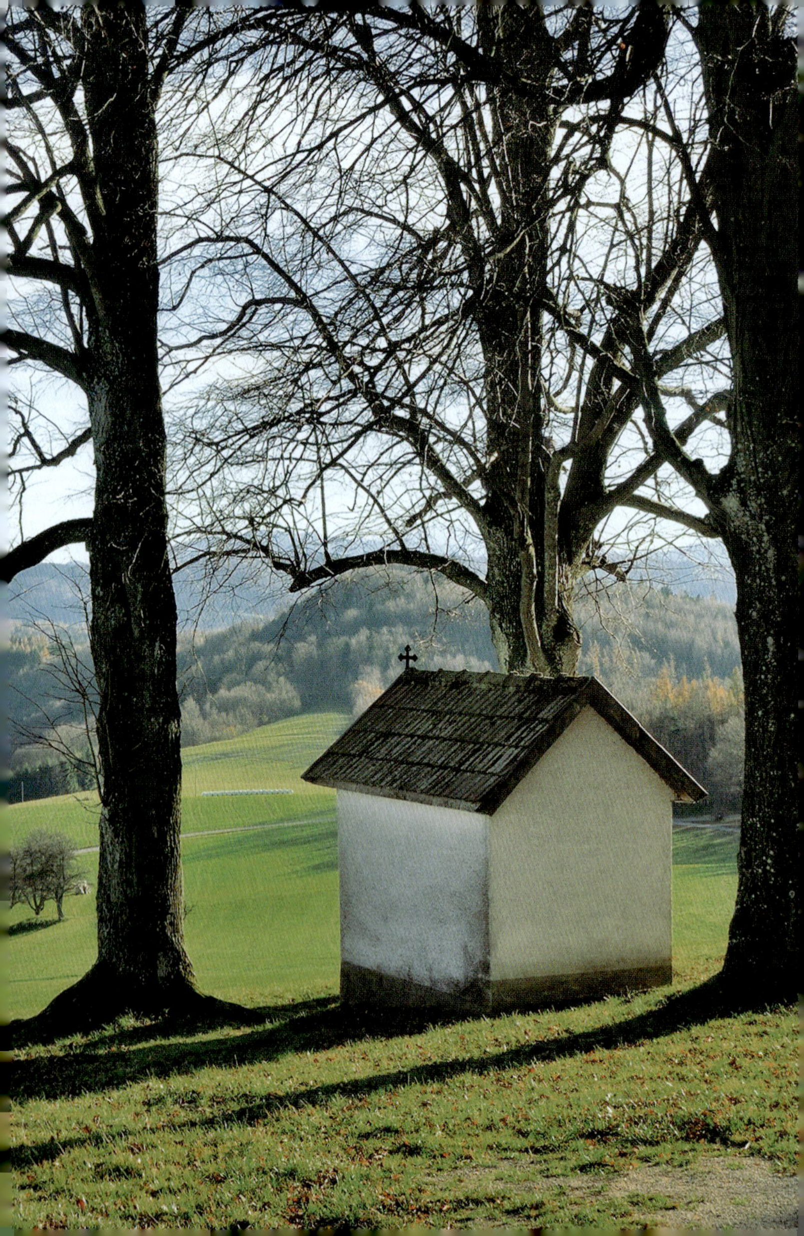

VORWORT

Der Wienerwald gilt dank seiner Nähe zur Bundeshauptstadt und den mit Auto, Bus, Schnellbahn oder Tramway rasch erreichbaren Ausgangspunkten sozusagen als »alltägliches« Trainings- und Ausflugsgebiet der Wiener. Die eigentlichen Wander- und Kletterberge aber, die »Wiener Hausberge«, mit ihren die 1000-Meter-Marke übersteigenden Kalk- und Kristallingipfeln finden sich südwestlich davon, zwischen Traisental und dem Wiener Becken, dem Triestingtal und der Grenze zur benachbarten Steiermark.
Mehr als die Hausberge Münchens oder Salzburgs sind jene um Wien schon aufgrund ihres im Wesentlichen voralpinen Charakters und der raschen Erreichbarkeit Tourenziel der Städter. Entsprechend rar ist der Besuch ortsfremder oder gar ausländischer Bergwanderer, entsprechend hoch konzentriert der Wochenendansturm vor allem zu den Übergangsjahreszeiten. Dabei präsentieren diese Berge einen eigenen, unverwechselbaren Landschaftstyp. So hat der Semmering mit seinen um die Wende vom 19. zum 20. Jahrhundert entstandenen Hotelbauten und der fast ästhetischen Anlage der Semmeringbahn als »eroberte Landschaft« Berühmtheit erlangt. Aber auch die nur hier anzutreffende harmonische Mischung aus Föhrenwald, hellem Kalkfels und tiefgrünen Wiesen ist als »Gutensteiner- oder Miesenbach-Landschaft« bis über die Grenzen Österreichs hinaus bekannt geworden.
Das vorliegende Buch beschreibt den der Bundeshauptstadt näher gelegenen Nordbereich der Wiener Hausberge, die Gutensteiner Alpen mit Hoher Wand, Dürrer Wand, Fischauer und Grünbacher Bergen sowie den westlichen Wienerwald. Es klammerrt somit die Kalkhochalpen Schneeberg, Raxalpe, Schneealpe sowie die Semmeringberge und das Wechselgebiet aus, die in dem separaten Band »Wiener Hausberge Süd« gewürdigt werden.
Fast alle hier angeführten Touren sind unschwierig und können auch von weniger trainierten Bergfreunden unternommen werden. Bei den wenigen anspruchsvolleren Unternehmungen sind bergsteigerische Übung und Ausdauer vonnöten. Möge dieser Wanderführer allen Besuchern der Wiener Hausberge ein verlässlicher Begleiter auf ihren Streifzügen sein!

Wien, im Frühling 2021 — Franz und Rudolf Hauleitner

LIEBE LESERINNEN UND LESER,

infolge der Corona-Krise können sich Änderungen ergeben haben, die bei Redaktionsschluss noch nicht absehbar waren. Soweit möglich, werden wir aktuelle Hinweise unter www.rother.de (beim Buch) zur Verfügung stellen. Bitte informieren Sie sich vor der Wanderung zusätzlich über die derzeitigen Gegebenheiten.
Sollten Sie geänderte Gegebenheiten vor Ort feststellen, freuen wir uns über Korrekturhinweise per E-Mail an leserzuschrift@rother.de.

INHALTSVERZEICHNIS

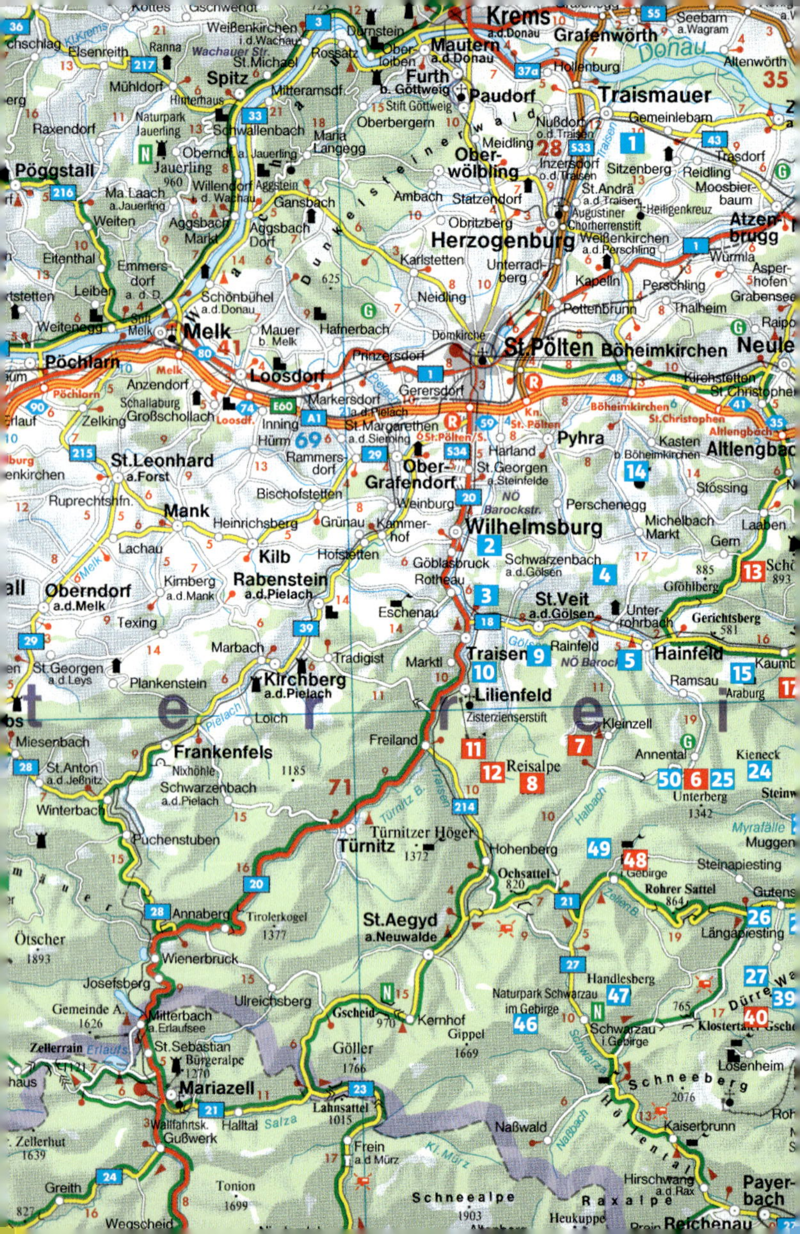

Krems a.d.Donau
Grafenwörth
Seebarn a.Wagram
Donau
Weißenkirchen i.d.Wachau
Dürnstein
Mautern a.d.Donau
Rossatz
Spitz
St.Michael
Furth b. Göttweig
Stift Göttweig
Paudorf
Hollenburg
Traismauer
Altenwörth
Mühldorf
Mitterarnsdf.
Oberbergern
Nußdorf o.d.Traisen
Gemeinlebarn
Raxendorf
Naturpark Jauerling
Schwallenbach
Maria Langegg
Meidling
Inzersdorf o.d.Traisen
Sitzenberg
Reidling
Trasdorf
Pöggstall
Oberndf. a. Jauerling
Jauerling
Ober-wölbling
St.Andrä a.d.Traisen
Moosbierbaum
Ma.Laach a.Jauerling
Willendorf i. d. Wachau
Aggstein
Gansbach
Ambach
Statzendorf
Augustiner Chorherrenstift
Heiligenkreuz
Atzenbrugg
Weiten
Aggsbach Markt
Aggsbach Dorf
Obritzberg
Herzogenburg
Weißenkirchen a.d.Perschling
Würmla
Eitenthal
Emmersdorf a. d. D.
Dunkelsteinerwald
Karlstetten
Unterradlberg
Kapelln
Perschling
Asperhofen
Leiben
Schönbühel a.d.Donau
Neidling
Pottenbrunn
Thalheim
Grabensee
Weitenegg
Stift Melk
Melk
Mauer b. Melk
Hafnerbach
Domkirche
St.Pölten
Böheimkirchen
Pöchlarn
Prinzersdorf
Loosdorf
Gerersdorf
Kirchstetten
St.Christophen
Anzendorf
Schallaburg
Markersdorf a.d.Pielach
Zelking
Großschollach
Inning
Hürm
St.Margarethen a.d.Sierning
Harland
Pyhra
Kasten b.Böheimkirchen
Altlengbach
St.Leonhard a.Forst
Rammersdorf
Ober-Grafendorf
St.Georgen a.Steinfelde
Stössing
Ruprechtshfn.
Bischofstetten
Weinburg
Perschenegg
Mank
Heinrichsberg
Grünau
Kammerhof
Wilhelmsburg
Michelbach Markt
Laaben
Gern
Lachau
Kilb
Hofstetten
Göblasbruck
Schwarzenbach a.d.Gölsen
Rotheau
Oberndorf a.d.Melk
Kirnberg a.d.Mank
Rabenstein a.d.Pielach
Gföhlberg
St.Veit a.d.Gölsen
Unter-rohrbach
Gerichtsberg
Texing
Eschenau
Marbach
Tradigist
Marktl
Traisen
Rainfeld
Hainfeld
St.Georgen a.d.Leys
Plankenstein
Kirchberg a.d.Pielach
Lilienfeld
Zisterzienserstift
Ramsau
Araburg
Loich
Kleinzell
Miesenbach
Freiland
Annental
Kieneck
Frankenfels
Nixhöhle
Reisalpe
St.Anton a.d.Jeßnitz
Schwarzenbach a.d.Pielach
Unterberg
Winterbach
Türnitzer Höger
Türnitz
Hohenberg
Puchenstuben
Myrafälle
Muggendorf
Ochssattel
Steinapiesting
Rohrer Sattel
Annaberg
Tirolerkogel
St.Aegyd a.Neuwalde
Längapiesting
Ötscher
Wienerbruck
Handlesberg
Josefsberg
Ulreichsberg
Naturpark Schwarzau im Gebirge
Gemeinde A.
Mitterbach a.Erlaufsee
Gscheid
Kernhof
Gippel
Schwarzau i.Gebirge
Zellerrain
St.Sebastian
Bürgeralpe
Göller
Klostertal
Losenheim
Mariazell
Lahnsattel
Schneeberg
Wallfahrtsk.
Halltal
Salza
Gußwerk
Naßwald
Kaiserbrunn
Zellerhut
Frein a.d.Mürz
Höllental
Hirschwang a.d.Rax
Payerbach
Greith
Tonion
Schneealpe
Raxalpe
Heukuppe
Wegscheid
Reichenau

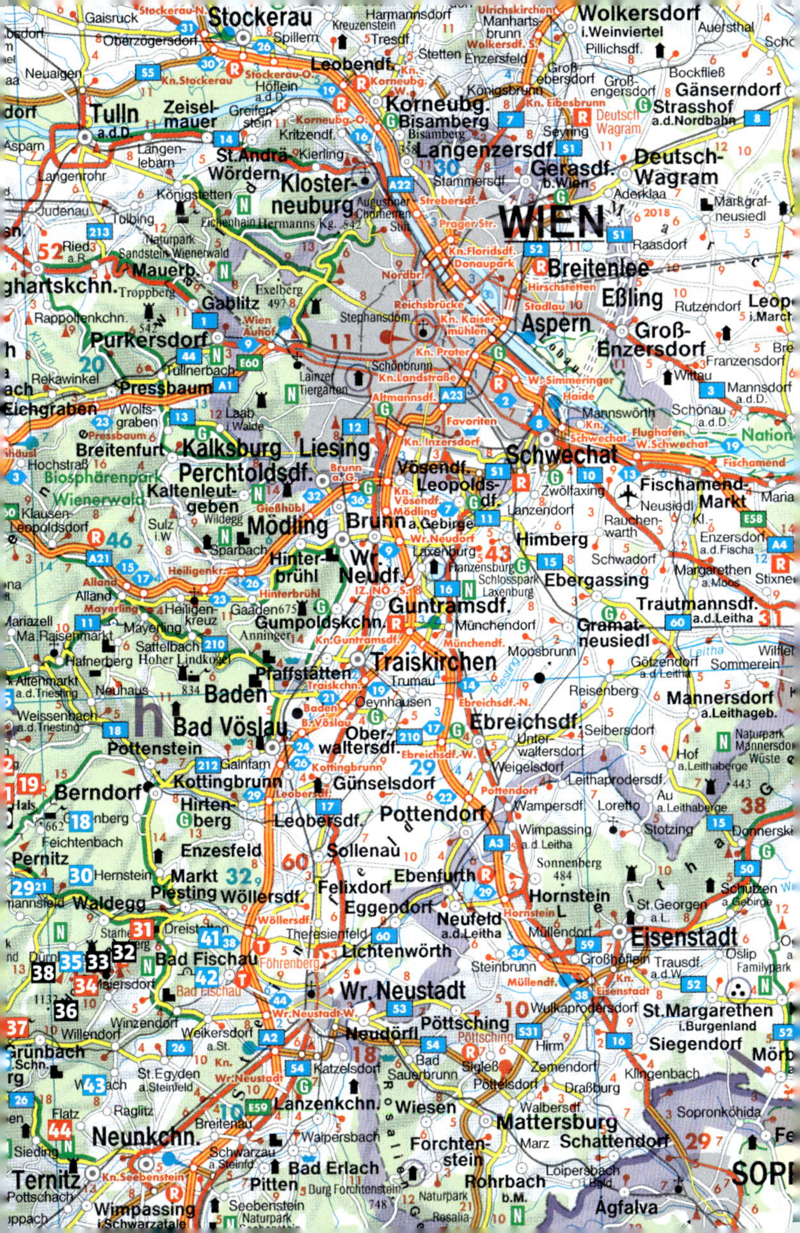

Stockerau
Wolkersdorf i.Weinviertel
Tulln a.d.D.
Zeiselmauer
Leobendf.
Korneubg.
Bisamberg
Langenzersdf.
Gerasdf. b.Wien
Deutsch-Wagram
Strasshof a.d.Nordbahn
Gänserndorf
St.Andrä-Wördern
Kloster-neuburg
WIEN
Mauerb.
Gablitz
Purkersdorf
Pressbaum
Eichgraben
Breitenlee
Eßling
Aspern
Groß-Enzersdorf
Schwechat
Fischamend-Markt
Breitenfurt
Kalksburg
Liesing
Perchtoldsdf.
Kaltenleutgeben
Mödling
Brunn a.Gebirge
Vösendf.
Leopoldsdf.
Himberg
Ebergassing
Hinterbrühl
Wr.Neudf.
Guntramsdf.
Gumpoldskchn.
Gramatneusiedl
Trautmannsdf. a.d.Leitha
Traiskirchen
Pfaffstätten
Baden
Bad Vöslau
Oberwaltersdf.
Ebreichsdf.
Mannersdorf a.Leithageb.
Pottenstein
Berndorf
Kottingbrunn
Günselsdorf
Hirtenberg
Leobersdf.
Pottendorf
Enzesfeld
Sollenau
Markt Piesting
Wöllersdf.
Felixdorf
Eggendorf
Ebenfurth
Hornstein
Neufeld a.d.Leitha
Eisenstadt
Waldegg
Bad Fischau
Lichtenwörth
Wr.Neustadt
Pöttsching
Neudörfl
St.Margarethen i.Burgenland
Siegendorf
Lanzenkchn.
Wiesen
Mattersburg
Schattendorf
Neunkchn.
Forchtenstein
Ternitz
Bad Erlach
Pitten
Wimpassing i.Schwarzatale
Rohrbach b.M.
Ágfalva

TOP-TOUREN

Reisalpe und Hochstaff
Lohnende Überschreitung zum höchsten Berg der Gutensteiner Alpen *(Tour 8, 4.30 Std.)*.

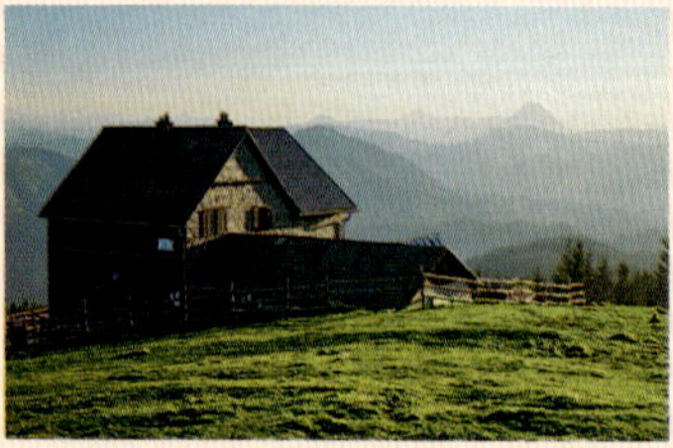

Schöpfl und Gföhlberg
Tagfüllende Runde über beide Paradegipfel des Wienerwaldes *(Tour 13, 7 Std.)*.

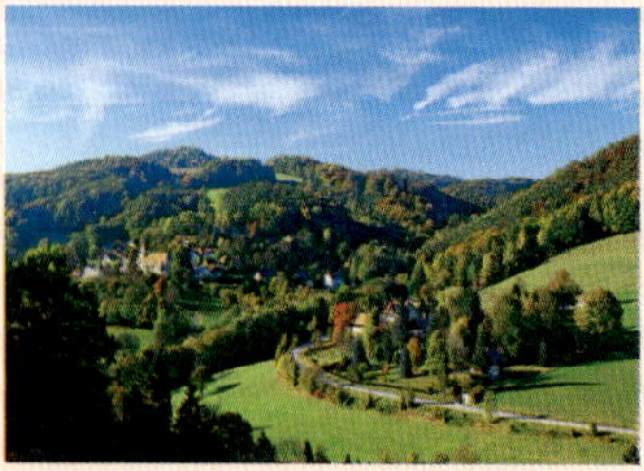

Steinwandklamm, Rudolf-Decker-Steig und Türkenloch
Kurze Romantiktour mit Klamm, Höhle und Eisenleiter an senkrechter Felswand *(Tour 20, 1.45 Std.)*.

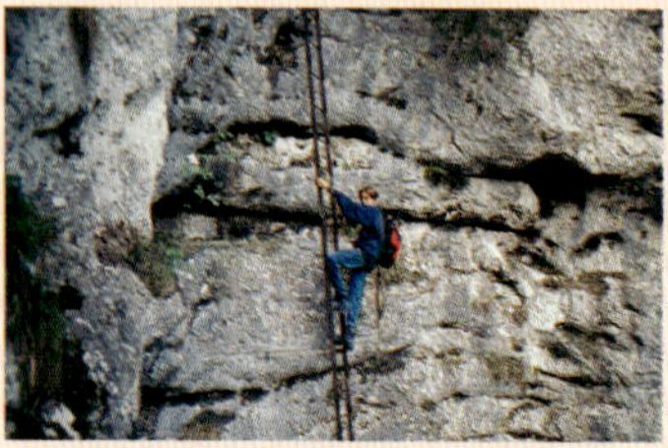

Gaisstein
Einer der wenigen Felsgipfel des Gebiets mit überraschend einfachem Zugang *(Tour 22, 3.30 Std.)*.

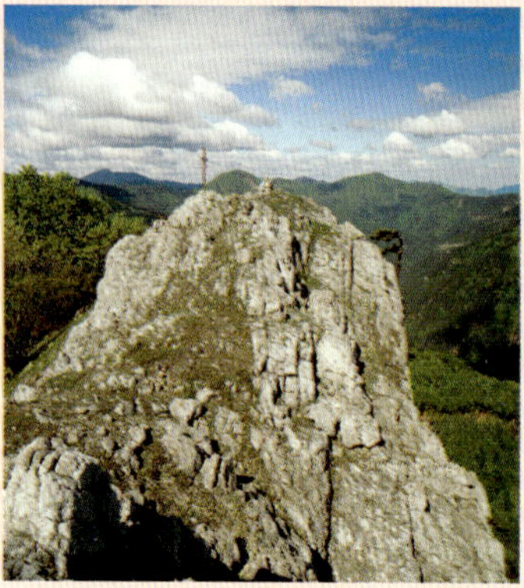

Unterberg (von Osten)
Zentralgipfel der Gutensteiner Alpen mit umfassender Rundsicht *(Tour 25, 4.15 Std.)*.

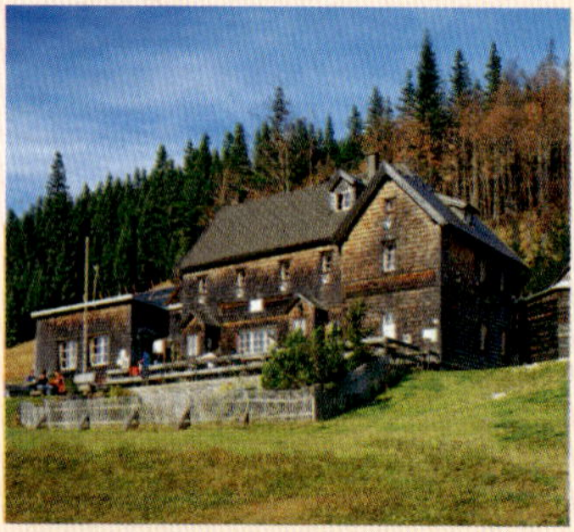

Hohe Wand: Hanselsteig
Für Klettersteig-Aspiranten und Landschaftsliebhaber gleichermaßen lohnend. Ein Hit in den Wiener Hausbergen *(Tour 32, 2 Std.)*!

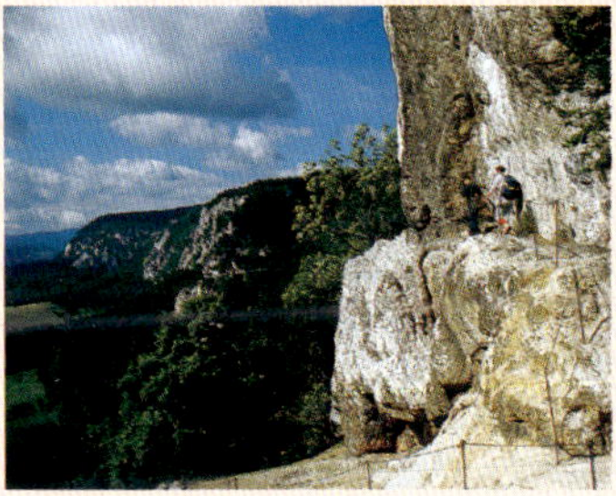

Teufelsmühlstein und Steinerner Stadl

Zwei Naturwunder im Föhrengebiet der Fischauer Berge - eine Wanderung für Genießer und Entdecker weniger bekannter Naturschönheiten. *(Tour 41, 3 Std.).*

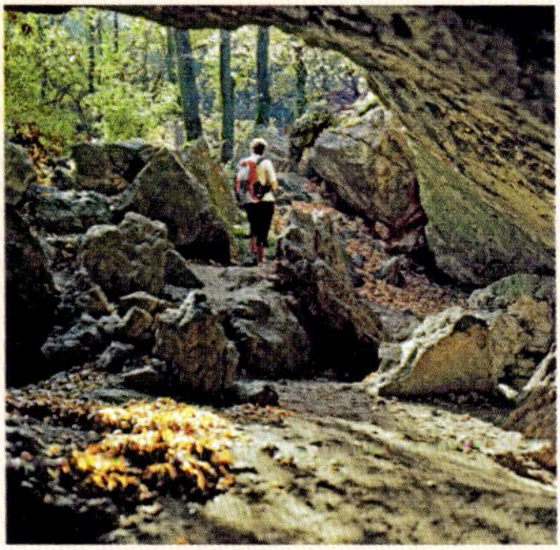

Das Gelände

Aussichtsbalkon gegenüber dem Schneeberg, hoch über dem Puchberger Becken. Am Gipfel eine urgemütliche Schutzhütte *(Tour 37, 2.45 Std.).*

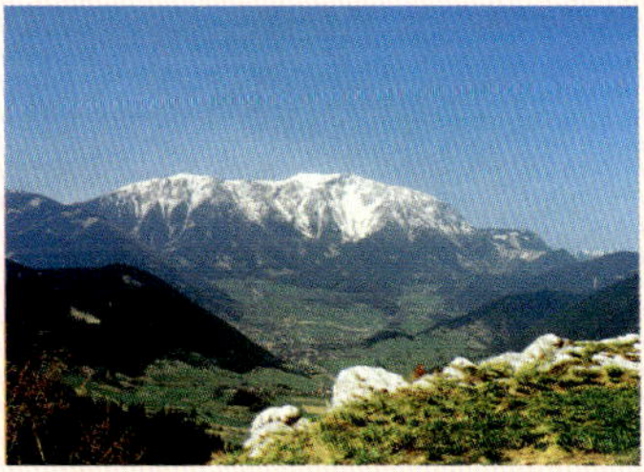

Obersberg

Attraktive Schauloge vor Gippel, Göller, Rax und Schneeberg mit genussreichem 850-Meter-Anstieg und einer an Wochenenden bewirtschafteten Hütte *(Tour 46, 4 Std.).*

Schober-Öhler-Überschreitung

Attraktive Kammwanderung im Banne des Schneebergs mit Labestätten davor und danach *(Tour 40, 4 Std.).*

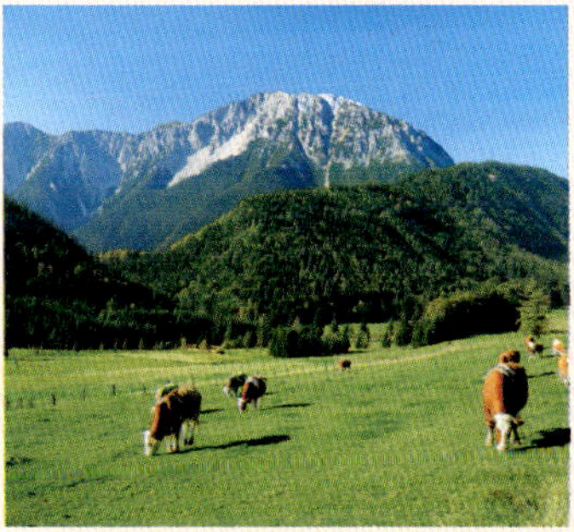

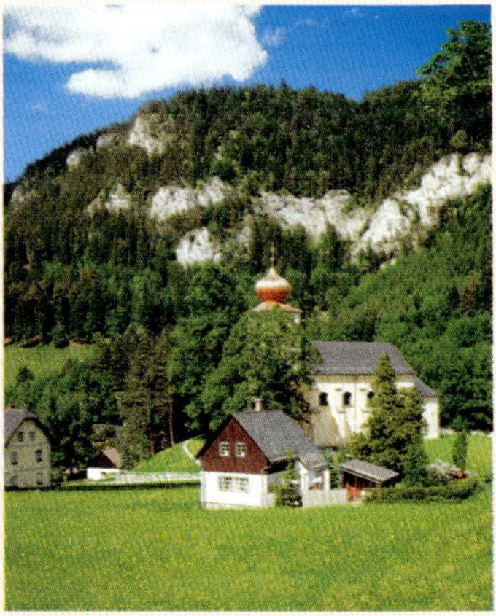

WICHTIGE HINWEISE FÜR UNTERWEGS

Anforderungen

Die meisten Wanderungen verlaufen auf gut instand gehaltenen, markierten Steigen und Wegen, sind also im alpinistischen Sinn leichte Unternehmungen. Trotzdem verlangen manche Touren Trittsicherheit, Schwindelfreiheit und etwas Ausdauer. Hier ist zu beachten, dass in den landwirtschaftlich zum Teil intensiv genutzten Gebieten durch den Bau von Güterwegen oder durch Schlägerungen gravierende Änderungen in der Routenführung möglich sind und sich damit auch die Schwierigkeiten ändern können. Um die jeweiligen Anforderungen besser einschätzen und vergleichen zu können, wurden die Nummern der einzelnen Tourenvorschläge mit verschiedenen Farben versehen, es bedeuten:

SCHWIERIGKEITSKATEGORIEN

■ = Leicht

Wanderungen auf markierten, meist gut trassierten Fahr- und Fußwegen. Einfach und in der Regel nur wenig anstrengend. Auch für Kinder und Senioren geeignet.

■ = Mittel

Wanderungen auf meist ausreichend markierten Pfaden und Steigen, die häufig schmal und steil angelegt sind und über kurze Abschnitte etwas ausgesetzt sein können. Trittsicherheit, etwas Schwindelfreiheit und Orientierungsvermögen nötig.

■ = Schwierig

Anspruchsvolle Touren mit unmarkierten, zum Teil auch weglosen Passagen. Stellenweise können die Steige sehr ausgesetzt sein, manchmal wird die Zuhilfenahme der Hände notwendig (leichte Kletterei im Schwierigkeitsgrad I, vereinzelt auch II), an gesicherten Passagen ist mitunter ein Klettersteigset nötig. Nur für trittsichere, schwindelfreie, konditionsstarke und alpin erfahrene Geher bei sicheren Wetterverhältnissen und in Begleitung eines geübten Tourengefährten.

Gehzeiten

Man beachte, dass sich die Zeitangaben bei den einzelnen Touren nur auf die reine Gehzeit beziehen. Rasten, langsamere Gehgeschwindigkeit sind darin nicht enthalten. Wiederholt eingelegte Pausen können in Summe die Gehzeit wesentlich verlängern. Zeitangaben sind natürlich auch subjektiv. Die entsprechende Korrektur zur angeführten Gehzeit kann durch einen anfänglichen Zeitvergleich ermittelt werden (zum Beispiel: 1 Stunde im Wanderführer entspricht 1.15 Stunden persönlicher Gehzeit).

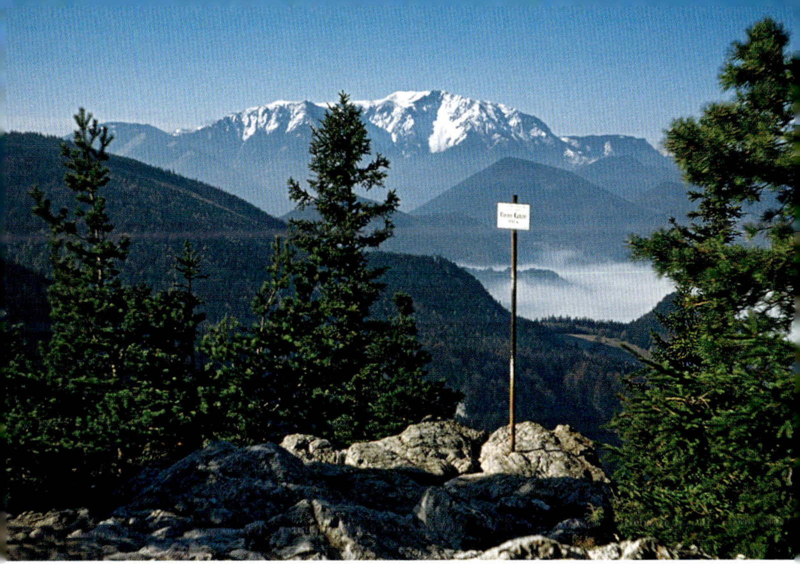

Ein Herbsttag auf der Kleinen Kanzel der Hohen Wand (Tour 35). Im Südwesten der schon »angezuckerte« Schneeberg.

Höhenunterschied

Unter dieser Angabe ist jeweils die Summe der auf einer Tour im Anstieg bzw. im Abstieg zu bewältigenden Höhenunterschiede zu verstehen. Gegensteigungen werden also berücksichtigt.

SYMBOLE

	Symbole im Tourenkopf	)(	Pass, Sattel
🚌	Mit Bahn/Bus erreichbar	⛪	Kirche, Kapelle, Marterl/Bildstock
🍴	Einkehrmöglichkeit unterwegs	🏰	Burg, Schloss
👨‍👧	für Kinder geeignet		Ruine
	Symbole im Höhenprofil		Aussichtsturm
	Ort mit Einkehrmöglichkeit	Ω	Höhle
	Einkehrmöglichkeit		Picknickplatz
P	Parkplatz		Aussichtsplatz
🚌 🚆	Bus- bzw. Bahnanschluss	↰ ↱	Abzweigung
	Fahrt mit Sessellift		Klettersteig
†	Gipfel	◉	Quelle

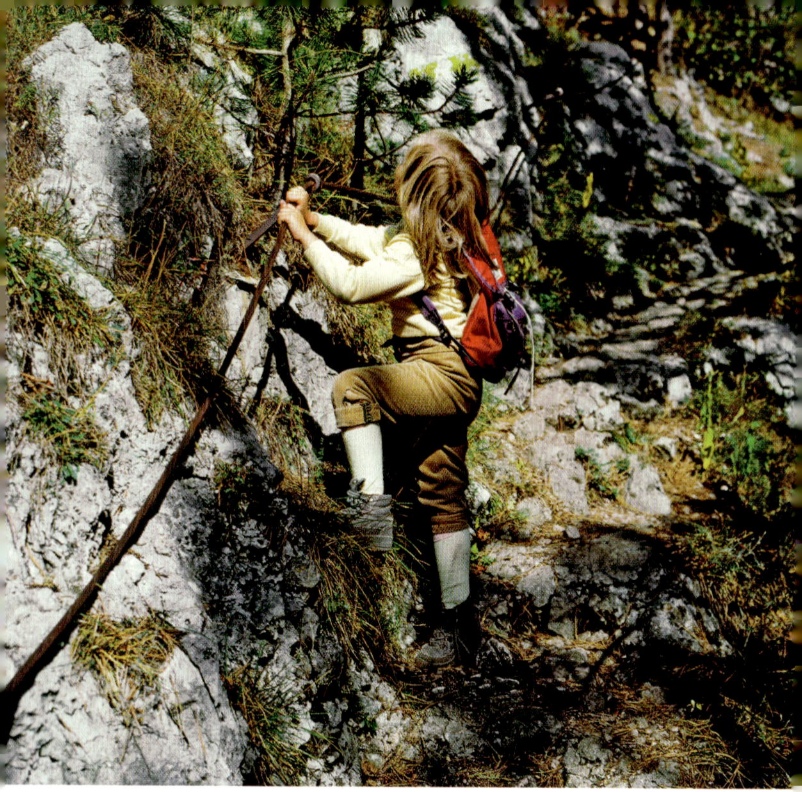

Die Begehung gesicherter Steiganlagen, wie hier des Wagnersteigs auf der Hohen Wand (Tour 36 Variante), ist für bewegungshungrige Kinder meist ein reines Vergnügen.

Kinder

Wanderungen, die mit Kindern unternommen werden können, sind in diesem Buch durch ein Symbol gekennzeichnet. Bei Kindern zwischen fünf und fünfzehn Jahren ist weniger die Schwierigkeit einer Tour als die gebotene Abwechslung ausschlaggebend, denn junge Leute lieben das Abenteuer, die sportliche Betätigung und das Spiel in freier Natur. Man bedenke: Ein einziger fader Waldhatscher kann für den heranreifenden Sprössling das vorläufige Ende seiner bergsteigerischen »Karriere« sein. Auf einer längeren Tour sind beispielsweise Einkehrmöglichkeiten unterwegs ein wichtiges Kriterium für eine Kinder-Tauglichkeit. Dort können sich junge Leute, einmal losgelöst vom »Zwang« der Leistung, ausreichend entspannen, spielen, sich unterhalten und mit Freunden herumtollen.

Ausrüstung

Feste Schuhe mit Profilgummisohle, zweckmäßige Bekleidung sowie Rucksack mit Pullover, Regenschutz, Anorak und kleinerem Tourenproviant (Wasserflasche!) sind Voraussetzung.

Gefahren

Obwohl die meisten der hier angeführten Wanderungen gebahnten Wegen oder Forststraßen folgen, ist bei Querung steiler Hänge und hart gefrorener Schneefelder, an steinschlaggefährdeten oder rutschigen Wegpassagen sowie im tiefen, aufgeweichten Terrain (nach langen Regenfällen) Vorsicht am Platze. Eine gewisse Gefahrenquelle stellen auch sommerliche Gewitter (meist nachmittags, deshalb ist ein früher Aufbruch ratsam) dar.

Weitgehend intakte Natur im Weidengraben (Tour 24) zwischen Kieneck und Almesbrunnberg.

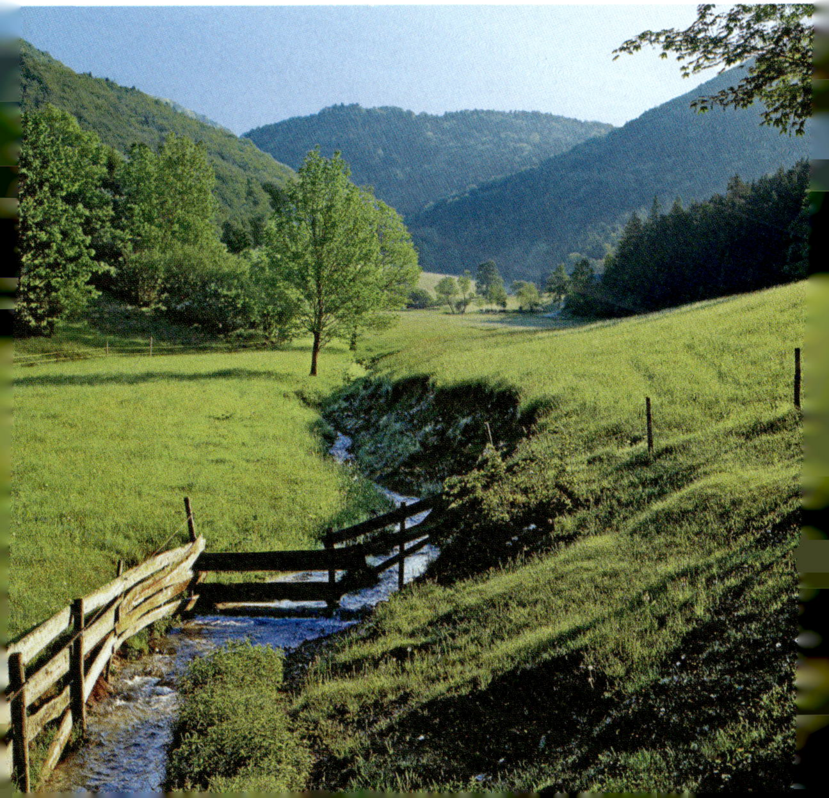

Der Umwelt zuliebe ...

Auch als Wanderer hinterlassen wir einen ökologischen Fußabdruck, aber im Einklang mit der Natur unterwegs zu sein, ist gar nicht so schwer!

VORBEREITUNG UND ANFAHRT

- Sich vorab informieren, worauf in Bezug auf Natur und Umwelt in der jeweiligen Wanderregion besonders zu achten ist.
- Soweit möglich mit Bus und Bahn anreisen, Wander- und Rufbusse nutzen.
- Ist eine Anfahrt mit dem Auto nötig, Fahrgemeinschaften bilden.
- Bei weiten Anfahrten Mehrtagestouren planen oder von einem Quartier vor Ort aus mehrere Touren absolvieren.
- Flugreisen möglichst reduzieren und durch Beiträge zu Klimaschutzprojekten kompensieren.

KLEIDUNG UND AUSRÜSTUNG

- Beim Kauf von Outdoor-Kleidung auf umweltfreundliche und faire Herstellung achten und Kleidungsstücke möglichst viele Jahre nutzen.
- Ausrüstung kann man eventuell auch gebraucht kaufen oder ausleihen.
- Reparieren statt neu kaufen.

VERPFLEGUNG

- Beim Einkauf Bio-Ware, regionale und saisonale Erzeugnisse bevorzugen.
- Hütten und Gasthäuser auswählen, die regionale Produkte verwenden.
- Auf Einwegflaschen und Plastikverpackungen verzichten, stattdessen wiederverwendbare Trinkflaschen und Brotzeitboxen verwenden.

ÜBERNACHTUNG

- Bei lokalen Anbietern buchen, damit Menschen vor Ort profitieren.
- Auf Hütten und in anderen Unterkünften Strom und Wasser sparen.

UNTERWEGS

- Wege benutzen und Abkürzer vermeiden.
- Sperrungen von Wegen und Schutzgebieten respektieren.
- Wiesen und Felder in der Nutzzeit nur auf Wegen betreten.
- Keine Blumen pflücken und keine Pflanzen entnehmen.
- Waldbrandgefahr beachten.
- Müll wieder mit nach Hause nehmen und dort entsorgen.
- Toilettengänge in freier Natur möglichst vermeiden.
- Lärm vermeiden.
- Hunde an die Leine nehmen.

ROTHER
BERGVERLAG

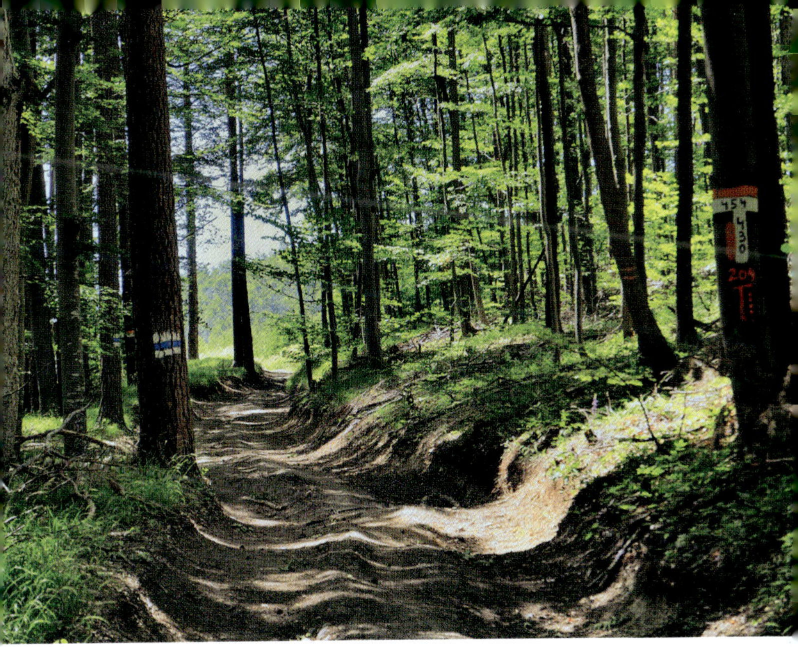

Durch einen Hohlweg hinauf zum Waxeneck.

Bergrettung, Notruf

In Österreich kann über die Telefonnummer 140 (kostenlos, keine Vorwahl) die Bergrettung verständigt werden. Bei einem Handy ist unter Verwendung der Europäischen Notrufnummer 112 (ebenfalls kostenlos, keine Vorwahl) der gleichzeitige Zugriff auf alle Netzbetreiber möglich, allerdings nur dann, wenn zuvor der PIN-Code nicht eingegeben wurde. Bei Kartenhandys kann der Notruf auch ohne Guthaben gewählt werden. Bei Smartphones besteht zudem die Möglichkeit, SOS-Meldungen an Notfallkontakte abzusetzen sowie nach Aktivierung eines Ortungsdienstes den eigenen Standort bekannt zu geben.

Schutzhütten, Gaststätten, Restaurants, Jausenstationen

In der Kurzinfo werden bei jeder Tour unter »Einkehr« alle an der Route gelegenen Stützpunkte genannt sowie Informationen zu weiteren Einkehrmöglichkeiten gegeben (mit Hinweisen auf Übernachtungsmöglichkeiten, Bettenzahl und etwaige Ruhetage, die aber in den Monaten Juli und August oft nicht eingehalten werden). Die angegebenen Bewirtschaftungszeiten sind Richtzeiten. Sie können je nach Lage der Wochenenden von Jahr zu Jahr etwas schwanken.

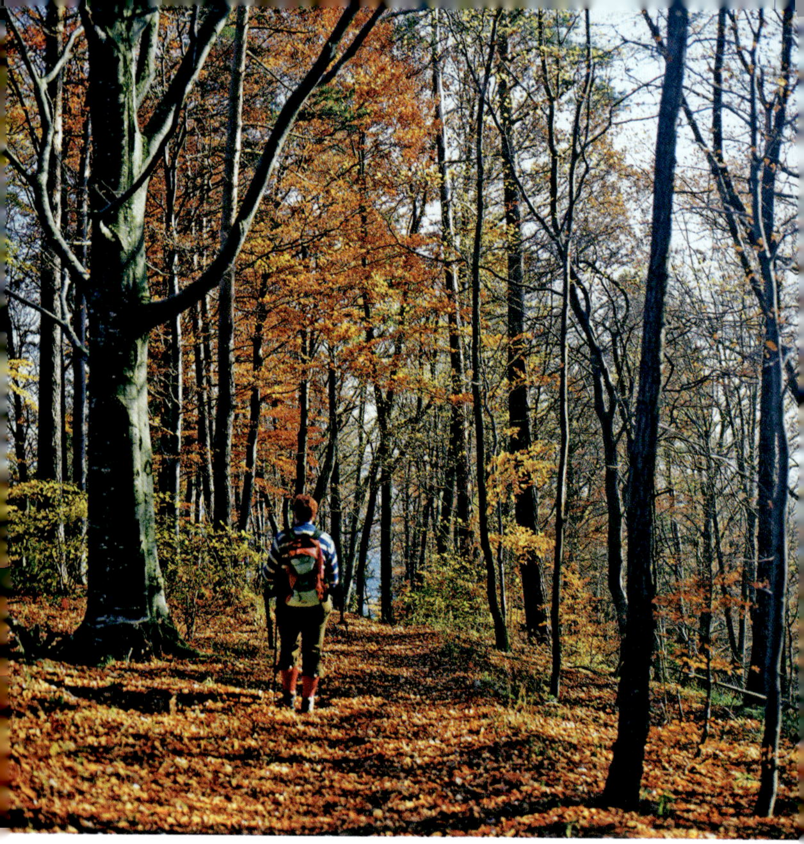

Auch im Spätherbst lässt es sich in den Wiener Hausbergen noch herrlich wandern.

Wegmarkierungen

Neben einer verschiedenfarbigen Markierung besitzen etliche Wege auch eigene Nummern. Ihr Auffinden wird dadurch erleichtert.

Künstliche Aufstiegshilfen

Von Stützpunkt en, die mit Seilbahn oder Sessellift erreichbar sind, werden mehrfach Wanderungen im Abstieg beschrieben. Man beachte, dass diese Anlagen nur während der Sommermonate (Mitte Juni bis Mitte September) durchlaufend, im Frühling und Herbst meist nur an Wochenenden und Feiertagen in Betrieb sind. In der übrigen Zeit können solche Tourenziele bzw. Ausgangspunkte nur zu Fuß erreicht werden.

Öffentliche Verkehrsmittel

Viele Orte und Ausgangspunkte sind mit öffentlichen Verkehrsmitteln erreichbar. Fahrplanauskünfte gibt es unter folgenden Internetadressen:

- europaweit: www.fahrplan-online.de
- ÖBB (Österreichische Bundesbahn): www.oebb.at
- Verkehrsverbund Ost-Region: www.vor.at
- Verkehrsverbund Steiermark: www.verbundlinie.at

Wetter

Auskünfte über das Berg- und Wanderwetter in Ostösterreich erhält man über den Österreichischen Rundfunk, Hörfunk und Fernsehen (auch Teletext), über Internet (www.zamg.ac.at) und über die persönliche Wetterberatung der Zentralanstalt für Meteorologie in Wien (Tel. 0900 530111). Die folgenden Telefon-Tonbanddienste (0900-Nummern) mit erhöhtem Tarif sind nur innerhalb Österreichs zu erreichen:

- Tonbanddienst des offiziellen Österreichischen Wetterdienstes (erhöhter Tarif): Niederösterreich Tel. +43 900 91 1566 02, Steiermark Tel. 0900 911566-07, 5-Tage-Prognose Gesamtösterreich Tel. 0900 911566-10, Ostalpenwetter Tel. 0900 911566-84, Bergwetter regional Tel. 0900 911566-81
- Tonbanddienst des ÖAV (erhöhter Tarif): Ostalpenwetter Tel. +43 900 911566 82 und Tel. +43 900 91 1566 84, regionales Alpenwetter Tel. +43 900 911566 81.
- www.alpenvereinaktiv.com/de/bergwetter, www.alpenverein.de/DAV-Services/Bergwetter

Telefon

Für das Telefonieren von und nach Österreich gelten folgende Landeskennzahlen:

GPS-TRACKS UND KOORDINATEN DER AUSGANGSPUNKTE

Zu diesem Wanderführer stehen auf www.rother.de GPS-Tracks und Koordinaten der Ausgangspunkte zum kostenlosen Download bereit.
2. Auflage, Passwort: **450002whb**
Sämtliche GPS-Daten wurden von den Autoren teils über eine digitale Karte, teils im Gelände erfasst. Verlag und Autor haben die Tracks und Wegpunkte nach bestem Wissen und Gewissen überprüft. Dennoch können wir Fehler oder Abweichungen nicht ausschließen, außerdem können sich die Gegebenheiten vor Ort zwischenzeitlich verändert haben. GPS-Daten sind zwar eine hervorragende Planungs- und Navigationshilfe, erfordern aber nach wie vor sorgfältige Vorbereitung, eigene Orientierungsfähigkeit sowie Sachverstand in der Beurteilung der jeweiligen (Gelände-)Situation. Man sollte sich für die Orientierung auch niemals ausschließlich auf GPS-Gerät und -Daten verlassen.

WICHTIGE ADRESSEN UND TELEFONNUMMERN

Fremdenverkehrsämter
Österreich Werbung, Vordere Zollamtsstr. 13, A-1030 Wien, Tel. +43 1 58866-0, www.austriatourism.com
Österreich Werbung, Urlaubsservice Mo.–Fr. 9–13 Uhr, Tel. 0800 40020000 (gebührenfrei aus Österreich Deutschland und der Schweiz), www.austria.info
Niederösterreich-Information, Niederösterreichring 2, Haus C, 3100 St. Pölten, Tel. +43 2742 90009000, www.niederoesterreich.at
Steirische Tourismus GmbH, St. Peter Hauptstr. 243, 8042 Graz, Tel. +43 316 40030, www.steiermark.com

Regionale Fremdenverkehrsämter und Informationsstellen
Mostviertel, Töpperschloss Neubruck, Neubruck 2/10, 3283 Scheibbs, Tel. +43 7482 20444, www.mostviertel.at
Weinstraße & Tourismus Traisental-Donau, Rathausplatz 22, 3130 Herzogenburg, Tel. +43 2782 83321, www.traisental.mostviertel.at
Wienerwald, Hauptplatz 11, 3002 Purkersdorf, Tel. +43 2231 62176, www.wienerwald.info
Wiener Alpen in Niederösterreich, Schlossstr. 1, 2801 Katzelsdorf, Tel. +43 2622 78960, Fax +43 2622 78960-50, www.wieneralpen.at
Tourismusregionalverband Hochsteiermark, Wiener Str. 46, 8600 Bruck an der Mur, Tel. +43 3862 55020, Fax +43 3862 55020-20, www.hochsteiermark.at

Alpine Vereine
Österreichischer Alpenverein (ÖAV), Olympiastr. 37, 6020 Innsbruck, Tel. +43 512 59547, office@alpenverein.at, www.alpenverein.at
ÖAV Sektion Gebirgsverein, Lerchenfelder Str. 28, 1080 Wien, Tel. +43 1 4052657, www.gebirgsverein.at
ÖAV Sektion Austria, Rotenturmstr. 14, 1010 Wien, Tel. +43 1 5131003, austria@alpenverein-austria.at, www.alpenverein-austria.at
ÖAV Sektion Edelweiß, Walfischgasse 12, 1010 Wien, Tel. +43 1 5138500, www.alpenverein-edelweiss.at
Österreichischer Touristenklub (ÖTK), Bäckerstr. 16, 1010 Wien, Tel. +43 1 5123844, zentrale@oetk.at, www.oetk.at
Naturfreunde Österreich (NFÖ), Viktoriagasse 6, 1150 Wien, Tel. +43 1 8923534-0, info@naturfreunde.at, www. naturfreunde.at

- aus Deutschland, Italien, Ungarn, Tschechien, der Slowakei und der Schweiz nach Österreich: +43
- aus Österreich nach Deutschland +49, Italien +39, Ungarn +36, Tschechien +420, in die Slowakei +421 und in die Schweiz +41
- Achtung: Außer bei Italien entfällt bei der Ortsnummer die erste Null!

Karten
Die den Touren beigegebenen Karten sind ein wesentlicher Bestandteil des Wanderführers. Ergänzend werden folgende Karten empfohlen:

Analog:
- Freytag & Berndt-Wanderkarte 1:50.000 (Blätter WK 011, WK 012, WK 022, WK 023, WK 070)
- Amtliche Österreichische Karte 1:50.000 (Blätter 4205, 4206, 4211, 4212, 4324, 4329, 4330, 5201, 5207)

Digital:

- Austrian Map online (abruf- und ausdruckbar unter www.austrianmap.at) des Österreichischen Bundesamts für Eich- und Vermessungswesen (amtliche Österreichische Karte 1:50 000)
- Tour Explorer 50 Österreich, Version 6.0 von MagicMaps (amtliche Österreichische Karte und Freytag & Berndt-Wanderkarte 1:50.000)

Ergänzende Literatur

- P. Werner, I. Kürschner, M. Zahel: Klettersteigatlas Alpen, Rother Bergverlag.
- A. Jentzsch-Rabl, D. Wissekal, A. Jentzsch: Klettersteigführer Österreich, Alpinverlag.
- A. Jentzsch-Rabl, A. Jentzsch: Klettern im leichten Fels. Leichte Klettertouren (2 bis 4 UIAA) zwischen Bodensee und Wienerwald, Alpinverlag.
- K. Schall: Klettersteig-Atlas Österreich, Alland.
- K. Schall, T. Behm: Genusskletter-Atlas Niederösterreich (Österreich Ost), Alland.
- Niederösterreich – Eine Spurensuche, Christian Brandstätter Verlag.
- Dehio Niederösterreich, südlich der Donau, Teil 1 und 2, Verlag Berger/Horn.
- Dehio Steiermark, Verlag Berger/Horn.

Blick vom Gipfel des Unterbergs (Tour 6, 25 und 50) nach Westen auf Ötscher und Türnitzer Höger rechts davor.

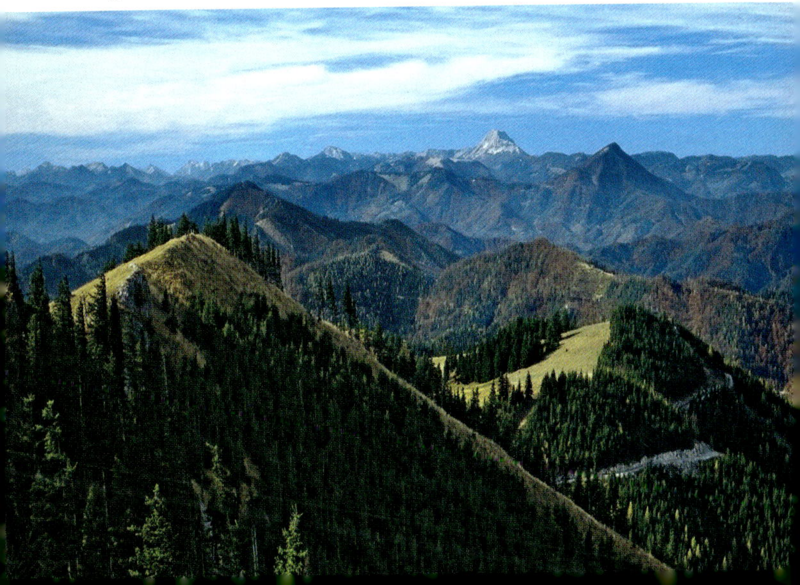

GEBIETSÜBERBLICK

Unter den Wiener Hausbergen wird das Alpengebiet südwestlich von Wien verstanden. Donautal, Traisental, Kernhofer Gscheid, Lahnsattel, oberes Mürztal, Semmering und südliches Wiener Becken bilden die ungefähre Umgrenzung, wobei von vielen auch noch die Berge südlich des Semmering mitgezählt werden. Nach der Alpeneinteilung sind an den »Wiener Hausbergen« somit fünf Großgruppen beteiligt: Wienerwald, Gutensteiner Alpen, Rax-Schneeberg, Mürzsteger Alpen und die Randgebiete östlich der Mur.

Die nähere Umgebung der Bundeshauptstadt Wien sowie die Osthälfte des Wienerwalds erfahren im Rother Wanderführer »Wien – Wienerwald« von Fritz Peterka ihre eingehende Würdigung. Im vorliegenden Band »Wiener Hausberge Nord« werden die Gutensteiner Alpen mit Hoher Wand, Dürrer Wand, Fischauer Bergen, Grünbacher Bergen und der westliche Wienerwald beschrieben. Der Band »Wiener Hausberge Süd« enthält neben den Kalkhochalpen (Rax, Schneeberg, Mürzsteger Berge) auch Rosaliengebirge, Bucklige Welt, Wechsel und die nördlichen Fischbacher Alpen (Sonnwendstein, Stuhleck, Pretul).

Die Sattlerkapelle inmitten saftiger Wiesen an der Südseite der Kukubauerhöhe (Tour 4).

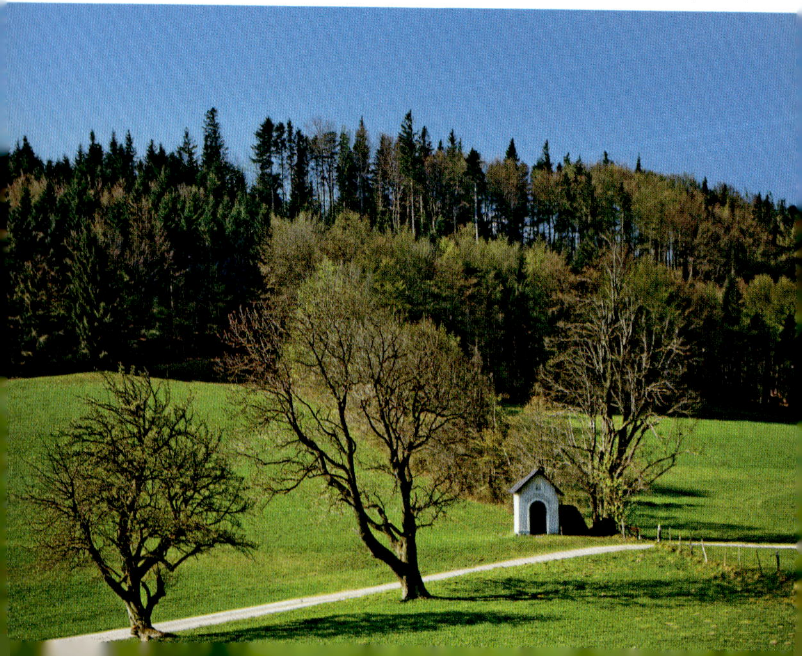

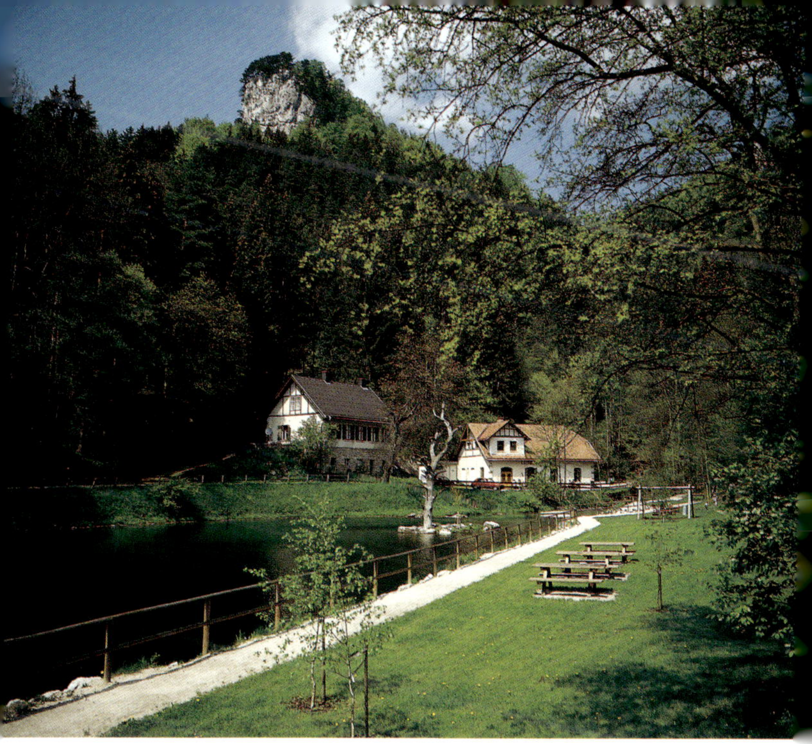

Die Myrastube am Eingang in die Myraklamm, darüber der Hausstein (Tour 23).

Die in West-Ost-Richtung verlaufende Talfurche Gölsen–Triesting trennt die Gutensteiner Alpen vom Wienerwald, dem Wien am nächsten gelegenen Alpenbereich, ein Mittelgebirge »vor der Tür«, dessen Gipfelflur die 900-Meter-Marke nicht übersteigt.
Während im östlichen Wienerwald zwischen Sandstein- und Kalksteinzone (im Süden) unterschieden wird, ist der westliche Wienerwald, der Höhenzug zwischen Klammhöhe und Traisental, ein ausschließlich aus Sandstein (Flysch) geformtes Mittelgebirge mit ausladenden Hügeln und seichten Talniederungen. Zu den bedeutendsten Gipfeln gehören als höchste Erhebungen der Schöpfl (893 m), der westlich von ihm aufragende Gföhlberg (885 m) sowie Kukubauerhöhe, Rudolfshöhe, Steinwandleiten und Hegerberg, alle mit Schutzhütte im Gipfelbereich. Nach Norden läuft das Mittelgebirge in quer streichenden, sanften Waldrücken gegen das Tullnerfeld aus, bis an der Talgabel Donau/Traisen, am Seelackenberg bei Traismauer, die äußerste Nordwestecke des Wienerwalds erreicht ist.

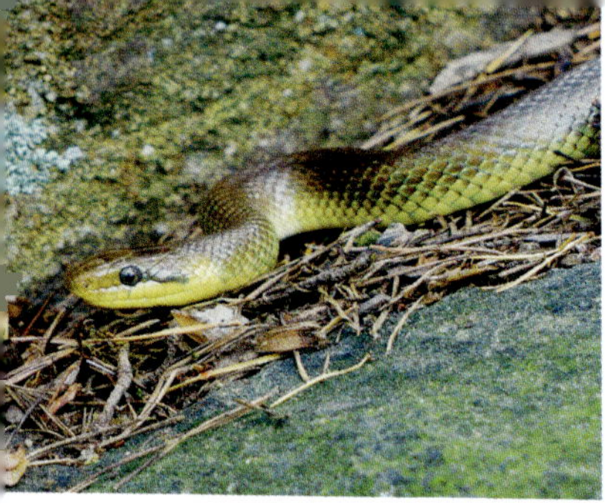

Äskulapnattern begegnet man vor allem im Wienerwald und in der nahen Wachau. Die kräftige, aber scheue und ungiftige Schlange kann eine Länge von über zwei Metern erreichen.

Südlich der Talfurche Gölsen–Triesting erstrecken sich die Gutensteiner Alpen mit vielfach bewaldeten Höhen, durchsetzt von gewundenen Gräben und Tälern, von romantischen Klammen und Schluchten. Als markanteste Gebirgsstöcke sind das Reisalpen-Massiv östlich der Traisen sowie der durch das Halbach- und Schwarzatal getrennte Hocheck-Kieneck-Unterberg-Zug zu erwähnen. Jenseits des Piestingtales bilden Dürre Wand und die Plateauscholle der Hohen Wand den eigentlichen Alpenostrand. Sie laufen in den waldreichen Fischauer und Grünbacher Bergen gegen das südliche Wiener Becken aus. Die Reisalpe, 1399 m, bei Lilienfeld ist die höchste Erhebung der Gutensteiner Alpen, gefolgt vom Handlesberg, 1370 m, bei Schwarzau im Gebirge und dem zentral gelegenen Unterberg, 1342 m.

Wie im Kalkstein-Wienerwald, so formen auch in den Gutensteiner Alpen Felsen und Schwarzföhrenbestände (Schirmföhren) ein für den Alpenostrand typisches Landschaftsbild, die »Miesenbach-Landschaft«, die von Malern wie Friedrich Gauermann in Gemälden meisterhaft verewigt wurde. Der in felsverzierte Wälder eingebettete Ort Gutenstein bildet mit dem alten Wallfahrtsziel Mariahilfberg einen Hauptanziehungspunkt der Gegend. Die Hohe Wand besitzt an ihrem gegen das Wiener Becken hin gerichteten Südostabbruch das neben dem Peilstein (Kalkstein-Wienerwald) bedeutendste Kletterrevier im Nahbereich von Wien, bekannt durch die Erschließungstätigkeit des legendären Bergsteiger-Prälaten Dr. Alois Wildenauer.

Eine Reihe bedeutender Weitwanderwege führt durch das Gebiet. Von den überregionalen Routen sind der Nordalpenweg (01), der Voralpenweg (04) sowie der Wiener, Niederösterreichische und Burgenländische Mariazellerweg (06) zu nennen, von den regionalen der Niederösterreichische Landesrundwanderweg (NÖLRWW), der Lilienfelder (38), der Piestingtaler (231) und der Traisentaler Rundwanderweg (655).

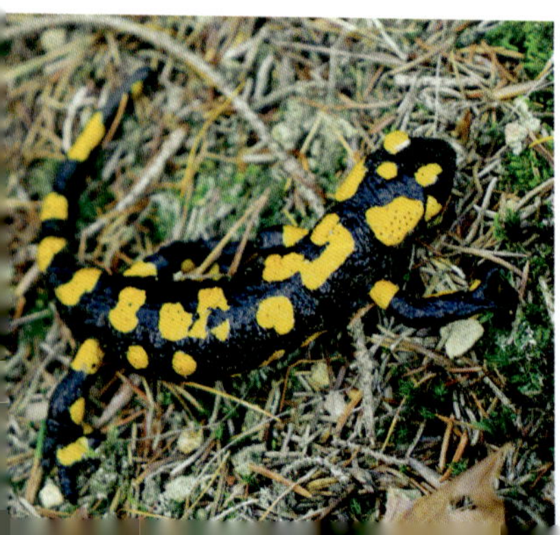

Feuersalamander trifft man in den Wäldern der Wiener Hausberge gelegentlich.

TOURISTISCHE HINWEISE

Schauhöhlen mit Führungen

- **Seegrotte Hinterbrühl (Wienerwald):** Mit 6200 m2 Europas größter unterirdischer See in einem aufgelassenen Gipsbergwerk in der Hinterbrühl bei Mödling. Die Grotte ist ganzjährig geöffnet. Motorboot-Führungen 1. April–31. Okt. tägl. 9–17 Uhr, 1. Nov.–31. März Mo.–Fr. 9–15 Uhr, Sa., So. und Feiertag 9–15.30 Uhr, Tel. +43 2236 26364, www.seegrotte.at.
- **Allander Tropfsteinhöhle:** Buchberggasse 2a, 2534 Alland (Wienerwald). Führungen 1. April–31. Okt. Sa., So. und Feiertag 10–17 Uhr, im Juli und Aug. auch werktags 13–17 Uhr, Besichtigungsdauer 90 Min., Tel. +43 660 6735108, www.alland.at.
- **Einhornhöhle:** 80 m lang mit Höhlenbärenfunden und Tropfsteingebilden, von Dreistätten zu Fuß in 40 Min. zu erreichen (Tour 31). Führungen Ostermontag–30. Sept. So. und Feiertag bei Schönwetter 9–17 Uhr (Sa. geschlossen!). Auskünfte beim Zitherwirt in Dreistetten, Tel. +43 2633 42553 und +43 664 2343467, www.zitherwirt.at.
- **Eisensteinhöhle:** 2 km von Bad Fischau entfernte, schachtartige Höhle, 950 m lang und 90 m tief. Perlsinterbildungen durch thermale Einflüsse. Führungen (etwa 1 Stunde) nur nach telefonischer Voranmeldung, von

Die Aussichtskanzel unterhalb des Herrgottschnitzerhauses an der Hohen Wand (Tour 31).

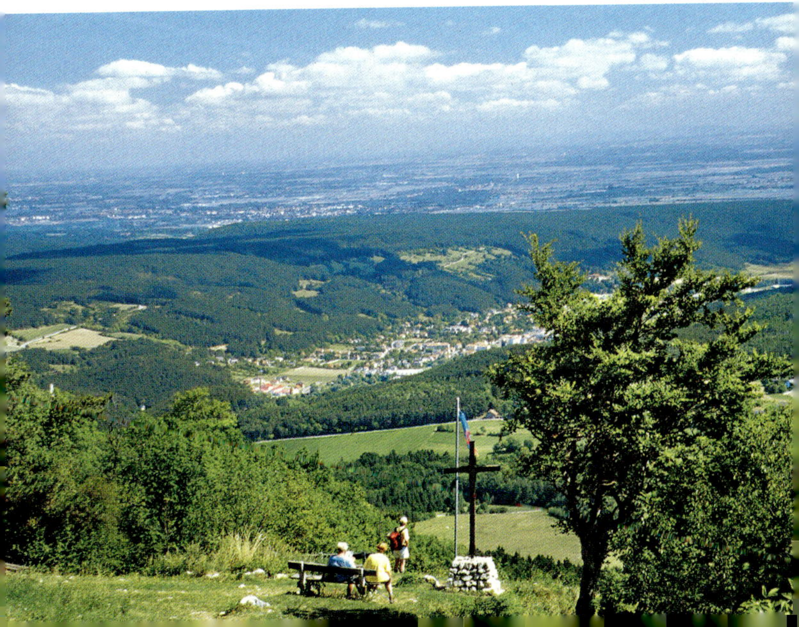

Mai bis Okt. am ersten und dritten So. des Monats 10, 12, 14 u. 16 Uhr, www.eisensteinhoehle.at.

- **Hermannshöhle bei Kirchberg am Wechsel:** Mit 4 km Länge größte Tropfsteinhöhle Niederösterreichs. Führungen (Dauer 45 Min.) 1. Mai–30. Sept. täglich um 9.30, 11, 13.30, 15 und 16.30 Uhr, im April und Okt. an Wochenenden und Feiertagen, ab fünf Personen. Bei Bedarf und je nach verfügbarem Personal auch erweiterte Führungen durch das Kyrlelabyrinth (Dauer 1.15 Std.), Tel. +43 2641 2326, www.hermannshoehle.at.

Museen, Ausstellungen

- **Wasserleitungsmuseum Kaiserbrunn (Höllental):** Das sehenswerte Museum dokumentiert die Geschichte der Wiener Trinkwasserversorgung und den Bau der I. Wiener Hochquellenleitung aus dem Rax-Schneeberg-Gebiet, 1873 eingeweiht. Die tägliche Transportleistung durch den 90 km langen Kanal beträgt 200.000 m3. Im Rahmen von Führungen können die erste erschlossene Quelle (»Kaiserbrunnquelle«) mit dem Historischen Museum (Museumsshop) sowie das Neue Museum besichtigt werden. Wasserleitungsmuseum Kaiserbrunn, A-2651 Kaiserbrunn 5, Reichenau/Rax, geöffnet 1. Mai–1. Nov. Sa., So. und Feiertag 10–16.30 Uhr, Sonderöffnungen für Gruppen ab 10 Personen nach Anmeldung bei der Betriebsleitung Hirschwang, Tel. +43 2666 52548, www.wien.gv.at/wienwasser/bildung/wasserleitungsmuseum.
- **Automobilmuseum Aspang-Markt:** Zu sehen sind 120 Autos aus den Jahren zwischen 1888 und 1972. Geöffnet 1. Mai–1. Nov. Sa., So. und Feiertag 10–12 und 13–17 Uhr, im Juli und August zusätzlich wochentags 13–17 Uhr. Automobilmuseum Aspang-Markt, Marienplatz 3a, 2870 Aspang-Markt, Tel. +43 2642 5230317 und +43 676 7654715, www.automobilmuseum.at.
- **Waldbauernmuseum in der Alten Hofmühle Gutenstein:** 1. Mai–15. Okt. Sa. 14–17 Uhr, So. und Feiertag 10–12 und 14–17 Uhr, Juli/Aug. auch wochentags 14–17 Uhr geöffnet, Tel. +43 2634 7220 (Gemeindeamt), www.waldbauernmuseum.at.
- **Gauermann-Museum in Scheuchenstein-Miesenbach:** Geburtsort des berühmten Malers Friedrich Gauermann. Das Museum befindet sich in der ehem. Volksschule; im Dez. geschlossen, sonst Sa., So. und Feiertag 10–17 Uhr geöffnet. Scheuchenstein 127, A-2761 Miesenbach, Tel. +43 2632 8267 und +43 676 5962148, www.gauermannmuseum.at.
- **Hubmer-Gedächtnisstätte in Naßwald (Oberhof):** Georg Hubmer, der »Raxkönig« (1755–1833), kam als protestantischer Auswanderer aus dem Salzkammergut in das Gebiet und errichtete hier den berühmten »Schwemmkanal« vom steirischen Lahnsattel nach Nasswald. Besichtigung der »Hubmer-Gedächtnisstätte« Sa., So. und Feiertag 1. Mai–31. Okt. 13–17 Uhr, Tel. +43 2667 35111 (Wirtshaus »Zum Raxkönig«) und +43 2667 238 (Gemeindeamt), www.schwarzau-gebirge.gv.at/sehenswert/hubmer-gedaechtnisstaette.

- **Urzeitmuseum in Nußdorf ob der Traisen:** 15. April–31. Okt. tägl. 9–17 Uhr geöffnet, Tel. +43 2783 7465 (Urzeitmuseum) und +43 2783 84020 (Gemeindeamt), www.nussdorf-traisen.gv.at
- **Feld- und Industriebahnmuseum in Freiland:** Vorführbetrieb von Dampf- und Diesellokomotiven, 20. Mai–30. Sept. einmal monatlich (sonntags) 10–16 Uhr geöffnet, Tel. +43 664 2749113, www.feldbahn.at.
- **Freilichtmuseum »Historische Volkskunde Kalte Kuchl«:** 15. Mai–15. Okt. tägl. 8–18 Uhr geöffnet, Tel. +43 2766 8538, www.kaltekuchl.at.
- **Bezirksheimatmuseum Lilienfeld:** Im Zentrum von Lilienfeld, im alten gotischen Torturm (14. Jh.) untergebrachtes Museum. Es beherbergt auch

Herbstlich verfärbter Baum an der Steinwandleiten (Tour 3).

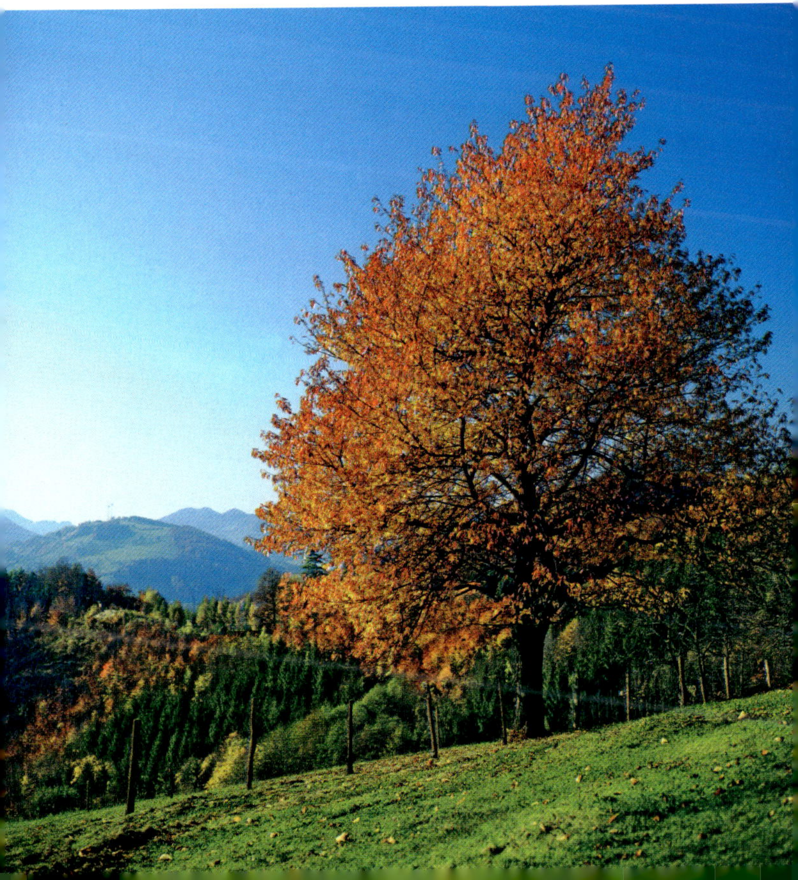

das Zdarsky-Ski-Museum, das an den Begründer des Alpinskilaufes, Mathias Zdarsky, erinnert. Ganzj. Do., Sa. und So. 16–18 Uhr geöffnet, Tel. +43 2762 52212-13 und +43 2762 52478, www.lilienfeld.at, www.zdarsky-ski-museum.at.

- **Raimund-Museum in Gutenstein:** 1. Mai–30. Sept. Sa., So. und Feiertag 10–12 und 14–17 Uhr geöffnet, Tel. +43 2634 8502.
- **Kameltheater & Weißer Zoo in Kernhof:** Alpen-, Blumen- und Tierpark unterhalb der Sepp-Forcher-Aussichtswarte am westlichen Ortsrand von Kernhof. Weißer Zoo (mit Albinokängurus, Schneeleoparden und weißen Tigern), Tierpark mit Alpakas, Nasenbären, Servalen, patagonischen Maras und indischen Muntjaks. Kamelshows, Felsenrestaurant »Don Kamelo«, Bärentheater, Mai, Juni, Sept. Sa., So. und Feiertag 10-18 Uhr, Mi-Fr. 10-16 Uhr, in den Sommerferien Di-So, 10-18 Uhr, im Okt. Sa, So, Ft. 10-18 Uhr geöffnet,, Tel. +43 2768 20020 und +43 664 1111012, www.kameltheater.at.

Kurorte, Thermalbäder, Heilquellen

- **Salzerbad:** Kurhotel mit Solequelle im Halbachtal bei Kleinzell, 70 km westlich von Wien. Kurhotel Salzerbad GmbH, Salzerbad 6, 3171 Kleinzell, Tel. +43 2766 3710, www.salzerbad.at.
- **Bad Vöslau:** Thermalbecken mit mineralhaltigem Wasser in Parklandschaft, 40 km südwestlich von Wien. Vöslauer Thermalbad GmbH, Maital 2, 2540 Bad Vöslau, Tel. +43 2252 76266, www.thermalbad-voeslau.at.
- **Baden bei Wien:** Römertherme Baden, Brusattiplatz 4, 2500 Baden, 35 km südwestlich von Wien. Rheuma-Heilbad mit Schwefelthermen, im Sommer Thermalstrandbad, Tel. +43 2252 45030, www.roemertherme.at.
- **Bad Fischau:** Thermalbad mit Wasser aus radioaktiven Quellen, 55 km südwestlich von Wien. Fischauer Thermalbad, Hauptstraße 10, 2721 Bad Fischau-Brunn, Tel. +43 2639 2222, www.fischauer-thermalbad.at.
- **Bad Sauerbrunn:** Bad mit magnesiumhaltigem Thermalwasser, 70 km südlich von Wien. Heilbad Sauerbrunn GmbH, Hartiggasse 4, 7202 Bad Sauerbrunn, Tel. +43 2625 300-8000, www.die-heiltherme.at.

Kultur, Sport, Unterhaltung

- **Theater-, Konzert-, Opern- und Operettenaufführungen** gibt es in Wien (Wiener Festwochen, Internationales Musikfest Wien, OsterKlang-Festival, Musikfilm-Festival Wien, Jazz Fest Wien, Schloss Schönbrunn Konzerte, Wiener Frühlingsfestival), Eisenstadt (Internationale Haydntage), Mörbisch (Operetten-Seefestspiele), im Römersteinbruch St. Margarethen (Opern- und Passionsspiele), in Schwechat (Nestroy-Spiele) sowie in Laxenburg, Perchtoldsdorf, Gutenstein, Reichenau und Baden, außerdem in St. Pölten (Theaterfest Niederösterreich, Ost-West Musikfest, Festwochen St. Pölten, Festival Musica Sacra, St. Pöltner Volksfest), in Krems (Donaufestival), auf Schloss Grafenegg (Grafenegg Festival, Sommerkonzerte, Woche der Romantischen Musik), auf Maria Langegg (Orgelkonzerte), Stift Göttweig

(Göttweiger Stiftskonzerte), Stift Melk (Sommerspiele und Internationale Barocktage) und Lilienfeld (Sommerakademie und Festival Musica Sacra), ausführlicher Veranstaltungskalender: www.austria.info/at/aktivitaten/stadt-und-kultur/veranstaltungs-highlights.

- **Golfplatz Adamstal:** Bekannter Golfplatz (18 Loch) und Langlaufgebiet im Gaupmannsgraben (Ramsautal) nördlich des Unterberges, 10 km von Hainfeld, www.adamstal.at.

Heuriger, Buschenschank

In Österreich sind unter dem Begriff »Heurigen« zwei Dinge zu trennen: Man versteht darunter zunächst den jungen Wein des letzten Jahrgangs, Lostag ist der Martinitag (11. November). Bis zum Martinitag des darauffolgenden Jahres gilt er als »Heuriger«. Da dieser »Heurigenwein« vorwiegend beim Hauer, also in Buschenschänken, in Kellern (»Kellergassen«) und Hauerhäusern, zu kaufen ist, hat sich die Bezeichnung »Heuriger« als Alternative zum Begriff »Buschenschänke« eingebürgert. Dort werden neben jungem oder altem Wein (aus dem Henkelglas getrunken!) sogenannte »Brettljausen« mit vorwiegend kalten Speisen (Geselchtes, Surbraten, Schweinebraten, Kren, Senf, süßsaure Gurken, Käse, Aufstriche, Schwarzbrot) genossen. Buschenschänken gibt es, was das Gebiet dieses Wanderführers betrifft, in allen Weinorten am Westrand des Wiener Beckens entlang der Thermenlinie (www.thermenregion-wienerwald.at), im Weinbaugebiet Traisental zwischen Herzogenburg und Traismauer sowie am Südrand des Tullnerfeldes zwischen Traismauer und Trasdorf (www.traisentalwein.at).

Die Ahrenberger Kellergasse bei Sitzenberg-Reidling (Tour 1).

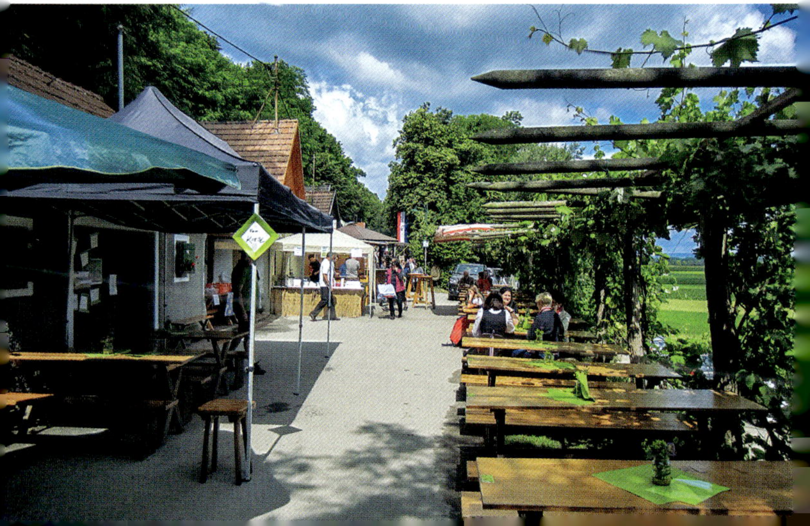

SEHENSWÜRDIGKEITEN

Araburg

Südwestlich über Kaumberg gelegene Ruine, eine ehemals mächtige Burg der Arberger, im 12. Jh. erbaut, bis in das 14. Jh. in deren Besitz, 1625 an das Stift Lilienfeld verkauft. Die stolze Feste trotzte den feindlichen Eroberungszügen, bis sie 1683 den Türken in die Hände fiel, die sie bis auf die Grundmauern niederbrannten. Erhaltung der Mauerreste, Ausbau des Bergfrieds zu einem Aussichtsturm (1901) sowie Bewirtschaftung der Burgschänke durch den ÖTK. Man erreicht die Burg von Kaumberg per Auto (3,5 km) und nach kurzem Fußanstieg (Tour 15 und 17).

Berndorf

Bereits 1133 als »Perindorf« erwähnt, 1886 Markt, seit 1900 Stadt. Sehenswert sind die nach dem Vorbild der Wiener Peterskirche errichtete barocke Pfarrkirche St. Margareta (1917), das Stadttheater (Wiener Ringstraßenarchitektur) sowie die berühmten Schulen auf dem Griesfeld (zwölf Klassenzimmer in unterschiedlichen Baustilen).

Gutenstein

Markt im Piestingtal, um 1900 Sommerfrische der »Wiener Gesellschaft«, seither etwas in Vergessenheit geraten. Spätgotische Pfarrkirche (15. Jh.), Schloss Hoyos (17. Jh.), Ruine Gutenstein (13. Jh.), Friedhof mit dem Grab Ferdinand Raimunds. Raimund-Museum, Waldbauernmuseum in der Alten Hofmühle. Ausflug auf den Mariahilfberg (Tour 26).

Heiligenkreuz/Stift Heiligenkreuz

Ort im Wienerwald westlich von Mödling mit dem ältesten Zisterzienserkloster Niederösterreichs. 1133 durch den Babenberger Markgrafen Leopold III. gegründet. Großartige Stiftskirche mit romanischem Langhaus (12. Jh.) und hellem gotischen Chor (13. Jh., wertvolle Glasfenster!), berühmter Kreuzgang mit 300 Säulen aus rotem Marmor, frühgotisches Brunnenhaus (13. Jh.), Kapitelsaal mit dem Grabstein des letzten Babenbergers, Friedrichs II., Gemäldegalerie, Bibliothek (17. Jh.). Im Hof Dreifaltigkeitssäule (18. Jh.) und Josefsbrunnen (18. Jh.). Täglich geöffnet mit Führungen um 10 (nur Mo.–Sa.), 11, 14, 15 und 16 Uhr. Stift Heiligenkreuz, 2532 Heiligenkreuz im Wienerwald, Tel. +43 2258 87030, www.stift-heiligenkreuz.org.

Heiligenkreuz-Gutenbrunn

Wenig bekanntes Kunstjuwel in abgelegener Position nahe Herzogenburg, auf einem Hügel östlich über dem Traisental. Im spätbarocken Schloss (1754) glanzvoll stuckiertes Stiegenhaus und Kapelle mit Fresken von Paul Troger. Frisch renovierte (2013/14) Wallfahrtskirche Mariä Himmelfahrt, eine der bedeutendsten »Maulpertschkirchen« Österreichs, 1755–58 von Johann

Ohmeyer erbaut, Fresken von Anton Franz Maulpertsch, www.wallfahrtskirche-heiligenkreuz-gutenbrunn.at.

Herzogenburg

Kleinstadt im unteren Traisental, deren Name von einer Burggründung der Herzöge Wilhelm II. und Engelschalk I. um 870 stammt. Erste Pfarrkirche 1014, die 1244 durch eine Stiftskirche ersetzt wurde, nachdem das früher in St. Georgen an der Donau sesshafte Augustiner-Chorherrenstift nach Herzogenburg verlegt wurde. 1743 Baubeginn der neuen Stiftskirche nach den Plänen von Franz Munggenast, 1785 eingeweiht, Von besonderer Schönheit ist der formenreiche Turm (Entwurf vermutlich von Johann Bernhard Fischer von Erlach), der über einem von vier Säulen getragenen Zylinder mit Klangöffnungen die Nachbildung des bayerischen Herzogshuts trägt. Im Inneren der Kirche Malereien Bartolomeo Altomontes und Hochaltarbild von Daniel Gran. Prachtvolle Orgelempore von Johann Joseph Henke (1750). Das Stift (dreigeschossiges Gebäude um zwei Innenhöfe mit 130 m langer Hauptfront) wurde nach Plänen von Jakob Prandtauer und Fischer von Erlach erbaut, die später Josef Munggenast vollendete. Sehenswert sind der Festsaal, die Bibliothek, die Sakristei, der Bildersaal und die Schatzkammer. Mit St. Pölten und Lilienfeld Austragungsort des Festival Musica Sacra im September und Oktober (www.festival-musica-sacra.at).

Die Kirche Heiligenkreuz-Gutenbrunn bei Herzogenburg.

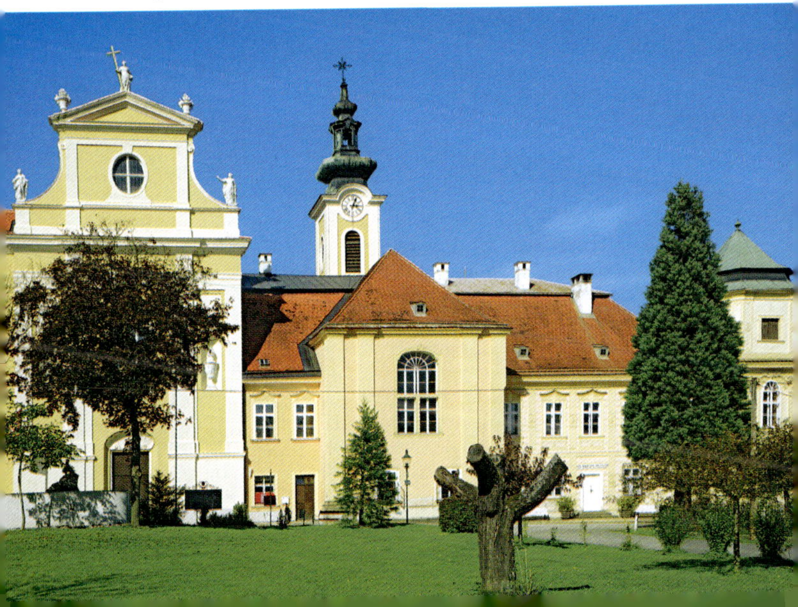

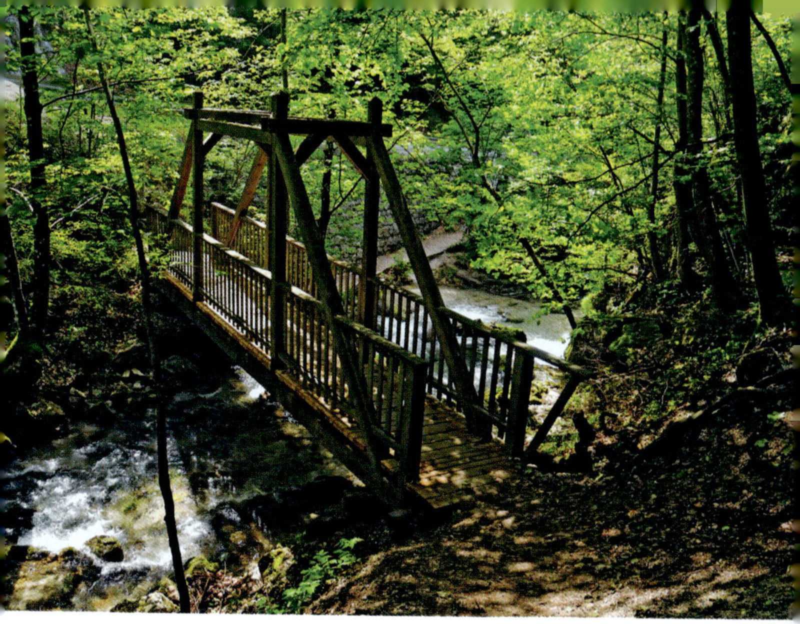

Originelle Holzbrücke in der Myraklamm bei Muggendorf (Tour 23).

Lilienfeld

Inmitten eines herrlichen Wandergebiets (Tour 10–12) gelegene Stadt im oberen Traisental mit der größten mittelalterlichen Klosteranlage Österreichs, einem Zisterzienserstift aus der Babenbergerzeit (1202). Romanisch-gotische Stiftskirche (13. Jh.) mit barocker Innenausstattung, Kreuzgang (1260), sechseckiges Brunnenhaus und Bibliothek. Mit St. Pölten und Herzogenburg Austragungsort des Festivals Musica Sacra im September und Oktober (www.stift-lilienfeld.at, www.lilienfeld.at, www.festival-musica-sacra.at). Lilienfeld war Wahlheimat des berühmten Skipioniers Mathias Zdarsky und gilt als die »Wiege des alpinen Skilaufs«. Einen Besuch verdient das Zdarsky-Ski-Museum (ganzj. Do., Sa. und So. 16–18 Uhr geöffnet).

Mayerling

Jagdschloss im Tal der Schwechat (Wienerwald), heute Karmeliterinnenkloster, das durch den Selbstmord von Kronprinz Rudolf von Österreich und seiner Geliebten Maria Vetsera am 30. Januar 1889 weltweit bekannt wurde. Geöffnet (Führungen) 1. April–31. Okt. tägl. 9–17 Uhr (letzter Einlass 16.30 Uhr), 1. Nov.–31. März Sa., So. und Feiertag 9–17 Uhr (letzter Einlass 16.30 Uhr) sowie Di. und Feiertag 10.30–13 Uhr (letzter Einlass 12.30 Uhr), wobei die neoklassizistische Kirche, die Elisabethkapelle und einige Schauräume mit dem kaiserlichen Stiftungskelch und dem Prunksarg der Mary Vetsera besichtigt werden können. Karmel Mayerling, Mayerling 3, 2534 Alland, Tel. +43 2258 2275, www.karmel-mayerling.org.

Ochsenburg/Schloss Ochsenburg

Nördlich von Wilhelmsburg über dem rechten Traisenufer stehender mächtiger Vierkantbau, als Besitz Diedrich von Ochsenburgs 1161 urkundlich erstmals erwähnt, von 1383 bis 1531 und ab 1700 im Besitz des Chorherrenstiftes St. Pölten, von Jakob Prandtauer barockisiert. Schlosskapelle (dem heiligen Nikolaus geweiht) mit Rokoko-Ornamentmalerei an der Decke und prächtigen Altarbildern des Kremser Schmidt. Das Schloss wurde u. a. von Moritz von Schwind und Franz Schubert besucht, der hier 1821 die ersten Teile seiner Oper »Alfonso und Estrella« schrieb.

Pottenbrunn/Schloss Pottenbrunn

Ort im unteren Traisental 6 km nordöstlich von St. Pölten mit wunderschönem Renaissance-Wasserschloss (1560).

Das Stift Lilienfeld, ein Kunstjuwel im Traisental (Tour 10).

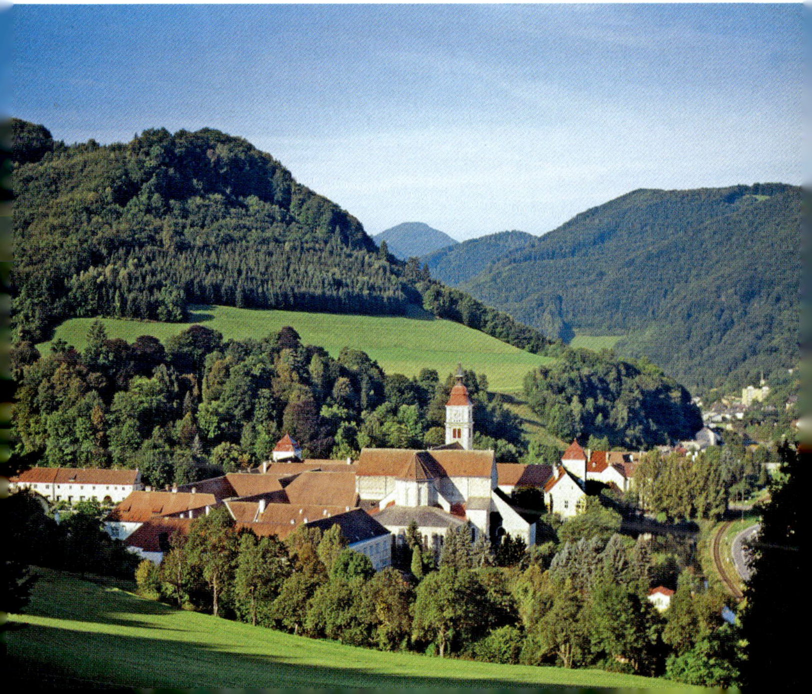

Pottenstein

Bei Berndorf (Triestingtal) gelegener Markt. Wallfahrtskirche »Maria Trost im Elend« mit gotischem Chor (15. Jh.) und spätromanischem Karner (13. Jh.). Sehenswert sind das alte Mauthaus (16. Jh.), das Antoniusbründl, die Kapelle »Zur heiligen Katharina« im Ortsteil Farafeld sowie das Sterbehaus des Dichters Ferdinand Raimund im Gasthof »Zum goldenen Hirschen« (Selbstmord am 5. September 1836).

Ruine Starhemberg

Nördlich von Dreistetten (und der Hohen Wand), am Abhang gegen das Piestingtal gelegen. Erbaut um 1150 von Ottokar III. von Steiermark, ab 1192 im Besitz der Babenberger. Hauptstützpunkt Friedrichs II., des Streitbaren. Nach 1800 Verfall. Turmkapelle (12. Jh.), im Burghof Annenkapelle (14. Jh.). Die Ruine Starhemberg kann wegen Einsturzgefahr nicht besichtigt werden.

Sitzenberg-Reidling

Doppelort in schöner Lage am Rand des Tullnerfeldes südöstlich von Traismauer. Sehenswert ist das isoliert auf einem Hügel stehende Schloss Sit-

MATHIAS ZDARSKY

Der nördlich von Lilienfeld gelegene Ort Marktl war die Wahlheimat des Skipioniers Mathias Zdarsky, des Begründers der »Alpinen (Lilienfelder) Skifahrtechnik«. Zdarsky wurde am 25. Februar 1856 in Kožichovice (Südmähren) geboren. Der Verlust des linken Auges hinderte ihn daran, ein Gymnasialstudium aufzunehmen; er wurde Lehrer, Maler und Bildhauer. 1889 kam der damals 33-Jährige in das Traisental, wo er das verwahrloste Bauerngut Habernreit östlich von Marktl für 7000 Gulden erwarb. In dem steilflankigen Graben lebte er von der Landwirtschaft, daneben ging er seinen wissenschaftlichen Interessen nach; er untersuchte Schnee, Lawinen und den Ski. 1896 propagierte er die auf alpine Verhältnisse abgestimmte Skiausrüstung (Stahlsohlenbindung mit fest sitzendem, aber federndem Fersenteil), er entdeckte die geeignete Skitechnik und erfand den rettenden »Zdarsky-Biwaksack«. Am 19. März 1905 rief er bekannte Skigrößen zu einem Wettkampf am Muckenkogel, dem ersten Riesenslalom der Skigeschichte (wiederentdeckt durch Gunther Langes 1935 an der Marmolada in den Dolomiten). Bereits 1896 erreichte Zdarsky auf Skiern Geschwindigkeiten von über 100 km/h. Ab 1903 hielt er Heeresskilehrgänge ab, im Ersten Weltkrieg war er als Alpinreferent tätig, bis ihn 1916 während einer Bergung beinahe selbst der Lawinentod ereilte (80 Knochenbrüche!). Trotzdem konnte er seinen Körper wieder ertüchtigen und huldigte noch mit 80 Jahren dem Skifahren. Er starb am 20. Juni 1940 in St. Pölten und wurde auf der Habernreit-Wiese nahe seinem Wohnhaus beigesetzt.

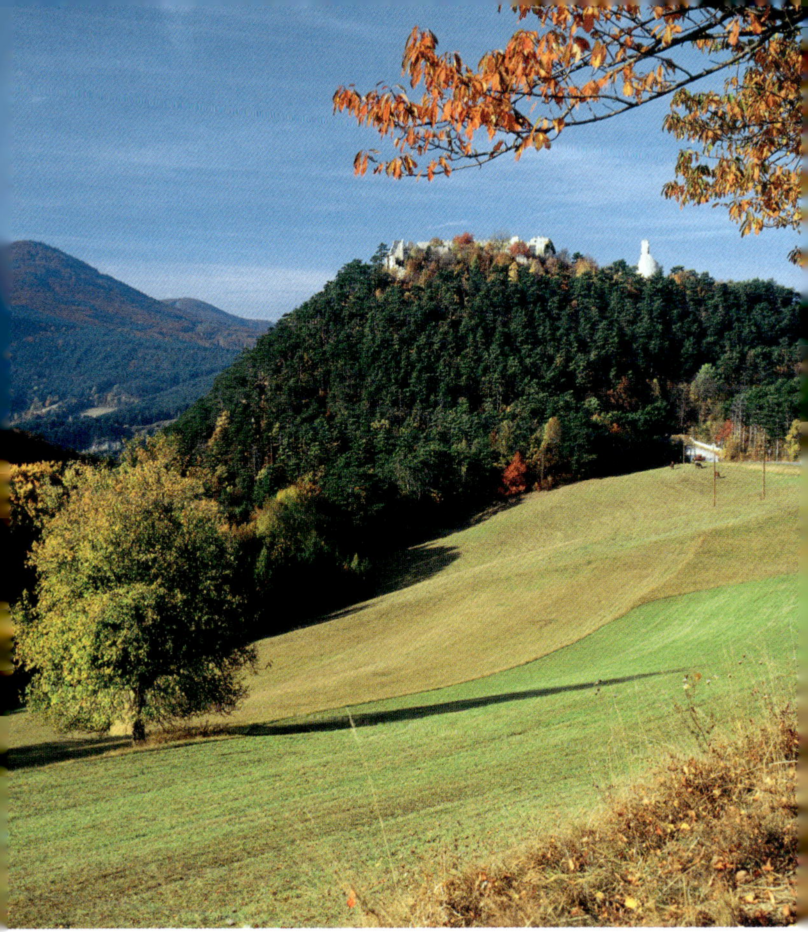

Die Ruine Starhemberg bei Dreistetten (Tour 31).

zenberg, im 12. Jh. errichtet, 1570 Umbau zu einem prächtigen Renaissanceschloss, weiterer Ausbau 1913–1921 unter Valentine Baronin von Springer, seit 1950 Staatseigentum, heute höhere Bundeslehranstalt (HLFS) für Land- und Ernährungswirtschaft. Schlosskonzerte, Sommerspiele Schloss Sitzenberg im Juni (http://sommerspiele.schloss-sitzenberg.at). Schlossteich (um 1750 angelegt) am Südfuß des Burghügels mit Freibad, Fischzucht (www.weihnachtskarpfen.at) und Teichfesten (siehe auch Tour 1).

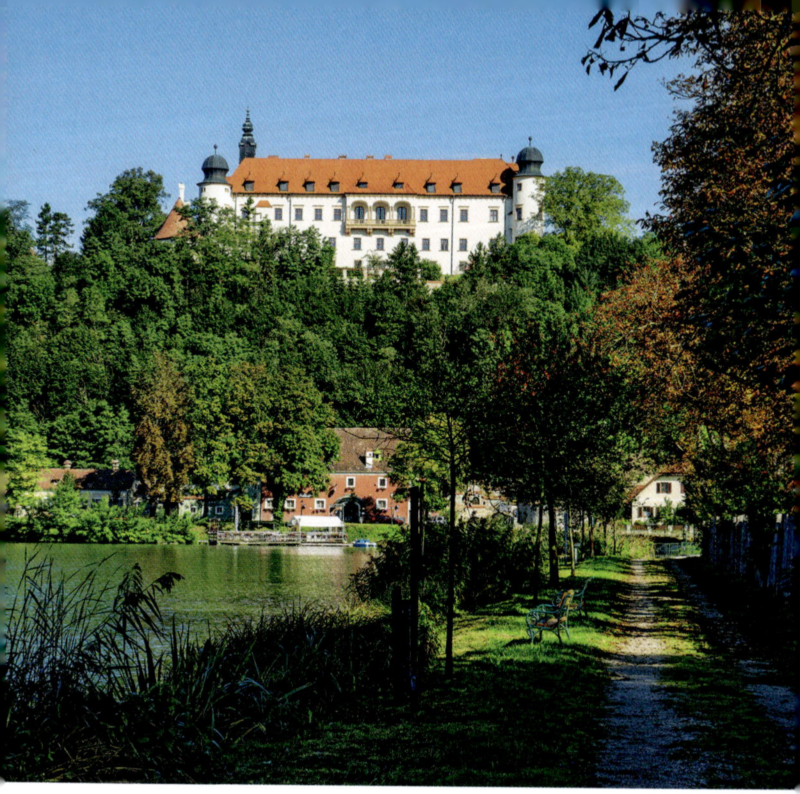

Das Renaissanceschloss Sitzenberg mit dem Schlossteich in Südansicht (Tour 1).

Stixenstein/Schloss Stixenstein

Rotte nördlich von Ternitz im Sierningtal mit prächtigem Schloss, dem Stammschloss (12. Jh.) der Stüchse. Der Name Stüchsenstein wird erstmals 1343 erwähnt. 1547 kommt Stixenstein an die Familie der Hoyos, 1802 durch einen Brand fast vollständig zerstört, 1843 teilweise wiederhergestellt. Seit 1864 samt den ergiebigen Quellen der Umgebung (der I. Wiener Hochquellenleitung zugeführt) im Besitz der Gemeinde Wien. Veranstaltungen. Schloss Stixenstein, Stixenstein 3, 2631 Ternitz, www.ternitz.gv.at.

Stuppach/Schloss Stuppach

Ort nordöstlich von Gloggnitz mit Renaissanceschloss (16. Jh.), ab 1659 im Besitz der Familie Walsegg. Auf einer Fahrt nach Wien übernachtete Papst Pius VI. im Schloss, wo er den Erzbischof von Wien in Audienz empfing.

Franz Joseph von Walsegg bestellte für seine 1791 verstorbene Gattin bei Wolfgang Amadeus Mozart das berühmte Requiem und gab es zunächst als eigene Komposition aus. Die erste Aufführung fand 1793 in der Kirche Neukloster in Wiener Neustadt statt. Im Zweiten Weltkrieg wurde das Schloss schwer beschädigt. Seit 1988 umfassende Renovierung, heute »Geheimtipp für hochwertigen Musikgenuss in bezauberndem Ambiente« (Konzerte), www.mozart-schloss.com.

Traismauer
Uralte Stadt am Südrand des Tullnerfeldes nahe der Traisenmündung in die Donau. Der Name »Traisen« wird aus dem gotischen »Thragjan« (=schnell laufender Fluss) hergeleitet. Das 240 x 170 m große römische Reiterkastell (unter Vespasian erbaut, 140–144 n. Chr. erweitert) hieß »Augustianis«, auf seinen Ruinen (=Mauern) entstand um 800 ein Haufendorf namens »Traisma«; der Ort wird auch im Nibelungenlied erwähnt. Sehenswert sind die Reste der über den römischen Ruinen errichteten mittelalterlichen Stadtmauer mit dem Wiener (Römer-)Tor und dem Hungerturm (14. Jh.; Stadtmuseum, Mai–Okt. Mi. und Fr. 16–18 Uhr geöffnet) sowie das mächtige Schloss (16. Jh.). Besuchenswert sind die Traismaurer sowie Eichberger und Ahrenberger Kellergasse mit Buschenschänken östlich der Stadt (Tour 1).

Wiener Neustadt
Stadt im südlichen Wiener Becken, durch Bombenangriffe im Zweiten Weltkrieg fast zur Gänze zerstört. 1194 von den Babenbergern als Bollwerk gegen Ungarn gegründet (»nova civitas«), im 15. Jh. unter Friedrich III. Kaiserresidenz. Sein Sohn, Maximilian I., der »letzte Ritter«, ist hier begraben. 1752 wurde die »Theresianische Militärakademie« gegründet, die weltweit älteste bestehende Ausbildungsstätte für Offiziere, in der St.-Georgs-Kirche schöner spätgotischer Kirchenraum. Weitere Sehenswürdigkeiten sind das Rathaus (1401), die Alte Kronenapotheke (15. Jh.), der Liebfrauendom mit frühgotischem Kreuzrippengewölbe (ältestes in Österreich), der Vogelweide-Park (mit der gotischen Gedenksäule »Spinnerin am Kreuz«) und das Zisterzienserstift Neukloster; in der Kirche fand 1793 die erste Aufführung des Requiems von Wolfgang Amadeus Mozart statt.

Würflach
Dorf im Osten der Grünbacher Berge mit barockisierter Pfarrkirche (18. Jh.). Zu den schönsten Sakralbauten Niederösterreichs gehört die »Kleine Kirche« (15. Jh.) neben der Pfarrkirche. Würflach ist Ausgangspunkt für den Besuch der Johannesbachklamm (Tour 43).

Bild Seite 36/37: Das Schneeberg-Massiv von Nordosten, vom Schobersattel (Tour 27 und 40).

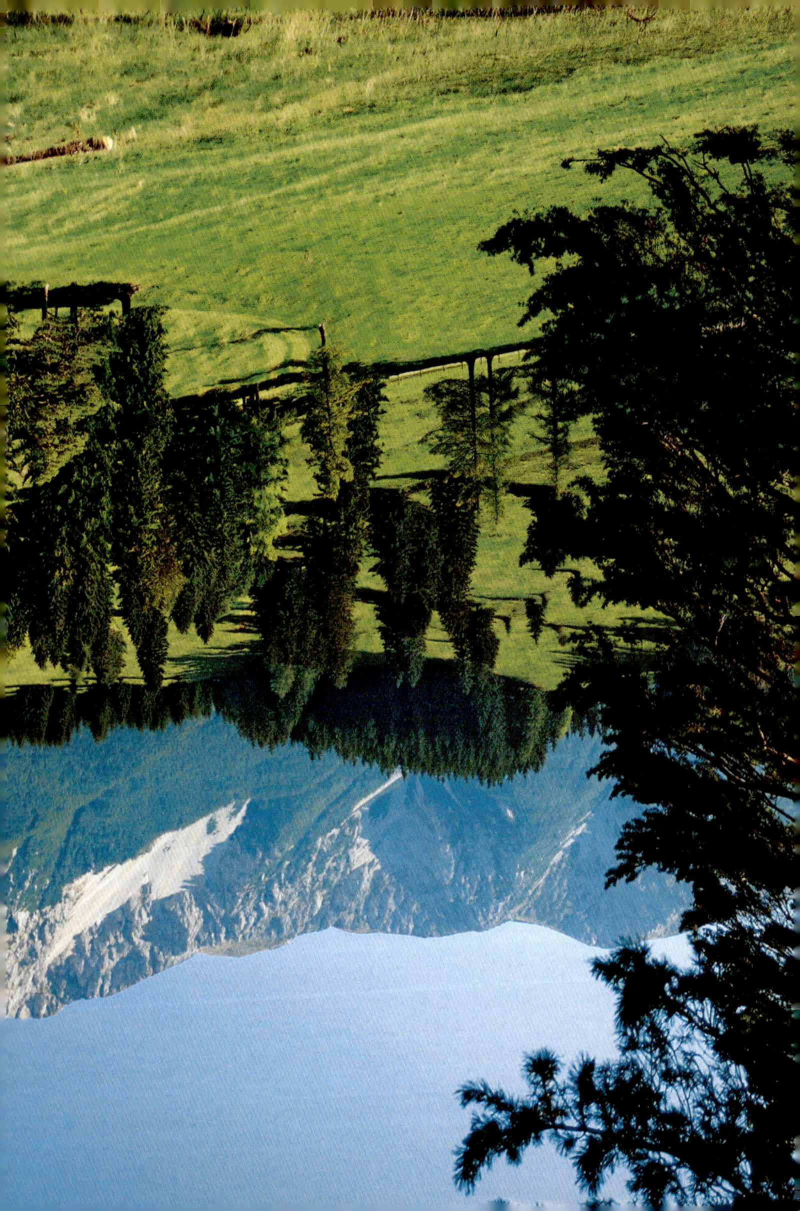

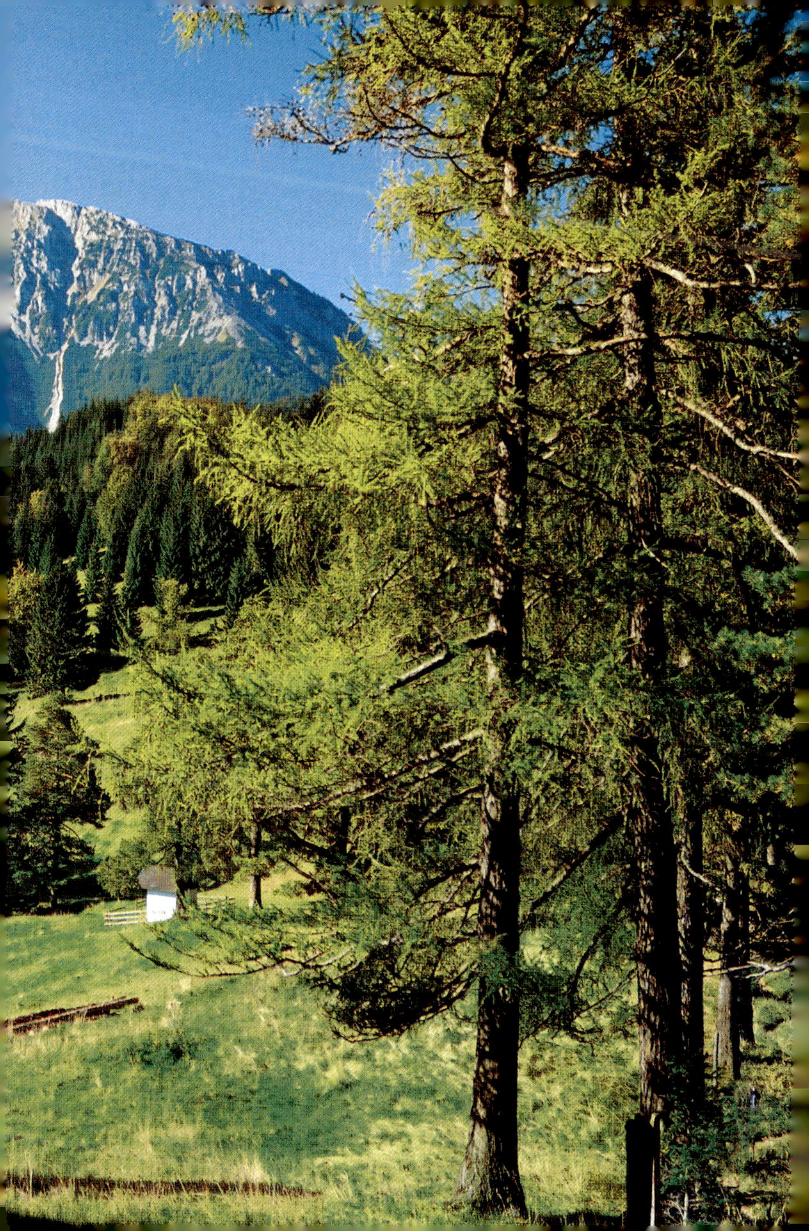

↗ 200 m | ↘ 200 m | 16.2 km

1 Seelackenberg, 348 m

4.00 h

Auf den Spuren der Nibelungen, der Rotschilds und des Weins

Der Seelackenberg an der Talgabelung zwischen Traisen und Donau bildet die Nordwestecke des Wienerwaldes. An den Hängen dieses weitläufigen Wald- und Sandsteinplateaus reifen Marillen und Weine, zudem grüßt die alte Nibelungenstadt Traismauer, der Ausgangspunkt für unsere Runde. Auf dem Scheitel des Seelackenbergs soll früher eine Aussichtswarte gestanden haben, seinen Namen erhielt er von einer auch in heißen Sommern nicht schwindenden Wasserlacke am Gipfelplateau. Wir überschreiten den Berg in West-Ost-Richtung zum Ort Sitzenberg mit Renaissanceschloss und Badeteich, danach geht es durch die Ahrenberger und Eichberger Kellergasse (Heurigenschänken!) zurück nach Traismauer.

Ausgangspunkt: Bahnhof von Traismauer, 197 m (Parkplatz, Bushalt), im Süden der Stadt.
Anforderungen: Einfache Wanderung auf teils unbez. Fahr- und Fußwegen.
Einkehr: Gaststätten in Traismauer und Sitzenberg-Reidling. Alternierend geöffnete Heurigenbetriebe in der Ahrenberger, Eichberger und Traismaurer Kellergasse.
Variante: Aus der Ahrenberger Kellergasse lohnt der Besuch des am Fuchsberg stehenden Aussichtsturmes »Korkenzieher« (beschilderte Zubringerwege).
Tipps: Die großartige Wallfahrtskirche Mariä Himmelfahrt in Heiligenkreuz-Gutenbrunn, eine der bedeutendsten »Maulpertschkirchen« Österreichs (siehe Bild S. 29), kann von Sitzenberg-Reidling oder Traismauer mit dem Auto erreicht werden. Im Schloss Sitzenberg werden Konzerte und Sommerspiele, am darunter liegenden Schlossteich sommerliche Teichfeste veranstaltet.

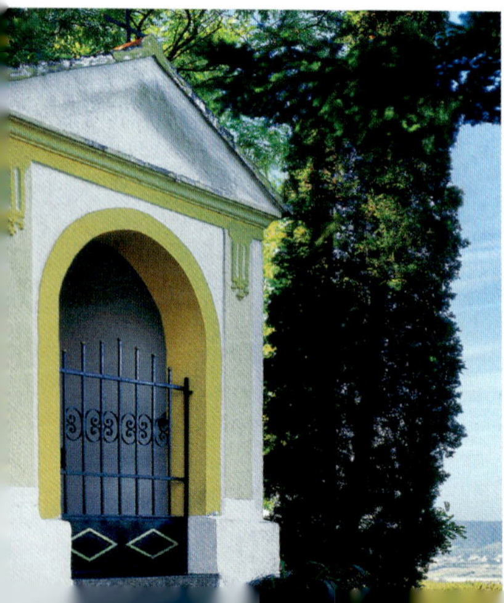

Vom Bahnhof in **Traismauer** ❶ die Bahnhofstraße 150 m nach Westen zur Venusbergstraße und diese über das Bahngleis nach links zur Verzweigung gleich danach. Links ab und auf dem rot-blau-gelb bez. Fußweg Nr. 475 und 8/1 (Waldlehrpfad) zur Waldandachtgasse (»Traismaurer Kellergasse«) und diese 200 m eben fort zur Gabelung. Halbrechts auf einem Fahrweg im Wald nach Südosten hoch zu einer neuerlichen Teilung. Scharf rechts den weiß-rot bez.

Die barocke Bergkapelle am Weg zum Seelackenberg.

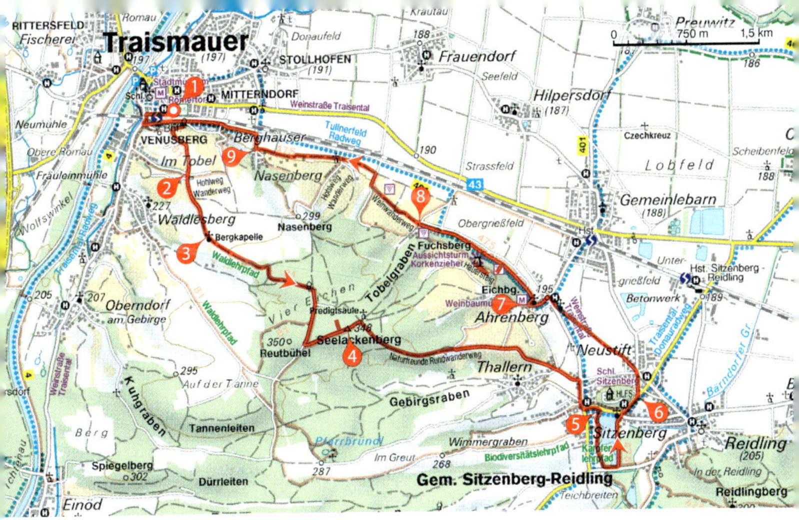

Fußweg Nr. 8/1, an einer Waldandacht (Marterl) vorbei, nach Südwesten aufwärts zu einer asphaltierten Güterstraße. Auf ihr (Lösshohlweg) nach links (Süden) bergauf zu der Verzweigung am Venusberg-Plateau mit informativem Rundumblick.

Links den rot bez. Feldweg Nr. 8/1 südwärts hoch, dann hinab in den Lössgraben, **»Tobel«** ❷, und jenseits durch einen Hohlweg aufwärts, danach durch Felder und Weingärten zur barocken **Bergkapelle** ❸, 290 m. Auf dem Fahrweg nach Südosten aufwärts in den Wald (Sitzgarnitur) und dort auf das Seelackenberg-Plateau mit den an einem Baum befestigten Marterln »4 Eichen«. Den rot bez., zunächst ebenen, dann bergan führenden Querweg Nr. 8/1 in Richtung Reutbühel nach rechts (Süden). Später leicht bergab zu einer wichtigen Teilung. Auf dem Waldfahrweg scharf nach links (Nordosten) zum Gipfel des **Seelackenbergs** ❹, 348 m (50 m vor ihm links ab zur nahen kreisrunden Seelacke), und jenseits zur Verzweigung an der Predigtsäule, 345 m.

Rechts den gelb-rot bez. Fahrweg im Wald in Ostrichtung abwärts und aus dem Wald zu den Thallerner Wiesen, 290 m, mit Blick auf Schloss Sitzenberg, die Gutensteiner Alpen und den Schneeberg. Auf dem asphaltierten Fahrweg einen sich vertiefenden Lösshohlweg durch Weingärten nach Osten abwärts, später durch die Weinberggasse in den Ort Sitzenberg-Reidling.

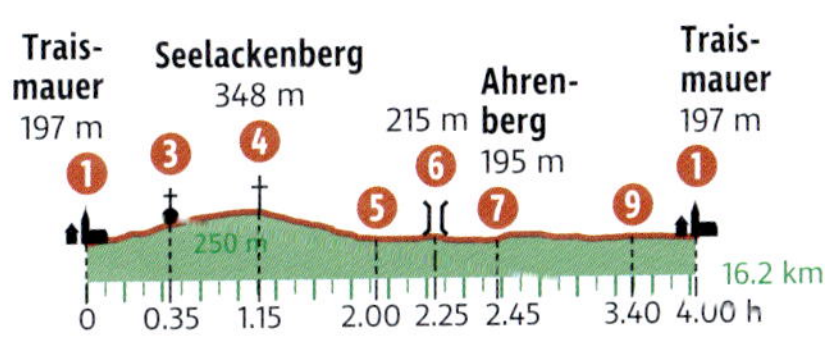

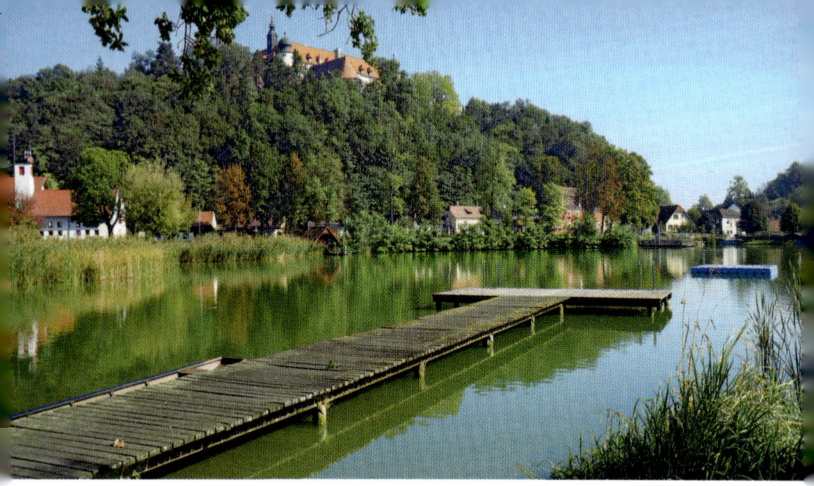

Das Freibad am Westufer des Sitzenberger Schlossteichs.

Dort durch die Fraktion Neustift zur Karl-Fischer-Straße und auf ihr kurz nach rechts, dann links durch die Schlossbergstraße zum Feuerwehrhaus in **Sitzenberg** 5.
Rechts ab und auf dem rot-gelb bez. Promenadenweg (»Teichrundweg«) am Westufer des Sitzenberger Schlossteichs nach Süden zum Naturbad, danach auf dem Kiesweg (»Fitpfad«, »Karpfenlehrpfad«) durch das Auengelände zu einer querenden Asphaltstraße. Vor ihr links ab und auf dem Fußweg am Südufer (Schlossblick!) entlang zu einer autofreien Naturstraße. Diese am Ostufer nordwärts nach Sitzenberg und durch den Ort aufwärts in den **Sattel** 6 zwischen Schlossberg und Judenauer (nach links zum Schloss). Jenseits links ab und durch die Berggasse nach Norden hinab zur Kremserstraße mit Verzweigungen. Halblinks den Kirchenweg und die anschließende Fasanzeile eben nach Nordwesten wieder zur Karl-Fischer-Straße. Auf ihr, sich rechts haltend, nach **Ahrenberg**, 195 m. Dort bei einer energischen Rechtskurve links durch die Ahrenberger Ortsstraße nach 200 m zur Gabelung bei der alten **Weinpresse** 7. Scharf rechts ab und auf der weiß-rot bez. Asphaltstraße (Weg Nr. 475) zu Füßen des Eichbergs (Ahrenberger Kellergasse) und des Fuchsbergs (Eichberger Kellergasse) am Rande des Tullnerfeldes, an zahlreichen Weinkellern vorbei, zum Gassenende im **Tobelgraben** 8, 203 m. Geradeaus (Weg Nr. 475 und 8/2, »Wein-Wanderweg«) zu Füßen des Nasenbergs eben weiter, später nach rechts zu einer Naturstraße. Auf ihr, sich links haltend, durch Felder eben nach Westen zu den **Berghäusern** 9. Die Asphaltstraße 100 m nach rechts, dann links auf dem Güterweg in die Traismaurer Kellergasse und auf bekanntem Weg zurück zum Bahnhof in **Traismauer** 1.

↗ 420 m | ↘ 420 m | 15.8 km

4.00 h

Kreisbacher Runde 2

Frühlingserwachen im Ausflugsgebiet der St. Pöltner

Die Ochsenburg ist ein mächtiges Schloss an der Traisen südlich von St. Pölten. Hier komponierte Franz Schubert als Gast des St. Pöltner Bischofs J. N. Dankesreither zwischen 1820 und 1823 u. a. seine Oper «Alfonso und Estrella«. Die nach Schloss und Ort benannte Ochsenburger Hütte auf der nahen Rudolfshöhe ist ein beliebtes Ausflugsziel. Das Haus kann von Wilhelmsburg auf direkter Route in 1.15 Std. errreicht werden. Lohnender ist sein Besuch auf der hier beschriebenen Runde um den Kreisbachgraben, die zur Zeit der Mostbaumblüte die nachhaltigsten Eindrücke vermittelt.

Ausgangspunkt: Wilhelmsburg, 321 m, Städtchen an der Traisen, südlich von St. Pölten. Parkplätze im Zentrum an der Abzweigung der Straße nach Kreisbach.
Anforderungen: Einfache, mittellange Wanderung für jedermann.
Einkehr: Ochsenburger Hütte (10 L., ganzj. ab 10 (11) Uhr geöffnet, Mo. und Di. Ruhetag; Tel. +43 2746 8328 und +43 650 7950615, www.wilhelmsburg.at/Ochsenburger_Huette). Gastbetriebe in Wilhelmsburg.
Hinweis: Die Tour empfiehlt sich wochentags, da die Ochsenburger Hütte an Wochenenden oft regelrecht »belagert« wird.

Die Ochsenburger Hütte auf der Rudolfshöhe.

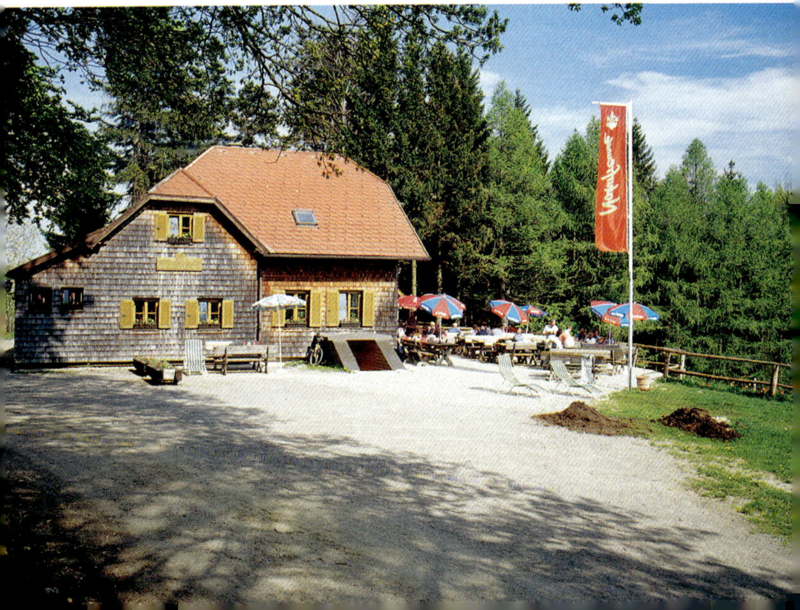

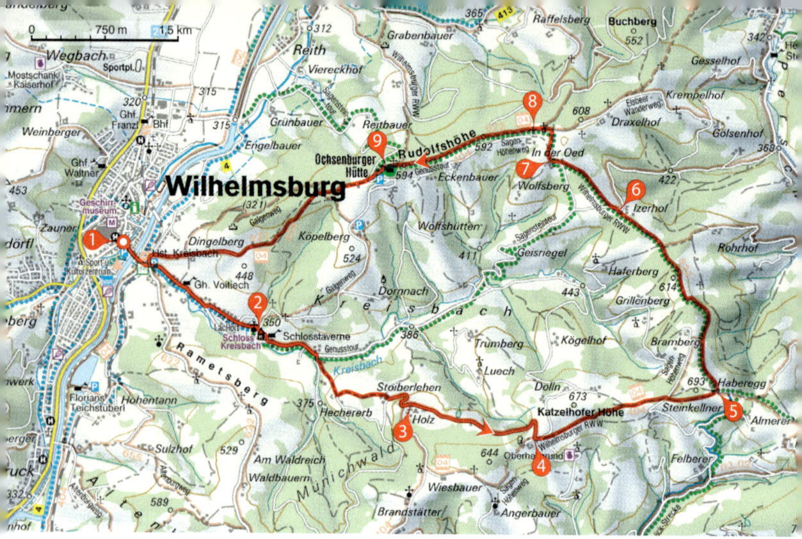

Aus dem Zentrum von **Wilhelmsburg** ❶ die rot bez. Straße nach Kreisbach südostwärts über das Gleis der Traisentalbahn in den Kreisbachgraben. Die Straße links neben dem Kreisbach oder den Fußweg rechts vom Bach sanft aufwärts zum **Schloss Kreisbach** ❷, 350 m. Durch das Schlossareal (Durchfahrt), danach entlang der Straße zu einer Verzweigung bei einem großen Hof, 355 m. Sich rechts haltend bald zur Linksabzweigung des bez. Fußwegs zur Kukubauerwiese. Auf ihm über Wiesen südostwärts steil hinauf zum Hof Hechererb, danach weniger steil zum Hof Stoiberlehen, 485 m. Auf einer Naturstraße ostwärts weiter und in zwei Kehren empor zur Teilung vor dem **Hof Holz** ❸, 530 m. Sich links haltend an den Wiesenhängen ostwärts eben fort, danach auf der rechten Seite eines Grabens an den Höhenrücken der **Katzelhofer Höhe** ❹ empor, der bei einem Hof, 630 m, erreicht wird. Auf der bez. Querstraße (Weg Nr. 404) links zu einer Verzweigung. Geradeaus quer durch die grasigen Südhänge der Katzelsdorfer Höhe (von hier in wenigen Minuten zu erreichen), später entlang der Kammhöhe zum **Hof Haberegg** ❺, 670 m.

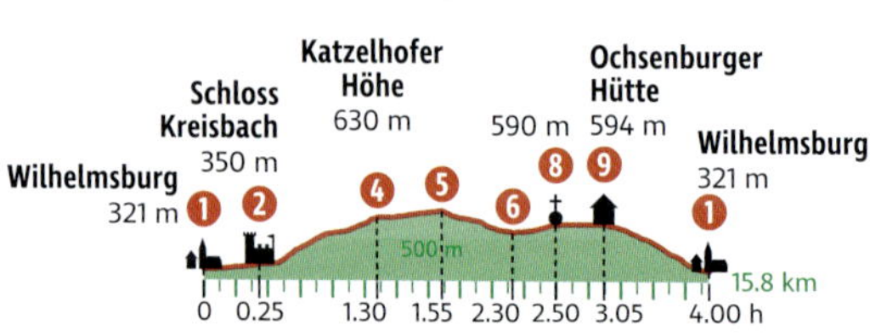

Beim Zaun links ab und auf dem rot-blau bez. Fahrweg Nr. 622 (»Sagensteintour«) in der Ostseite des Höhenrückens über die Wiesen- und Waldhänge nach Nordwesten abwärts zu einer Verzweigung. Rechts auf einem schönen Fußweg über den Rücken weiter bergab in den Sattel beim **Izerhof** 6, 540 m. An der Verzweigung danach rechts den Wiesenweg nordwestwärts bergauf zu dem in einer Senke unter Obstbäumen versteckt gelegenen **Hof Oed** 7, 565 m. Rechts ab und einen Wiesenweg nach Norden hinauf zum Kamm der Draxelhofer Höhe mit dem blau-gelb-rot bez. Querweg Nr. 404, 455 und 622. Auf ihm nach links (Westen) zu einem prächtigen **Panoramapunkt** 8, 590 m, mit Kapelle und Rundumblick auf Gutensteiner Berge, Türnitzer Alpen und Ötscher. Über den Waldrücken der Rudolfshöhe eben weiter zur **Ochsenburger Hütte** 9, 594 m.
Die Hüttenzufahrt mit Weg Nr. 404, 455 und 622 über Wiesen nach Westen abwärts zu einer Linkskehre. Dort den bez. Fußweg geradeaus über den Wiesenrücken hinab zu zwei mächtigen Linden (Parapluie, Bänke) und am Waldrand weiter zur Vierbrüderbuche. Auf dem »Baumlehrpfad« nach Süwesten abwärts zu den ersten Häusern von Dingelberg und auf einer bald asphaltierten Straße westwärts zu einer Schranke, zuletzt kurz nach links zur Kreisbacher Straße. Auf ihr, die Traisentalbahn kreuzend, nach rechts zurück ins Stadtzentrum von **Wilhelmsburg** 1.

Auf der Kreisbacher Runde unterwegs im Frühling, zur Zeit der Baumblüte.

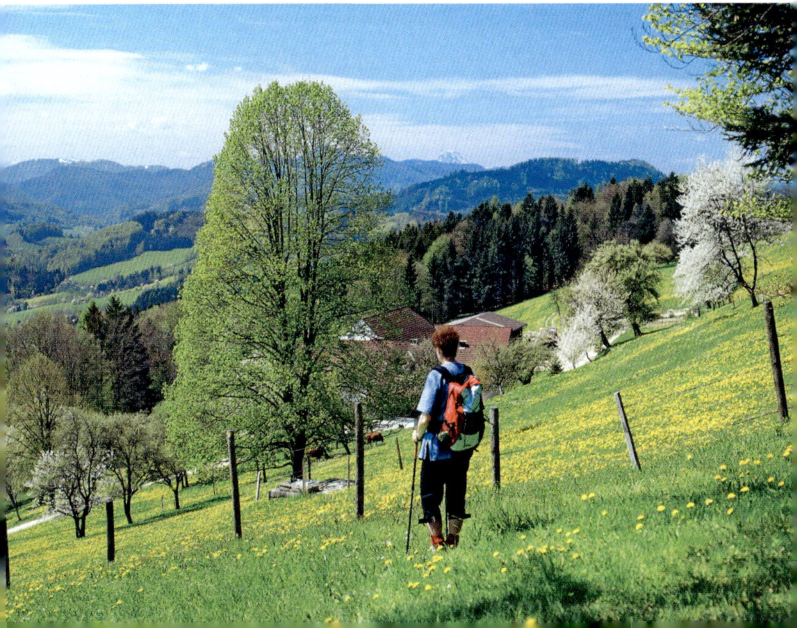

↗ 400 m | ↘ 400 m | 7.2 km

3 Steinwandleiten, 734 m

2.45 h

Ein Wanderberg am Westrand des Wienerwaldes

Dass es sich auch im äußersten Westen des Wienerwaldes gut wandern lässt, beweist die Steinwandleiten bei Traisen. Man kann sie im Zuge einer Höhenwanderung von der Kukubauerhöhe her oder auf direkten Routen von Rotheau, Wilhelmsburg, Traisen, Wiesenfeld und Schwarzenbach besuchen. Die Wege von Rotheau und Wiesenfeld lassen sich zu einer Überschreitung kombinieren, deren besonderer Reiz sich vor allem im Frühjahr und Herbst offenbart. Die zwischen Nord- und Südgipfel stehende Stockerhütte bietet als Besonderheit in dem Gebiet ganzjährig Unterkunft und Verpflegung.

Ausgangspunkt: Gasthof Lindenhof am Dorfplatz im Zentrum von Rotheau, 340 m (Bus-/Bahnhalt, Parkplätze).
Endpunkt: Bahnhalt in Wiesenfeld-Schwarzenbach, 360 m. Rückfahrt per Bus oder Bahn über Traisen (Umstieg) nach Rotheau (Fahrzeiten vorher erkunden!).

Anforderungen: Kurze, einfache Wanderung auf nicht immer gut bez. Wegen.
Einkehr: Ghf. Bekier in Wiesenfeld (6 B., ganzj. geöffnet, Di. und Mi. ganztägig Ruhetag,, Tel. +43 2763 2305, www.gh-bekier.at). Die Stockerhütte auf der Steinwandleiten ist geschlossen.

Vom Ghf. Lindenhof in **Rotheau** ❶ entlang der Ortsstraße, die B 20 (Ampelübergang), die Traisen und das Bahngleis überschreitend, nach Nordosten zur Straßengabelung im Ortsteil Altenburg, 340 m. Rechts auf der rot-blau-gelb bez. Straße (Weg Nr. 404), an der Bahnstation Rotheau-Eschenau vorbei, zur nächsten Teilung. Rechts den begrünten Karrenweg im Wald steil nach Osten hoch zu den Altenburger Wiesen, 420 m (Gatter). Am Waldrand nach Osten hinauf zum **Stadelböckbauer** ❷, 640 m, auf einer Wiesenschulter am Nordrücken der Steinwandleiten. Den querenden,

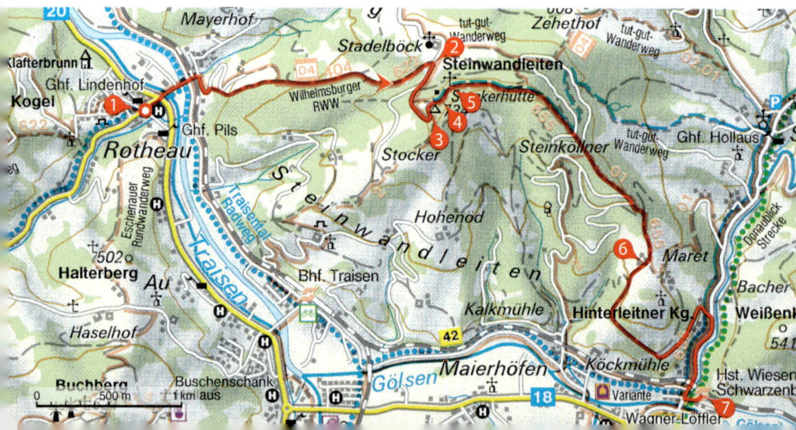

weiß-gelb-blau-rot bez. Fahrweg Nr. 404 nach rechts aufwärts, in die bewaldete Nordwestflanke der Steinwandleiten hinein und an den Westrücken des Berges. Um ihn links herum an den Südrücken und diesen in einer Linkskehre empor auf den **Steinwandleiten-Südgipfel** 3, 734 m, mit Gipfelkreuz und Swimmingpool mit Dusche! Jenseits zu der im Sattel zwischen Nord- und Südgipfel im lichten Wald stehenden **Stockerhütte** 4, 730 m (geschlossen).

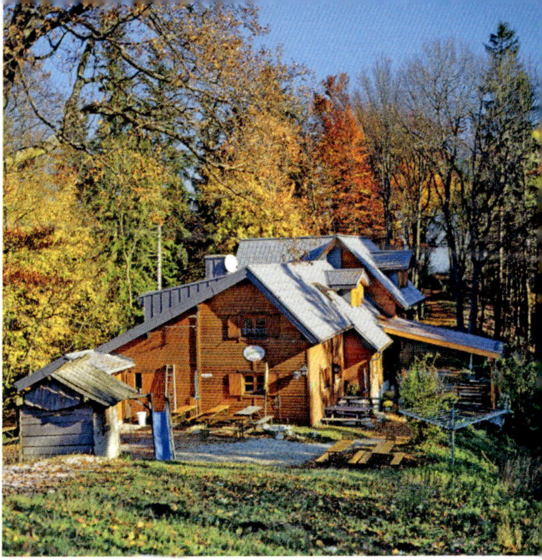

Die derzeit leider geschlossene Stockerhütte auf der Steinwandleiten.

Den rot-blau-gelb bez. Weg Nr. 655 im Wald kurz nach Norden empor zum **Steinwandleiten-Nordgipfel** 5, 734 m (Sandsteinfelsen). Über den Ostrücken des Berges, an Felsbildungen vorbei, durch Buschwerk nahezu eben zur Linksabzweigung der blau-gelben Markierung (»Höhenweg zur Rudolfshöhe«). Am flachen Waldrücken weiter, später, eine Forststraße kreuzend, hinab in einen Sattel, 630 m, mit Fahrweg und jenseits auf die Waldkuppe zu P. 640. Weiterhin dem Rücken folgend hinab zu den Wiesen beim Hof Hinterleitner. Über diese abwärts zu einem Zaun (kein Durchgang!) und an ihm entlang nach links, später auf einem abgezäunten Wiesenweg eben nach rechts zum **Hof Hinterleitner** 6, 530 m, am Wiesensattel vor dem Hinterleitner Kogel. Durch das Anwesen (Gatter offen!), danach auf einer unbez. Naturstraße (Hofzufahrt) an der Westflanke des Hinterleitner Kogels durch Wald und Wiesen nach Süden abwärts, dann im Linksbogen quer durch die Süd- und Ostflanke des Kogels hinab in den Schwarzenbachgraben und dort zur Querstraße bei den Häusern der Waldsiedlung, 360 m. Die Straße nach rechts talauswärts in das Gölsental, dort unter der Bahn hindurch nach Wiesenfeld, 357 m. Gleich nach der Bahnunterführung auf dem Fußweg nach links (Osten) über den Schwarzenbach und hinauf zur Bahnhaltestelle in **Wiesenfeld-Schwarzenbach** 7.

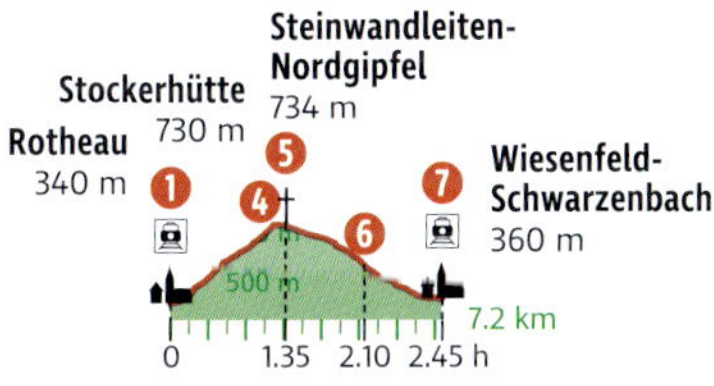

↗ 270 m | ↘ 270 m | 9.4 km

4 Kukubauerwiese, 782 m

3.00 h

Geh- und Schauerlebnisse am nördlichsten Alpenwall

Wenn im Spätherbst zur Zeit der Laubverfärbung eine watteweiche Nebeldecke über den Tälern liegt und Stille einkehrt in den Bergen, dann ist die Zeit für bescheidene Unternehmungen gekommen, etwa für einen Streifzug über die Kukubauerwiese. Dieser lange, grüne Rücken im westlichen Sandstein-Wienerwald, über Traisen, Gölsen und Alpenvorland, bietet sich für genussreiche Höhenspaziergänge geradezu an. Wie auf einer Insel der Seligen kann man dort in absoluter Stille stundenlang dahinschlendern und dabei traumhaft schöne Ausblicke auf Voralpen, Dunkelsteinerwald und Waldviertel genießen.

Ausgangspunkt: Durlaßsattel, 552 m (Parkmöglichkeit etwas nördlich des Sattels) am Höhenrücken zwischen Kukubauerwiese und Kasberg. Zufahrt mit dem Auto von Hainfeld, 439 m, über Rohrbach, 8 km.
Anforderungen: Harmlose Wanderung auf nicht immer gut bez. Wegen.

Einkehrmöglichkeiten: Kukubauerhütte (keine Übernachtung, ganzj. geöffnet, April bis Okt. Fr. bis So., sonst Sa. und So., Tel. 0664 4222041 www.michelbach.gv.at/Kukubauerhuette); Jausenstation Rosenbaum (keine Übernachtung, ganzj. geöffnet, Tel. 02764 7425, www.rosenbaum.or.at).

Von der Kreuzung nördlich des **Durlaßsattels** ❶ die Asphaltstraße mit Weg Nr. 4, 404 und 622 50 m nordwestwärts zum Grubauerhof, danach über Wiesen nach rechts (Nordosten) hinauf zu einer Bergschulter mit einer kreuzenden Asphaltstraße. Diese, sich links haltend, am Nordabhang des Höhenrückens nach Westen aufwärts, dann eben in den **Sattel** ❷, 630 m, beim **Brennhof**. Links ab und auf der Naturstraße die Grashänge nach Südwesten hinauf zum breiten Rücken der **Jubiläumsweide** (Linksabzweigung zur Jausenstation Rosenbaum). Den Rücken weiter aufwärts, später im Wald zu einer querenden Naturstraße und auf dieser, sich rechts haltend,

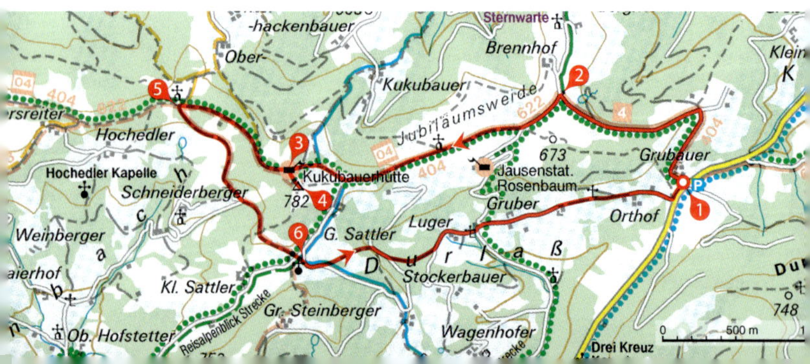

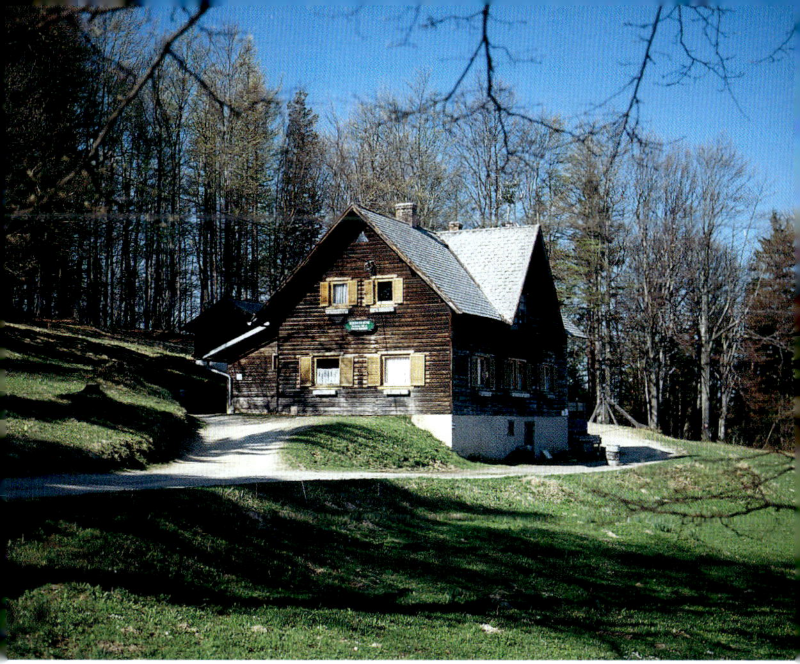

Die Kukubauerhütte liegt knapp südlich der gleichnamigen Höhe.

zu der auf einer Waldlichtung gelegenen **Kukubauerhütte** ③, 775 m. Auf dem unmarkierten Weg im Wald kurz nach Süden hinauf zur **Kukubauerhöhe** ④, 782 m, dem höchsten Punkt der **Kukubauerwiese**.
Zurück zur Hütte. Dort den Karrenweg Nr. 4, 404, 622 am breiten Waldrücken nach links (Nordwesten) abwärts zum Föhrenbigl-Alpenblick, dann steiler bergab und über eine Wiese zur Verzweigung mit Bildstock und Bank vor dem **Windkreuz** ⑤, 715 m. Scharf links ab und auf bez. Fahrweg (keine Nummer), die Südwestflanken der Kukubauerwiese querend, eben dahin, später aufwärts zu einer kleinen Schulter und zuletzt weglos hinab zur **Sattlerkapelle** ⑥ in einer Senke, 690 m, südlich der Kukubauerwiese. Jenseits die Mulde des **Durlaßgrabens** ostwärts hinab zu einem Fahrweg und auf diesem links zum **Sattlerhof**. Auf der Straße – am Luger-, Gruber- und Orthof vorbei – durch Wiesen und Obstgärten zurück zum **Durlaßsattel** ①.

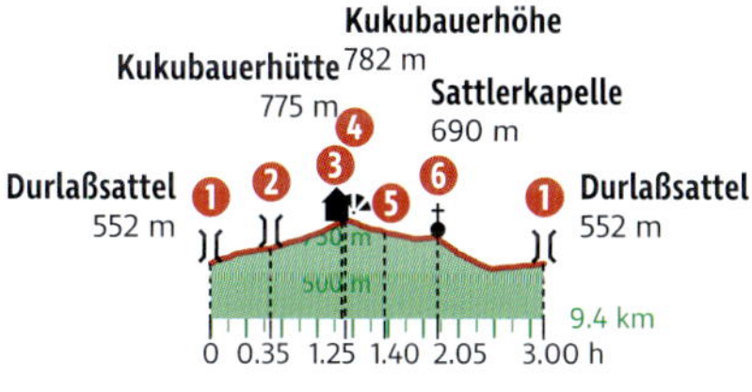

↗ 500 m | ↘ 500 m | 11.0 km

5 Hainfelder Kirchenberg, 924 m

3.15 h

Viel zu schön, um nur Ausweichziel zu sein

Schade, dass viele den Kirchenberg nicht so richtig ernst nehmen und ihn seiner bescheidenen Höhe wegen zu einer »Notlösung im Schlechtwetterfall« degradieren. Dabei ist dieser hüttenbewehrte Waldgupf über Hainfeld und dem Gölsental neben seiner unbestrittenen Bedeutung als Skiberg auch ein vollwertiges Wanderziel, vor allem dann, wenn man ihn wie hier im Zuge einer Rundtour oder auf der langen Nord-Süd-Überschreitung in Richtung Adamstal besucht.

Ausgangspunkt: Hainfeld, 439 m, Hauptort des Gölsentals an der Einmündung des Ramsaugrabens. Parkmöglichkeiten im Ortskern.
Anforderungen: Einfache, mittellange Wanderung auf nicht immer gut markierten Wegen. Nur der kurze Anstieg auf den Lindenstein erfordert Trittsicherheit.

Einkehrmöglichkeiten: Liasenböndlhütte (25 L., Tel. +43 664 7915143, www.naturfreunde-huetten.at/niederoesterreich/liasenboendlhuette); Hainfelder Hütte (8 B., 10 L., Tel. +43 664 3039393, www.hainfelderhuette.at); Lindensteinhütte (keine Übernachtung, +43 680 2225560 oder Tel. +43 664 3429246), alle ganzj. an Sa., So. und Feiertagen geöffnet.

Aus dem Zentrum von **Hainfeld** ❶ die Kirchengasse hinauf zur einer Verzweigung. Links durch die Feldgasse zur Kirchtalsiedlung, dort die Asphaltstraße mit Weg Nr. 4, 404 und 622 nach rechts (Südwesten) aus dem Ort hinaus. Auf einem Fußweg über Wiesen in Richtung Kirchenberg hinauf in den Wald zu einem querenden Fahrweg, der sich nach rechts verzweigt. Auf dem oberen Weg 100 m bis zur nächsten Teilung. Mit Nr. 4, 404 und 622 das Kirchtal querend nach rechts aufwärts zur Schulter mit der **Liasenböndlhütte** ❷, 640 m. Den bez. Weg über die bewaldete Nordflanke des Kirchenbergs in Kehren hoch, später an den Hängen nach rechts empor zur Einmündung des Dreiwiesenwegs. In Serpentinen hinauf an den Nordwestrücken und über ihn links aufwärts, später in seiner rechten Flanke zur Rechtsabzweigung des Wegs nach Adamstal. Nun auf einem Steig kurz links hinauf zum Gipfel des Kirchenbergs mit der **Hainfelder Hütte** ❸, 924 m, und einer ausgedehnten Rundsicht!

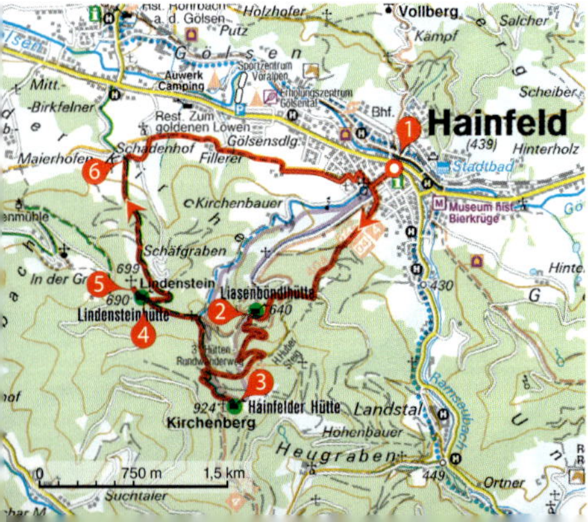

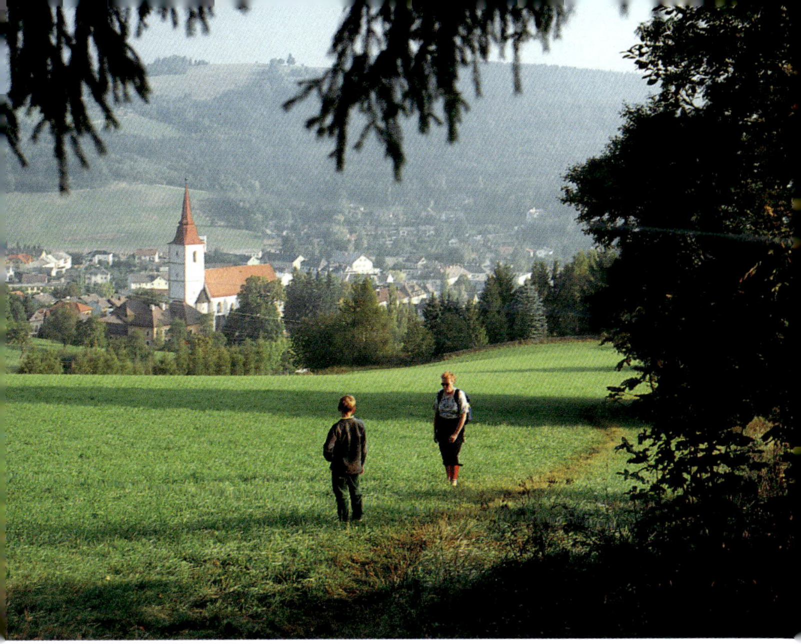

Hainfeld im Gölsental vom Anstieg auf den Kirchenberg.

Zurück zur Linksabzweigung des Dreiwiesenwegs. Diesen durch Wald steil nach Norden hinab zur Verzweigung bei einem Gatter. Links den breiten, grün bez. Weg an den Nordhängen des Kirchenbergs abwärts zu der am Sattel vor dem Lindenstein stehenden **Lindensteinhütte** 4, 690 m. Auf dem grün bez. Steig in Richtung Haxenmühle einen Waldrücken nach Nordwesten hinauf, dann über ein 7 m hohes Wandl in leichter Kletterei auf den **Lindenstein** 5, 699 m. Zurück zur Lindensteinhütte. Den grün bez. Fahrweg nordwärts ein Stück durch den Schäfgraben hinab, dann nach links hinaus zum gleichnamigen Hof. Am Rücken links vom Schäfgraben hinab zum **Schadenhof** 6, 480 m, und dort auf der Asphaltstraße über Wiesen nach Norden abwärts zu einem Marterl. Rechts ab und auf einem grasüberwachsenen Weg (gelbe Markierung an Bäumen und Holzpflöcken) ostwärts über Wiesen eben zum Hof Fillerer, danach auf der Asphaltstraße zurück nach **Hainfeld** 1.

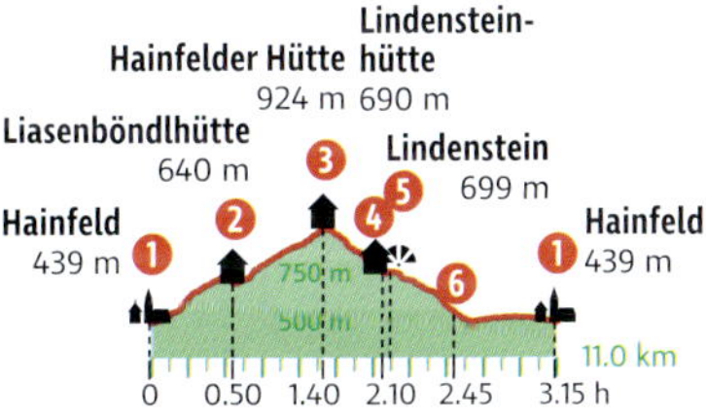

↗ 820 m | ↘ 820 m | 14.7 km

6 Unterberg, 1342 m, von Norden

5.30 h

Über die »Maschekseite« hinauf zum höchsten Punkt der Gutensteiner Alpen

Mit den Touren 25 (Ostroute) und 50 (Westroute) werden in diesem Führer gleich drei Anstiegswege auf den dominierenden Zentralgipfel der Gutensteiner Alpen, den Unterberg, beschrieben. Will man wie im vorliegenden Fall den Gipfel über die steile, bewaldete Nordflanke, also aus dem Ramsautal angehen, so liegt als Ausgangspunkt der Ort Adamstal auf der Hand. Von dort überschreiten wir den Berg in weiter Runde, genießen nach einem schweißtreibenden Anstieg die freie Rundsicht und stärken uns im Unterberg Schutzhaus, bevor wir den Steilabstieg zum Golfplatz Adamstal antreten.

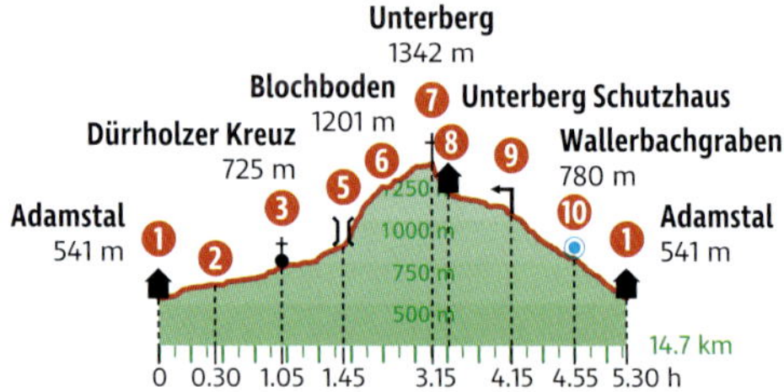

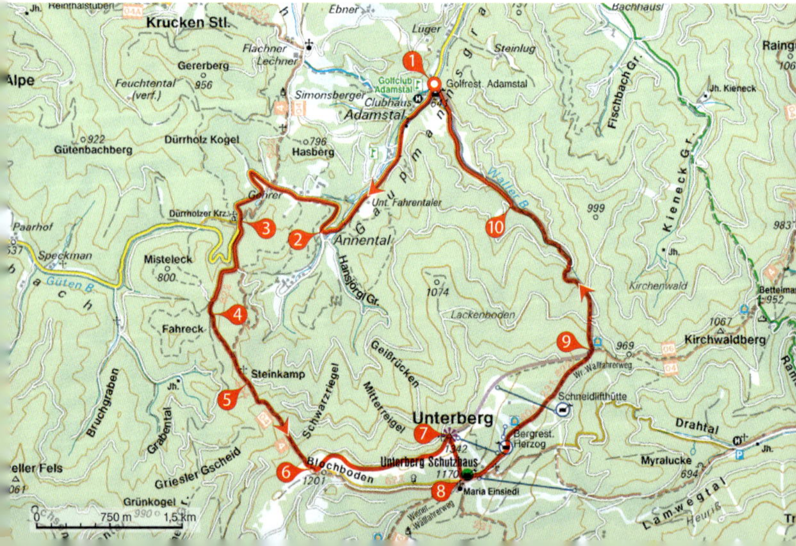

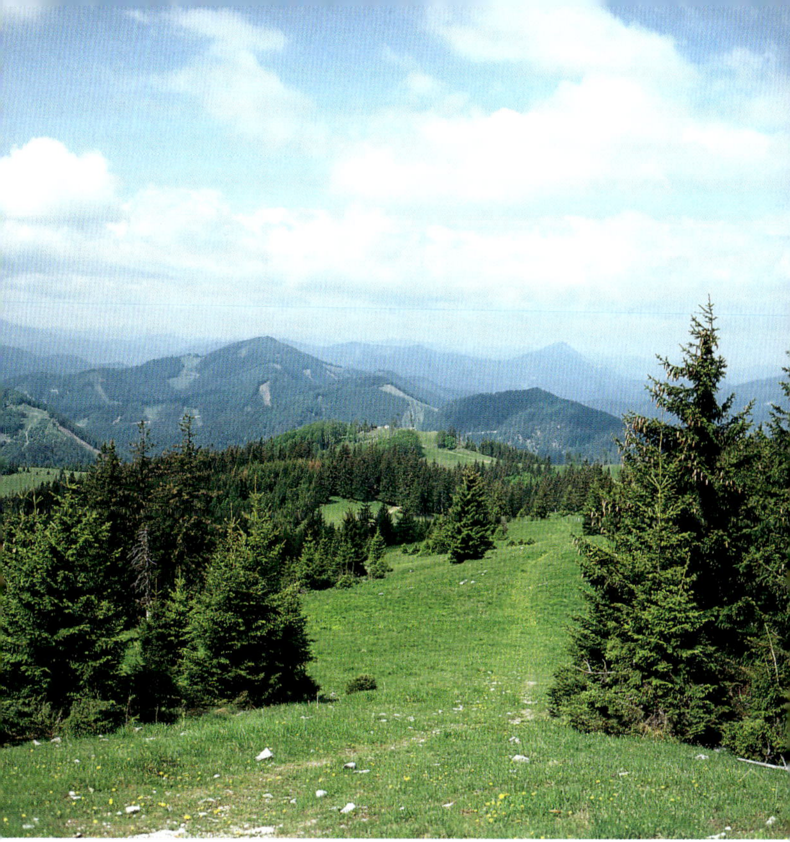

Am Westrücken des Unterbergs.

Ausgangspunkt: Adamstal, 541 m (Bushalt, öffentlicher Parkplatz). Zur Gemeinde Ramsau gehörender bekannter Golfplatz im Gaupmannsgraben, am Fuß des Unterbergs, 5 km von Ramsau, 470 m, 10 km von Hainfeld, 439 m.
Anforderungen: Lange, anstrengende Bergtour in teils steilem Gelände. Meist gut markierte Wege.
Einkehr: Restaurant Clubhaus Adamstal (Golfclub Adamstal, 20 B., 1. April–31. Okt. geöffnet, Übernachtung nur nach Voranmeldung, Tel. +43 2764 3500, www.adamstal.at); Unterberg Schutzhaus (12 B., 30 L., 2./5. Nov.– 7./10. Dez. geschlossen, sonst immer offen, Mo./Di. Ruhetag, Tel. +43 2632 74190, www.unterberg-schutzhaus.at).
Hinweise: Die in manchen Karten als markiert eingetragenen Wege rings um das ehemalige Jugendheim Annental sind aufgelassen (Absperrungen). Besondere Vorsicht ist im Bereich des Golfplatzes Adamstal geboten!

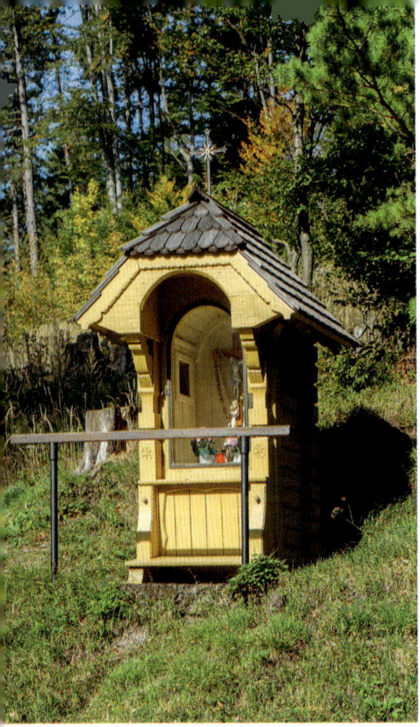

Das Dürrholzer Kreuz am Gütenbachsattel.

Von **Adamstal** 1 die Asphaltstraße in Richtung Kleinzell den Gaupmannsgraben anfangs im Golfplatz-Bereich (Vorsicht!), dann im Wald taleinwärts nach **Annental** 2. Dort nach einer Rechtskehre durch einen Seitengraben nach Westen aufwärts, zuletzt an den Waldhängen nach links (Süden) empor in den **Gütenbachsattel** (auch Ramsauer Sattel, 725 m) mit der kleinen **Holzkapelle »Dürrholzer Kreuz«** 3. Halblinks ab und auf der rot bez. Forststraße Nr. 404 und 622 in der Westseite des Unterberg-Nordrückens, einen Sattel berührend, durch Wald sanft nach Süden aufwärts zur **Verzweigung** 4 nach einer Sandgrube (roter Pfeil). Halblinks ab und auf einem guten Fußweg an den Waldhängen nach Südosten hinauf in die Senke vor dem Steinkamp und an seiner Westflanke weiter in den **Sattel** 5 vor dem sich steil aufbäumenden Unterberg-Massiv.

In der rechten Flanke der Bergrippe des Mitterriegels in steilen Kehren anstrengend empor zur Wiesenschulter des **Blochbodens** 6, 1201 m, am Unterberg-Westrücken. Jenseits zu einem querenden Fahrweg und diesen links zu einem Gatter. Links ab und auf dem unbezeichneten Steig entlang eines Zaunes hinauf an den oberen Westrücken und über ihn zum Gipfel des **Unterbergs** 7, 1342 m.

Am linken Rand einer steilen Wiese auf einem Steig nach Süden hinab zur Schulter mit dem **Unterberg Schutzhaus** 8, 1170 m. Die Naturstraße (Weg Nr. 04, 06, 231, 622) nach links in die Südostflanke des Berges und dort zu einer Wegteilung. Sich links haltend, an den Unterberg-Skiliften vorbei, zu einer Verzweigung. Links auf dem Fahrweg eben weiter, später am Nordostrücken hinab zur **Linksabzweigung** 9 des bez. Wegs nach Adamstal. Diesen steil nach Norden hinunter zu einer Forststraße bei einer Quelle im **Wallerbachgraben** 10, 780 m. Ohne der Straße zu folgen im Grabengrund neben dem Bach abwärts, später an der rechten Grabenseite zu einem Fahrweg. Auf ihm, dann auf der Straße talauswärts, zuletzt durch das Golfplatzgelände (Vorsicht!) zurück nach **Adamstal** 1.

↗ 700 m | ↘ 700 m | 16.9 km

5.15 h

Schwarzwaldeck, Ebenwaldhöhe und Kleinzeller Hinteralm

Verträumte Wiesenparadiese rings um den Hochstaff

Man kann die Wiesenplateaus der Ebenwaldhöhe von Kleinzell aus auch mit dem Auto erreichen, was jenen zu empfehlen ist, die rasch und beinschonend zur Reisalpe (Tour 8) wollen. Schöner ist freilich ihr Besuch im Zuge einer Runde um den Hochstaff, wobei als Höhepunkte der aussichtsreiche Bergbalkon des Schwarzwaldecks (Schneebergblick!) und die im Schatten uralter Bäume träumende Kleinzeller Hinteralm zu nennen sind.

Ausgangspunkt: Kleinzell, 480 m, Urlaubsort im Halbachtal, einem Seitenast des Gölsentals, am Postamt im Ortszentrum. Parkplätze an der Halbachtalstraße nahe dem Ortskern.
Anforderungen: Lange, aber einfache Wanderung auf bez. Wegen.
Einkehrmöglichkeiten: Ebenwaldhütte (20 B., 10 L., ganzj. Sa., So. und Feiertag offen, Tel. +43 2766 3212, www.mostviertel.at/alle-unterkuenfte/a-ebenwald-huette); Jausenstation Kleinzeller Hinteralm (keine Übernachtung, 15. Mai–25. Sept. geöffnet, Tel. +43 2766 318, www.kleinzeller-hinteralm.at).
Variante: Die Wanderung kann mit einer Besteigung des Hochstaff und/oder der Reisalpe erweitert werden (s. Tour 8).

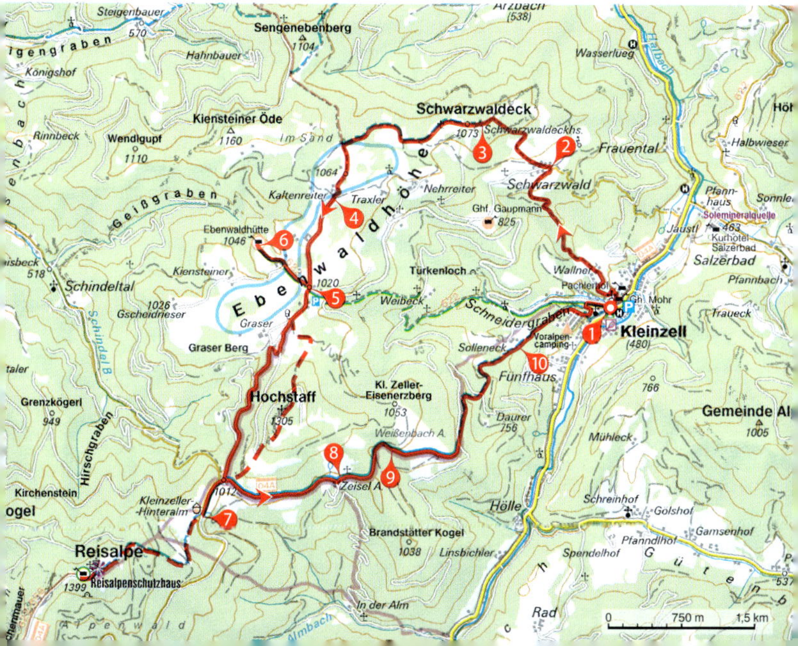

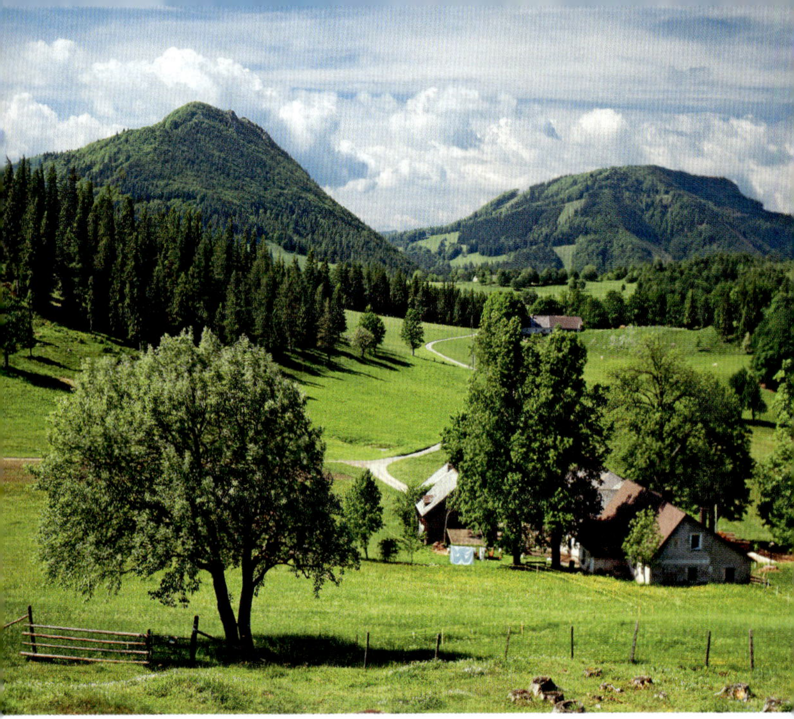

Hochstaff und Reisalpe von Nordosten, von der Ebenwaldhöhe.

Vom Postamt in **Kleinzell** ❶ auf der bez. Straße nach Norden hinauf zum Güterweg Bichler und diesen weiter zum Hof Wallner. Nun auf dem Fußweg entlang eines Zaunes nach Nordwesten aufwärts, dann einen Waldrücken hinauf und zuletzt über Wiesen zu den **Schwarzwaldhöfen** ❷, 860 m. Auf einem Karrenweg bald wieder im Wald aufwärts, später auf einem Fußweg in einer langen Querung steil empor in einen Sattel und links zum Gipfel

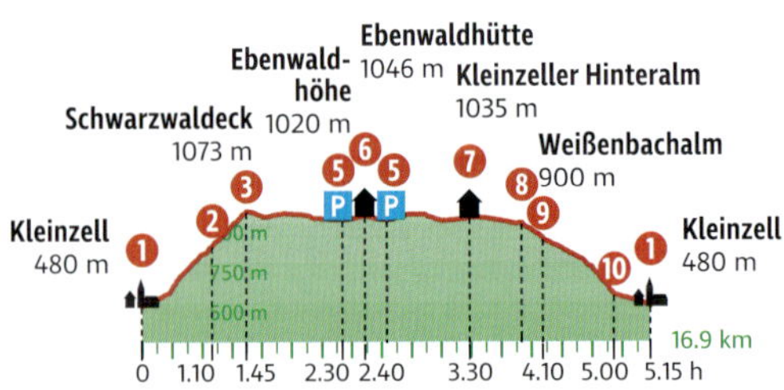

des **Schwarzwaldecks** 3, 1073 m. Auf einem bez. Fahrweg den Westrücken des Berges abwärts zur Ebenwald-Hochfläche. Dort den Querweg Nr. 622 nach links (Süden) über eine Anhöhe (P. 1064) hinweg zum **Hof Kaltenreiter** 4, 1030 m, danach auf der Straße über die Hochfläche zum **Großparkplatz Ebenwaldhöhe** 5, 1020 m. Den bez. Fahrweg nach rechts zur **Ebenwaldhütte** 6, 1046 m, am nordwestlichen Plateaurand.

Zurück zum Parkplatz. Die Naturstraße (Weg Nr. 622) nach rechts zum Gatter vor dem Hof Graser. Auf dem Fußweg links oberhalb des Hofs entlang, danach wieder zur Straße und diese am Westabhang des Hochstaff entlang zur Verzweigung am Sattel, 1012 m, vor der Reisalpe. Den Fahrweg Nr. 204A und 622 geradeaus weiter, dann rechts über den Zaun (Übertritt) zur Jausenstation **Kleinzeller Hinteralm** 7, 1035 m. Zurück zum erwähnten Sattel, dort den Fahrweg Nr. 204A über Wiesen nach rechts (Osten) zur **Zeiselalm** 8, 1000 m. Über den Waldriegel des Brandstätter Kogels zur **Weißenbachalm** 9, 900 m, dann um eine Bergkante herum und auf dem Fußweg nordostwärts hinab nach **Solleneck** 10. Weiter zu einer Mobilheim-Siedlung, dann in den Schneidergraben und dort auf der Ebenwaldstraße, sich rechts haltend, nach **Kleinzell** 1.

Das Gipfelhaus (früher Schutzhaus) am Schwarzwaldeck.

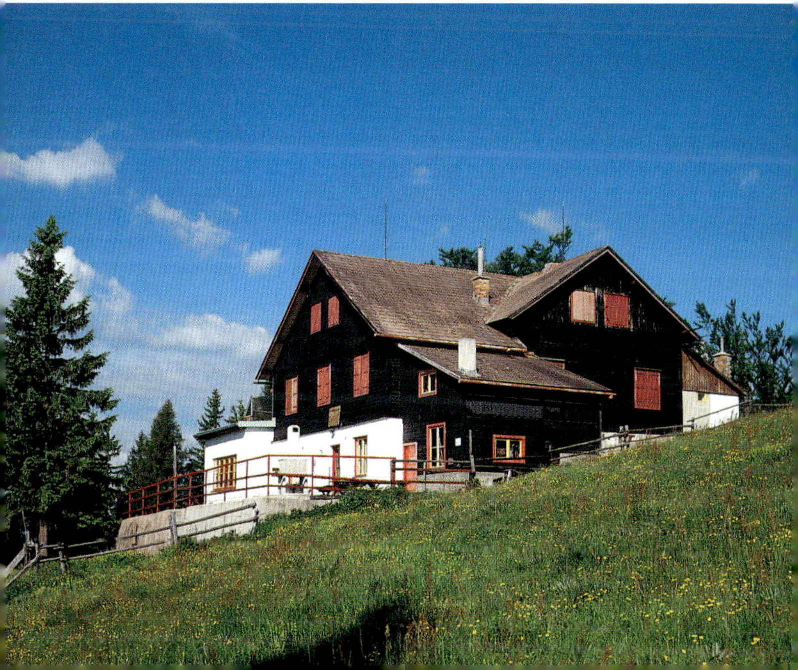

TOP

8

↗ 740 m | ↘ 740 m | 10.2 km

Hochstaff, 1305 m, und Reisalpe, 1399 m

4.30 h

Eindrucksvolle Gipfelüberschreitung für besondere Tage

So unansehnlich ist der Hochstaff wirklich nicht, als dass ein eingefleischter Bergfex kein Auge auf ihn würfe. Ein Blick auf die Landkarte enthüllt jedoch die ganze Wirklichkeit und stempelt die hüttenbewehrte Reisalpe als höchste Erhebung der Gutensteiner Alpen zum dankbareren Ziel. Wen der schlanke Bergkegel des »Staff« dennoch lockt, dem empfehle ich die Überschreitung beider Gipfel von der Ebenwaldhöhe aus.

Ausgangspunkt: Großparkplatz Ebenwaldhöhe, 1020 m. Autoauffahrt von Kleinzell, 480 m, auf Asphaltstraße, 7 km.
Anforderungen: Mittellange Wanderung. Am Hochstaff keine Markierung, sonst gut gekennzeichnete Wege und Forststraßen. Trittsicherheit und Orientierungssinn nötig.

Einkehrmöglichkeiten: Ebenwaldhütte, Jausenstation Kleinzeller Hinteralm (siehe Tour 7); Reisalpenschutzhaus (16 B., 24 L., im Winter Sa. und So., Mai und Juni täglich außer Di. von Sept. bis Okt. täglich geöffnet; bei Übernachtungswunsch unbedingt Voranmeldung, Tel. +43 680 1233924, www.reisalpe.at).

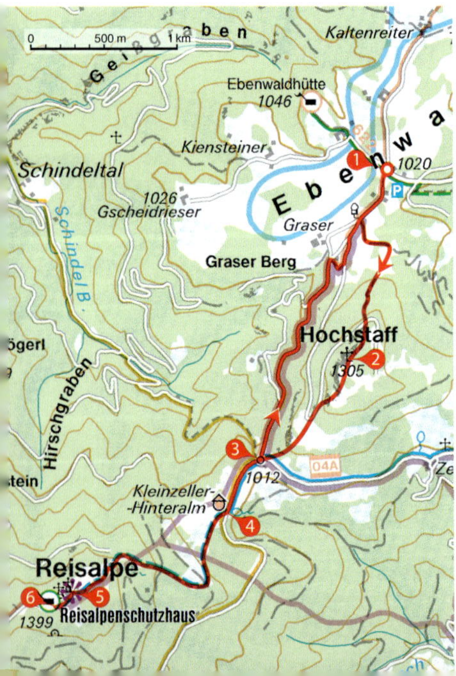

Vom **Großparkplatz Ebenwaldhöhe** ❶ die Straße mit Weg Nr. 622 südwestwärts zum Gatter vor dem Hof Graser und links zur Wegteilung. Auf dem unbez. Fahrweg die Wiesen geradeaus aufwärts an den Nordrücken des Hochstaff und dort rechts hinauf zum Waldrand. Den Steig am steilen Waldrücken hoch zu einer Felskanzel, dann in die Westseite und zuletzt nach links empor in einen Sattel. Nun am Rücken durch Wiesen und Gesträuch zum Gipfel des **Hochstaff** ❷, 1305 m.
Hinüber zum Vorgipfel, dann am steilen Südwestrücken hinab zu einer Schulter. Unter einer Wand nach rechts abwärts, später durch Wald steil hinunter zur nächsten Schulter. Über die Wiese vor zum südlichen

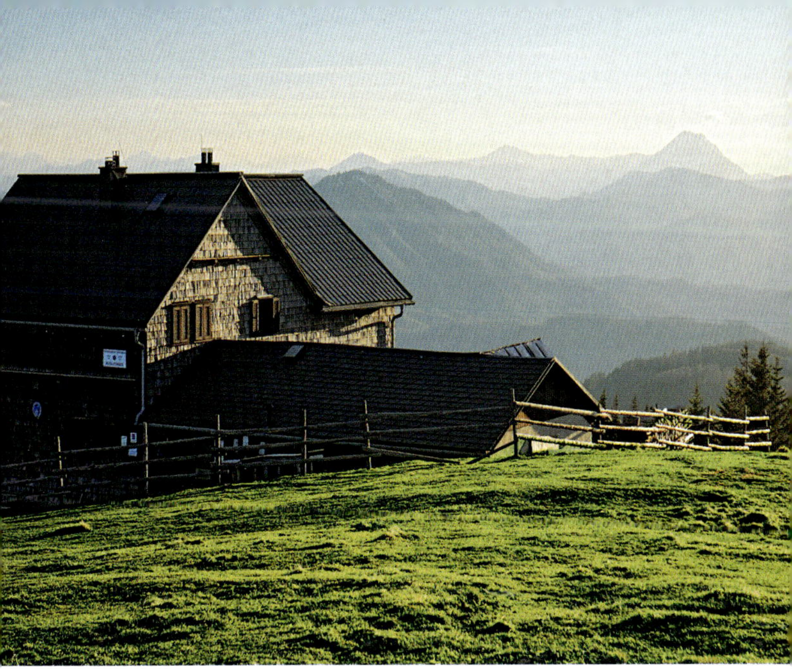

Das Reisalpenschutzhaus, rechts in der Ferne der Ötscher.

Waldrand (Steinmann), dort steil abwärts, dann nach rechts zum Fahrweg Nr. 204A und diesen zum **Sattel** ③, 1012 m, vor der Reisalpe.
Den Fahrweg Nr. 204A und 622 nach links aufwärts und über einen Zaun (Übertritt) nach rechts zu der unter uralten Bäumen idyllisch gelegenen Jausenstation **Kleinzeller Hinteralm** ④, 1035 m. Auf dem bez. Weg in Richtung Nordostrücken der Reisalpe südwärts hoch zu einer Schulter und rechts hinauf in den Wald, dann am Rücken selbst steil empor zum baumfreien Gipfel der **Reisalpe** ⑤, 1399 m (großes hölzernes Kruzifix, Bildstock), und jenseits zum **Reisalpenschutzhaus** ⑥, 1395 m, mit einer weitreichenden, informativen Rundsicht!
Zurück in den **Sattel** ③ vor dem Hochstaff. Die Forststraße (Weg Nr. 622) am Westabhang des Bergs geradeaus nach Norden zur Ebenwald-Hochfläche und dort auf dem Fußweg, rechts am Hof Graser vorbei, zum **Parkplatz** ①.

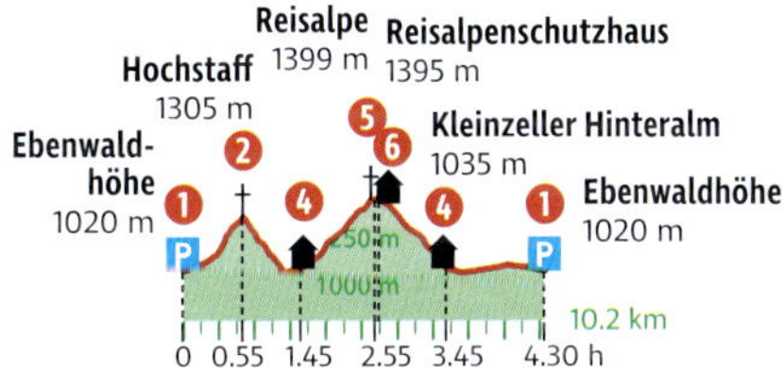

↗ 420 m | ↘ 420 m | 6.8 km

9 Staffspitze (St. Veiter Staff), 786 m

2.15 h

Lohnendes Wanderziel trotz fehlender Gipfelschau

Als St. Veiter Hausberg besitzt der steile Waldkegel der Staffspitze (nicht zu verwechseln mit dem Hochstaff an der Reisalpe!) beachtliche Popularität. Vor allem im Frühjahr, der beglückenden Zeit des Naturerwachens, des Blühens und Keimens, bietet er Gelegenheit, in Schwung zu kommen und Kräfte zu sammeln. Auf seinem dicht bewaldeten Scheitel finden sich die spärlichen Reste der einstmals weit ins Land schauenden, sagenumwobenen Burg Hohenstauf. Für die fehlende Rundsicht dort wird man schon im Anstieg entschädigt, wo sich immer wieder Ausblicke in das Gölsental und auf seine Bergwelt bieten.

Ausgangspunkt: St. Veit an der Gölsen, 369 m, Markt zwischen Hainfeld und Traisen, am Hauptplatz (Kirchplatz). Parkplätze rings um die Pfarrkirche.
Anforderungen: Kurze, einfache Rundwanderung auf gut markierten Wegen.

Einkehrmöglichkeiten: Staffhütte (10 B., bei Übernachtung Voranmeldung; ganzj. ab Sa. 12 Uhr sowie So. und Feiertag ab 9 Uhr geöffnet, Tel. +43/2763/38 39 www.naturfreunde-stveit.at/wp/staff); Gasthöfe in St. Veit.

Vom Hauptplatz in **St. Veit** ❶ rechts an der Kirche vorbei, danach, die B 18 und die Gölsen traversierend, südwestwärts aus dem Ort hinaus zur querenden Straße. Auf dieser (Nr. 622, »Staffweg«), an den Tennisplätzen vorbei, eben nach rechts, dann links aufwärts in den Wald. Dort am Nordabhang der Staffspitze westwärts empor zu einer Verzweigung. Links ab und auf dem Fußweg durch Wald nach Süden hoch wieder zur Straße und auf dieser, sich links haltend, zu dem auf einer freien Wiesenschulter gelegenen **Hof Reitbauer** ❷, 520 m. Die Bergstraße (Weg Nr. 622 und 655) über Wiesen nach Süden aufwärts zur Schulter am Ansatzpunkt des Staff-Nordrückens. Am grasigen Rücken nahe dem Waldrand eben weiter, dann nach rechts in den Wald und dort zur **Staffhütte** ❸, 596 m. Auf dem bez. Karrenweg an der rechten Seite des Staff-Nordrückens hinauf zu einer schönen Wiese und über diese hoch, dann nach rechts zu einer Schulter. Links vom Hauptweg ab und auf dem bez. Steig im Wald steil bergauf unter die Gipfelfelsen.

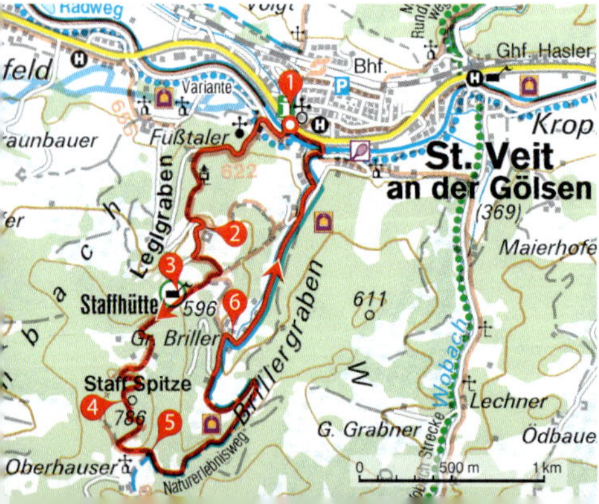

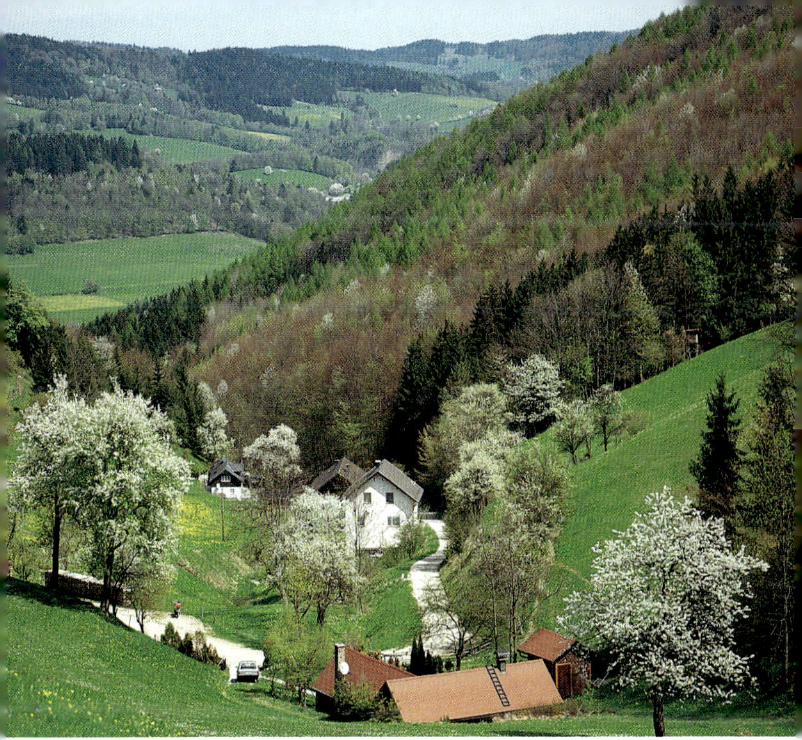

Frühling im Brillergraben bei St. Veit an der Gölsen.

Dort kurz rechts, dann über die Westseite empor zum bewaldeten Gipfel der **Staffspitze** 4, 786 m.

Nach Süden hinab zum Hauptweg und auf ihm links in den **Wiesensattel** 5, 690 m, beim **Hof Oberhauser**. Auf dem bez. Weg südostwärts hinab in den Brillergraben und an seiner rechten Seite im Wald nach Nordosten hinunter, später auf einer Forststraße über Wiesen an die linke Talseite und dort abwärts zu den Häusern beim **Brillerbauern** 6. Rechts vom Bach den jetzt engen Waldgraben talauswärts zu einer Verzweigung. Halb links hinab zu einigen Häusern am Brillerbach, dann am linken Rand einer Wiese eben in ihre nördlichste Ecke. Nach links (!) abwärts und über den Bach zu einem Haus, danach auf der Straße zur Gölsenbrücke und auf dem schon bekannten Weg ins Zentrum von **St. Veit** 1.

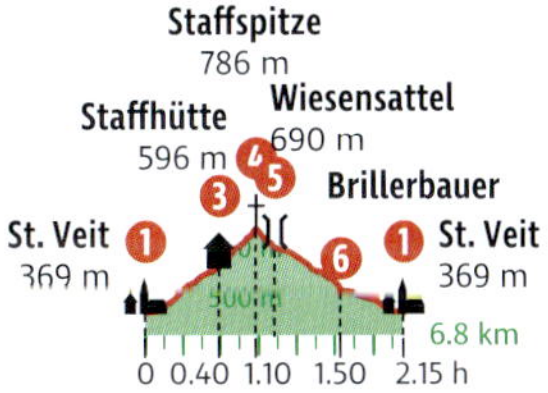

↗ 430 m | ↘ 430 m | 8.6 km

10 Lilienfelder Parapluieberg, Elisenhöhe und Habernreit

3.30 h

Wo Mathias Zdarsky den alpinen Skilauf erfand

Lilienfeld gilt als Wiege des alpinen Skilaufs, was dem Pionier Mathias Zdarsky zu danken ist, dem das Gut Habernreit bei Marktl zur Wahlheimat wurde. Auf unserer Wanderung von Lilienfeld dorthin kommen wir an einer Reihe aussichtsreicher Höhen vorbei und halten später am Grab des großen Mannes inne, der in diesem abgelegenen Winkel den Geheimnissen der Natur ein Stück näher gekommen ist.

Ausgangspunkt: Großparkplatz südlich des Zisterzienserstiftes Lilienfeld, 383 m, am Eingang in das Hölltal.
Anforderungen: Leichte Wanderung auf nicht immer gut instand gehaltenen und entsprechend beschilderten Wegen.
Einkehrmöglichkeiten: Mehrere Gasthöfe in Lilienfeld. Unterwegs keine Einkehr!

Vom Parkplatz beim **Stift Lilienfeld** ❶ die Hölltalstraße einwärts zum Friedhof mit Linksabzweigung des Schönbühelwegs. Hier gleich links ab und auf dem Fahrweg an der Stiftseinfriedung nach Norden, später im Wald zu einer Verzweigung. Rechts den Köhlersteig (Nr. 86) in Ostrichtung hoch, dann am linken Rand einer Wiese steil empor in den Wald. Gleich links ab und auf dem Steig die steile Waldflanke nach Nordosten hinauf zum Rücken des Parapluieberges. Auf dem bez. Querweg nach links zu der auf einem Felskopf stehenden **Parapluie-Warte** ❷, 587 m, mit schönem Rundblick.

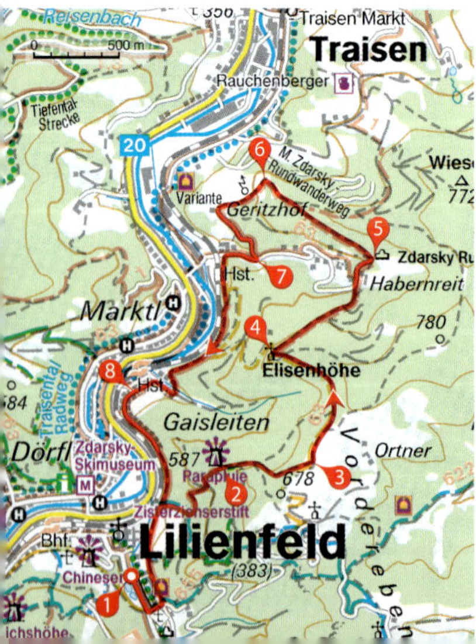

Auf dem bez. Weg am Rücken ostwärts bergauf zu einer Teilung und geradeaus zu einem Zaun. Nach rechts an einen Bergrücken und diesen steil nach links hoch zur Wiesenkuppe des **Schönbühel** ❸, 678 m. Den gelb bez. »Neumannsteig« (Nr. 38) über Wiesen nach Norden in den Vorderebensattel, 660 m. An Waldhängen weiter, später im Linksbogen zur **Elisenhöhe** ❹, 620 m. Auf einem bez. Weg an den Hängen nach rechts (Nordosten) hinab zu einem Fahrweg und auf ihm in den Habernreitgraben. Dort auf der Naturstraße rechts aufwärts zur **Habernreitwiese**, 520 m,

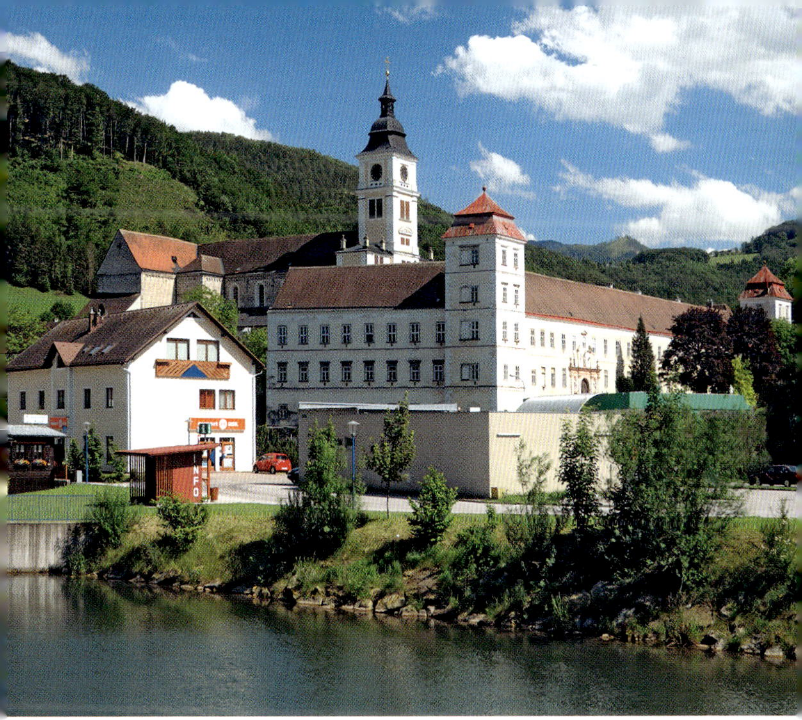

Das altehrwürdige Stift Lilienfeld im Tal der Traisen.

mit dem **Grab Mathias Zdarskys** 5 links am Waldrand. Auf dem bez. Weg in Richtung eines Waldgrabens hinab, dann rechts den Steig Nr. 38 nach Nordwesten über die Hänge empor an einen Bergrücken und links zur **Annenhöhe** 6, 580 m. Den Rücken westwärts hinab zum Geritzhof und auf der Straße in den **Habernreitgraben** 7. Kurz die Talstraße in Richtung des Ortes Marktl abwärts, dann links ab und auf dem bez. Weg links über dem Traisental nach Süden aufwärts zu einer Wegteilung. Rechts hinab zu einem Querweg und auf diesem, sich links haltend, über die **Marktler Höhe** 8, 440 m, nach **Lilienfeld-Dörfl**. Zunächst die Rabenhofstraße, dann den Gaisleitenweg neben der Bahn nach Süden, später aufwärts in den Wald und auf dem bekannten Weg zurück zum **Parkplatz** 1.

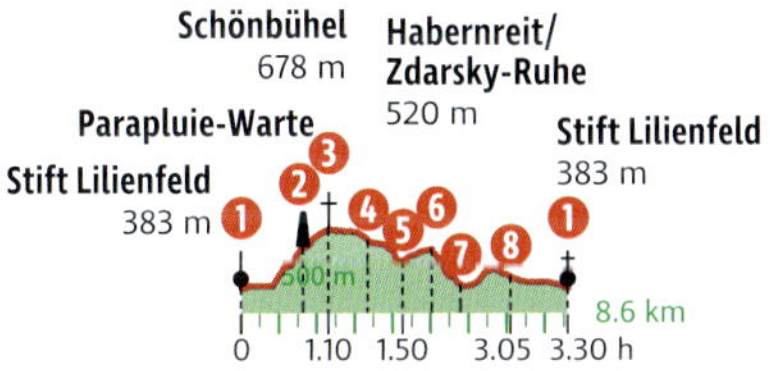

↗ 280 m | ↘ 940 m | 8.2 km

11 Muckenkogel, 1248 m, und Kloster-Hinteralpe, 1311 m

3.30 h

Wandervergnügen am Austragungsort des ersten Torlaufs der Skigeschichte

Auf den Muckenkogel sind die Lilienfelder zu Recht stolz, denn an ihm wurde Skigeschichte geschrieben: Am 19. März 1905 veranstaltete der aus Mähren stammende Skipionier und Naturforscher Mathias Zdarsky dort den ersten Riesenslalom. Von Norden kommend, bildet der Muckenkogel eine erste große Alpenbarriere, denn mit 1248 Metern Höhe überragt er das nördliche Alpenvorland um fast 400 Meter. Kein Wunder also, dass dieser Sommer wie Winter gleichermaßen beliebte Gipfel durch einen Sessellift erschlossen wurde. Als attraktivstes Vorhaben dort gilt der »Zdarsky-Panoramaweg« über die Kloster-Hinteralpe und die Lilienfelder Hütte. Doch der Hit des Unternehmens ist wohl der abschließende »Wasserfallsteig« hinab zur Sessellift-Talstation mit Szenarien, die man an diesem Berg eigentlich nicht vermuten würde …

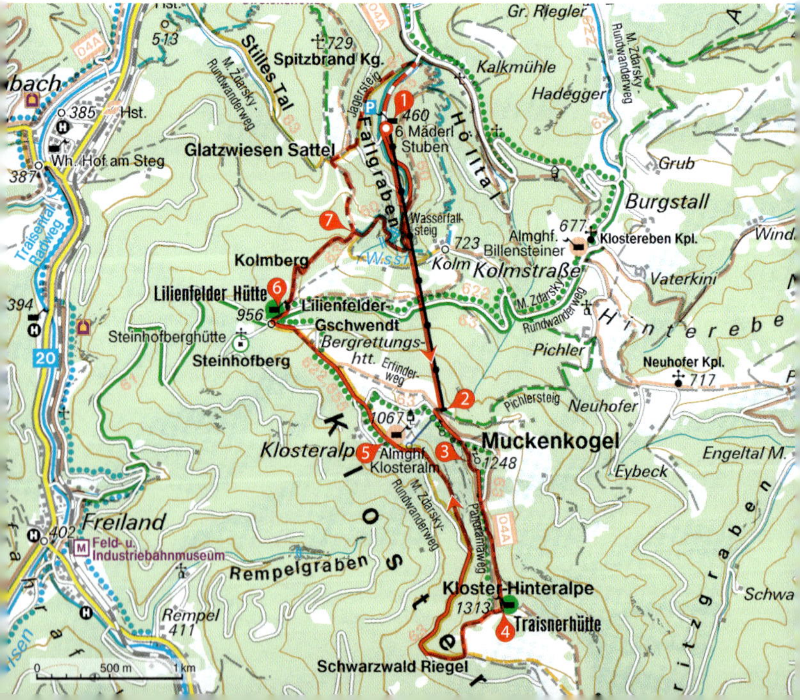

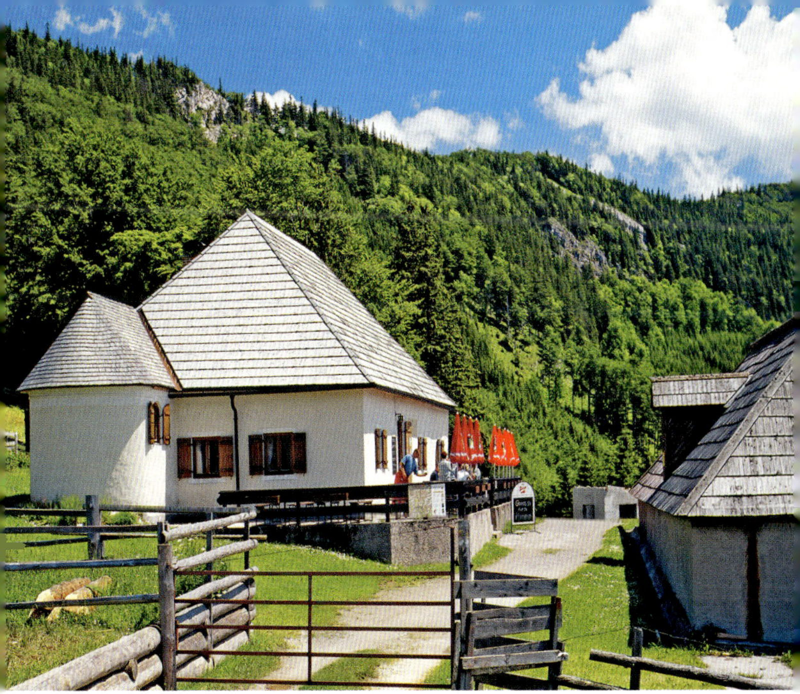

Lädt zu beschaulicher Einkehr ein: Almgasthof Klosteralm westlich unterm Muckenkogel.

Ausgangspunkt: Talstation des Muckenkogel-Sesselliftes, 460 m (Großparkplatz) im Fallgraben, einem Seitenast des Hölltales. Zufahrt 2,5 km mit dem Auto von Lilienfeld, 383 m. Auffahrt mit dem Sessellift zur Bergstation, 1122 m, auf einer Schulter am Nordwestrücken des Muckenkogels; Liftbetrieb: 28. April–31. Mai: nur Sa., So. und Feiertag 9–16.30 Uhr, 1. Juni–14. Okt.: außer Mo. tägl. 9–16 Uhr, Sa., So. und Feiertag 9–16.30 Uhr, danach bis Ende Okt. Wochenend- und Feiertagsbetrieb bei schönem Wetter, www.sessellift-lilienfeld.at.
Anforderungen: Wegen des langen und zum Teil steilen Abstiegs anspruchsvolle Wanderung auf bez. Fußwegen und teils exponierten Steigen. Nur für trittsichere Geher!
Einkehr: Ghf. Muckenkogellift-Talstation (bei Liftbetrieb offen); Traisnerhütte (10 B., 35 L., ganzj. geöffnet, Mo. Ruhetag, Tel. +43 2762 53571, www.traisner-huette.at); Almgasthof Klosteralm (im Nov. wochentags, im April zwei Wochen geschlossen, sonst immer offen, Mo. Ruhetag, Tel. +43 2762 53575); Lilienfelder Hütte (5 B., 20 L., ganzj. geöffnet, Mo.–Mi. Ruhetag, im August und Sept. tägl. außer Mo. geöffnet, bei Übernachtungswunsch Voranmeldung, Tel. +43 2762 53567, www.lilienfelder-huette.at).
Variante: An der Abzweigung »Wasserfallsteig« kann man, sich links haltend, dem bez., etwas längeren und weniger attraktiven Fußweg über den Glanzwiesensattel zur Muckenkogellift-Talstation folgen.

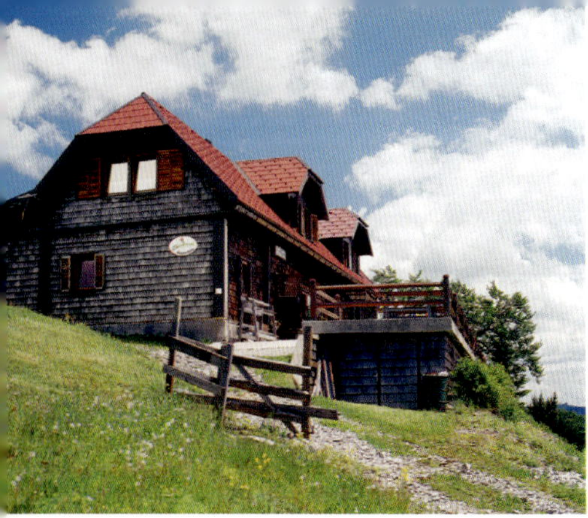

Die Traisnerhütte auf der Kloster-Hinteralpe.

Nach Auffahrt von der **Talstation** 1 an der **Muckenkogellift-Bergstation** 2 auf dem Fahrweg 50 m eben nach Westen zu einem Zaun (Durchlass) und jenseits zu einer asphaltierten schmalen Bergstraße (»Zdarsky-Panoramaweg«, Nr. 63, 204A, 622 und 655). Diese links aufwärts zu einer Schulter mit einer Verzweigung. Rechts ab und auf dem bez. Steig am steilen Waldrücken hoch, dann über Felsstufen zum Gipfel des **Muckenkogels** (3, auch »Klösterpunkt«), 1248 m, mit Richtfunkstation. Nach Süden zur asphaltierten Zufahrtsstraße und auf ihr links des Höhenrückens sanft abwärts in einen Sattel mit Verzweigung. Die Naturstraße (Hüttenzubringer) geradeaus am Waldkamm weiter in den Sattel, 1210 m, vor der Kloster-Hinteralpe. Links ab und auf einem Fußweg (»Gratweg«) über den felsdurchsetzten Waldrücken in Kehren empor zum baumfreien Gipfel der **Kloster-Hinteralpe** 4, 1311 m, mit der Traisnerhütte etwas unterhalb des höchsten Punkts.

Auf Weg Nr. 38 Richtung Südwesten am rechten Rand der Hinteralm-Wiese (»Hauswiese«) entlang, eine Straße kreuzen und hinab zum Fahrweg am unteren Rand der Wiese. Den Weg nach rechts in die westseitigen Waldflanken des Massivs. Dort in einer langer Querung nach Norden, später halb rechts ab und auf dem Fußweg zum **Gasthof Klosteralm** 5, 1067 m. Weiter bis zur Verzweigung am Muckenkogel-Nordwestrücken. Die Straße links über Wiesen abwärts, später auf einem Fußweg über die steile Gschwendtwiese hinab in den Kolmgraben mit der **Lilienfelder Hütte** 6, 956 m. Vom Verzweigungspunkt unterhalb der Hütte links den rot und gelb bez. Fahrweg (»Gschwendtweg«, Nr. 38, 204A und 655) quer durch die Ostflanke des Kolmbergs an dessen Nordostrücken. Dort rechts auf dem »Jägersteig« den steilen Waldrücken in Kehren hinunter zur Schulter mit der Karlstein-Felskanzel. Über den Rücken oder rechts von ihm in Serpen-

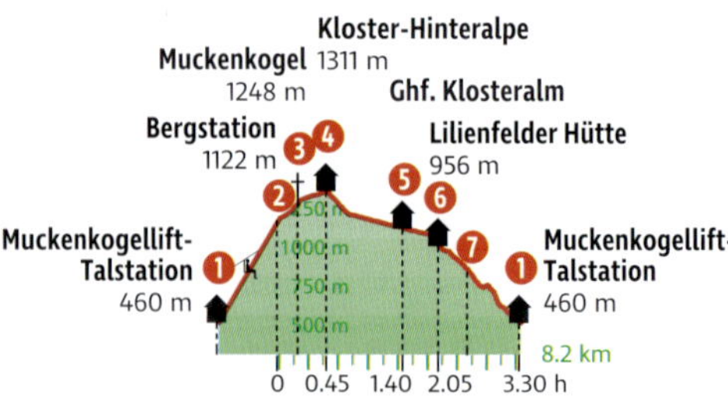

tinen abwärts zu einer wichtigen **Verzweigung** ⑦. Geradeaus den blau bez. »Wasserfallsteig« (auch »Fallschluchtsteig«, Weg Nr. 44 und 60) am steilen, felsig-bewaldeten Kolmrücken weiter bergab, später unter Felswänden (Geländersicherung) in stetem Auf und Ab nach rechts (Osten) in einen dunklen Felswinkel. Dort, an einem Gedenkstein vorbei, hinab zum Bach mit einer Holzbrücke und unter eine überhängende Felswand, über die der **Kleine Lindenbrunner Wasserfall** herabstürzt. An der steilen Waldflanke, über mehrere Bäche (Brücken) hinweg, weiter, dann eine felsig-bewaldete Hangrippe (Geländersicherung) nach rechts hoch in einen Waldsattel mit einer Verzweigung kurz danach. Geradeaus weiter zur Trasse des Muckenkogellifts und kurz nach links hinab in einen Sattel. Jenseits auf Weg Nr. 41 einen steilen Waldhang in Kehren (Holzstiegen) in Richtung Fallschlucht hinunter, dann durch eine Wandzone (Eisentreppen, Geländersicherung) hinab unter den **Großen Lindenbrunner Wasserfall**. Nun an der rechten Seite des Fallgrabens an der Lifttrasse entlang hinab zu einer Forststraße und auf ihr rechts zur **Muckenkogellift-Talstation** ①.

Noch ein letzter Einkehrschwung gefällig? Die Lilienfelder Hütte im Kolmgraben.

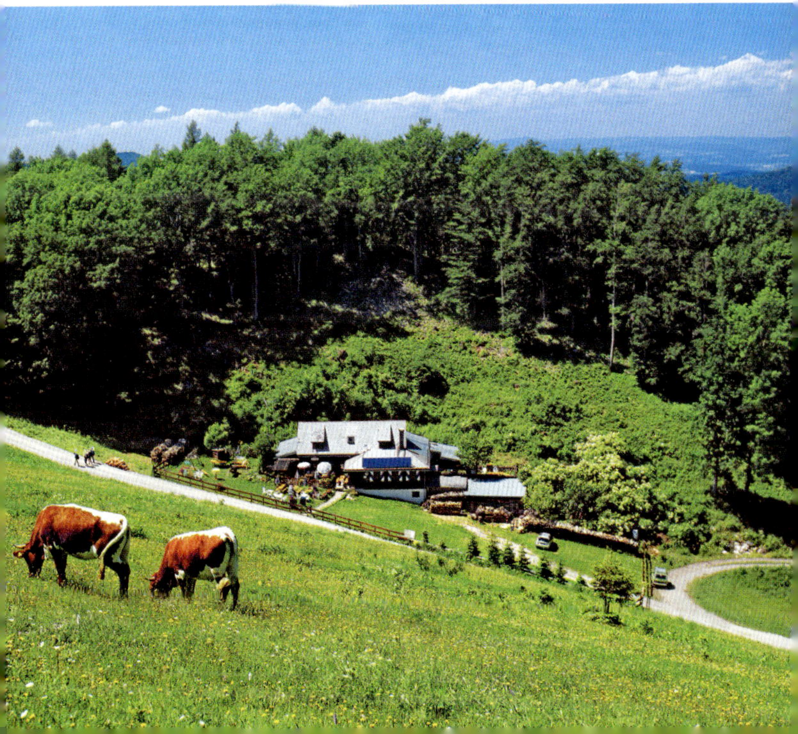

↗ 1000 m | ↘ 1660 m | 23.5 km

12 Vom Muckenkogel, 1248 m, zur Reisalpe, 1399 m

2 Tage

Ein Wanderklassiker in den westlichen Gutensteiner Alpen

Sofern Schönwetter herrscht und der Lift in Betrieb ist, startet am Muckenkogel eine der längsten und attraktivsten Kammwanderungen der Gutensteiner Alpen über die Kloster-Hinteralpe zur Reisalpe. Als kleines Minus ist nur die etwas umständliche Rückkehr zum Ausgangspunkt zu nennen, sonst gibt es auf dieser klassischen Tour nichts zu meckern. Und von den 360-Grad-Panoramen unterwegs werden Landschaftsfreaks noch lange schwärmen ...

Ausgangspunkt: Talstation des Muckenkogel-Sesselliftes, 460 m (siehe Tour 11). **Anforderungen:** Unschwierige, aber lange Wanderung auf nicht immer optimal bez. Wegen. Trittsicherheit nötig. Nur bei trockenen Verhältnissen! **Einkehr/Übernachtung:** Ghf. Muckenkogellift-Talstation u. Traisnerhütte siehe Tour 11; Jausenstation Kleinzeller Hinteralm u. Reisalpenschutzhaus siehe Tour 8.

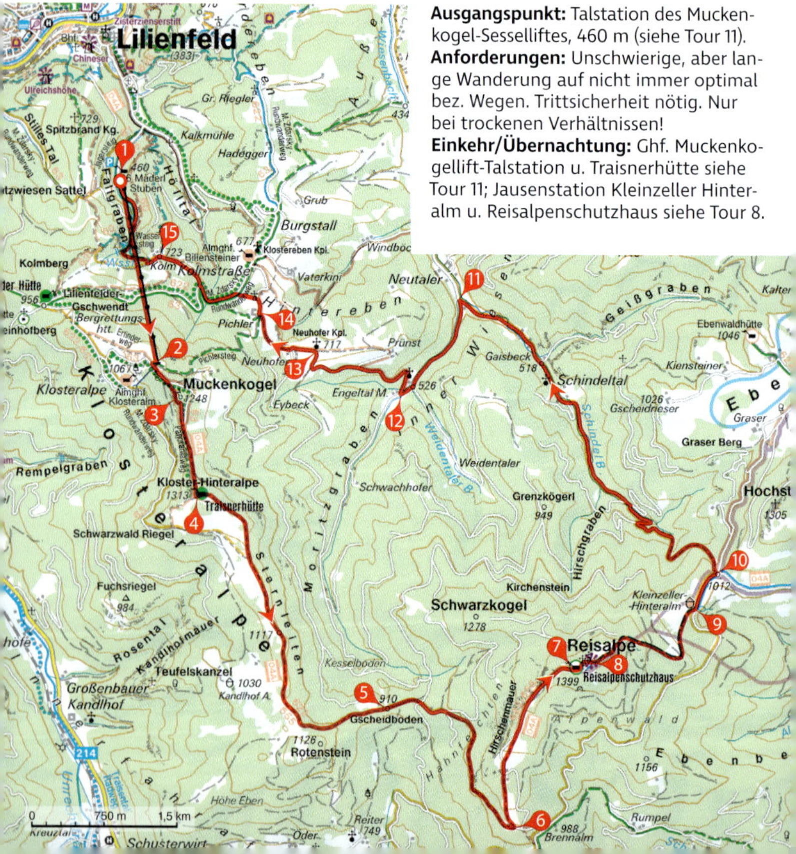

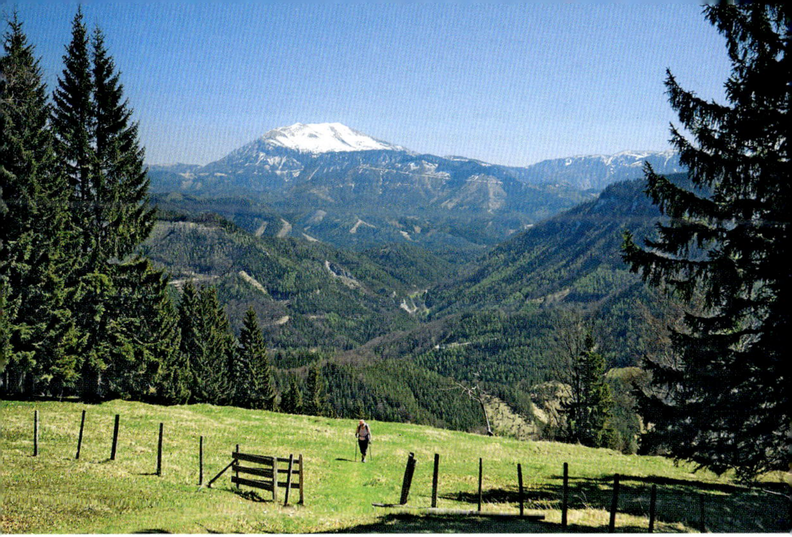

Beim Schlussanstieg auf die Reisalpe grüßt im Süden der Schneeberg.

Von der **Muckenkogellift-Bergstation** ❷ zunächst wie bei Tour 11 zur **Kloster-Hinteralpe** ❹, 1311 m. Dort den gelb bez. Elfi-Bichler-Steig (Nr. 63, 204A, 655 und 622) in der Westseite des Hinteralpe-Südrückens (»Sternleiten«) nahe der Abbruchkante in Richtung Moritzgraben. Über die von einzelnen Fichten bestandenen Almweiden hinab zu einem Zaun am Wiesenrand (Übertritt) und jenseits zur »Jaga-Hüttn«, 1100 m (verschlossen). Von der Wasserlacke unterhalb der Hütte nun in der Ostseite des Kamms, an einer steilen Waldflanke entlang (Wegtrasse zum Teil abgerutscht, Trittsicherheit nötig!) nach Süden abwärts wieder an den Waldrücken und über diesen nach links (Osten) hinab in den **Waldsattel Gscheidboden** ❺, 910 m, zwischen Kloster-Hinteralpe und Reisalpe.

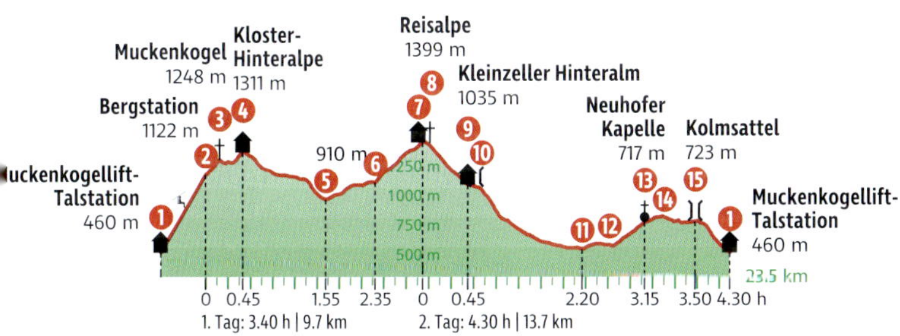

Auf der gelb bez. Forststraße nach Osten aufwärts, später über Wiesen zur **Almhütte Gscheidboden**, 950 m, mit einem Brunnen. Auf der Straße südostwärts in den Wald und dort zu einer dreifachen Verzweigung. Rechts den bez. Fahrweg kurz nach Süden zur Wegteilung an einer Waldwiese. Links den gelb bez. Fußweg im dichten Wald steil nach Osten hoch zu einer Quelle, danach in Südostrichtung zu einer querenden Forststraße. Auf ihr an den westseitigen Abhängen der Reisalpe unterhalb der Hirschenmauer im Wald nach Süden bergauf zum Straßenende, danach auf einem bez. Fußweg steiler empor zur **Nagellandalm** 6, 1055 m (Holzhütte), am Südrücken der Reisalpe. Den querenden rot bez. Fußweg Nr. 59 über den Südrücken der Reisalpe meist durch Wiesen (Schneebergblick!) aufwärts, später den schmaler werdenden Kamm entlang der Abbruchkante in Richtung Hirschenmauer (Vorsicht!) bergauf, zuletzt in Ostrichtung zum **Reisalpenschutzhaus** 7, 1395 m, und weiter auf den baumfreien Gipfel der **Reisalpe** 8, 1399 m, einem der besten Panoramapunkte Ostösterreichs mit einem umfassenden Rundumblick über die Kalkvor- und Kalkhochalpen, die Donau-Niederung sowie das Wald- und Weinviertel. Auf dem Reisalpenschutzhaus kann übernachtet werden.
Jenseits den blau bez. Weg Nr. 204A und 622 über den Nordostrücken vorerst über Wiesen, dann durch lichten Wald in Kehren hinunter, bis sich der Rücken verflacht. Auf einem breiteren Weg entlang eines Zauns am oberen Rand der Hinteralm-Wiesen abwärts, später über die Almweiden nach links (Norden) hinab zu der unter uralten Bäumen idyllisch gelegenen Jausenstation **Kleinzeller Hinteralm** 9, 1035 m. Nach rechts über einen Zaun (Übertritt) zu der blau und gelb bez. Forststraße und diese links in den **Sattel** 10, 1012 m, vor dem Hochstaff mit Straßenteilung. Links ab (!) und auf dem gelb bez. Fußweg am linken Rand einer Wiese nach Nordwesten hinab in den Wald. Dort an der linken Seite eines Grabens in einer langen Hangquerung hinunter zum Beginn eines Güterwegs (Hochstand) und auf ihm weiter. Später in Kehren hinab in das **Schindeltal** und dort zu einer Forststraße. Auf ihr, das Bachufer mehrmals wechselnd, an einer Holzkapelle vorbei, zum Jagdhaus »Hubertushof«, 518 m, an der Rechtseinmündung des Geißgrabens, überragt vom wuchtigen Felsbau der Schindeltalspitze. Das Schindeltal über Wiesen weiter talauswärts zur Linkseinmündung des **Moritzgrabens** 11. Durch diesen auf der Naturstraße links vom Bach nach Südwesten aufwärts zum Weiler **Engeltal** 12, 526 m, und dort über den Bach zur Verzweigung bei Haus Nr. 2. Scharf rechts ab und auf der rot bez. Naturstraße durch Buschwerk nach

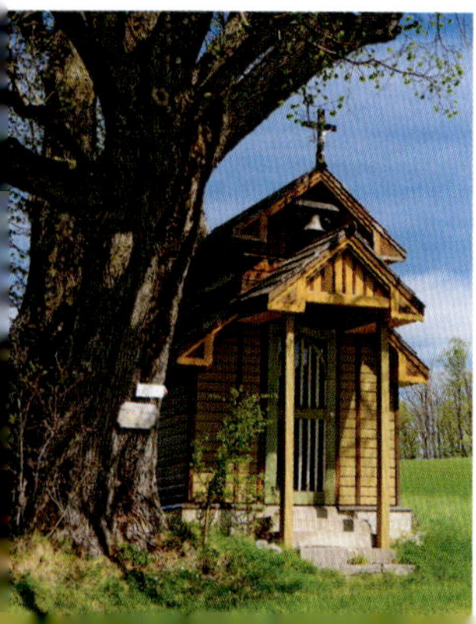

Neuhofer Kapelle zwischen Moritz- und Schneegraben.

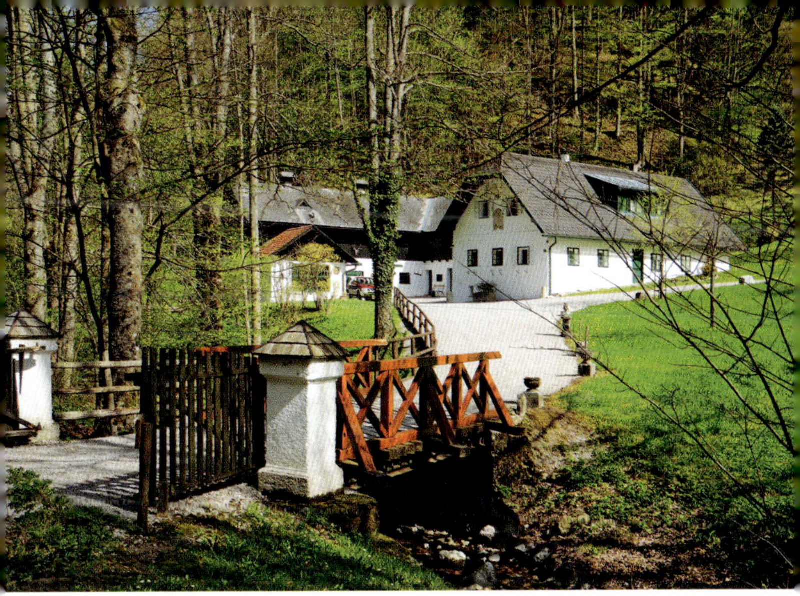

Jagdhaus »Hubertushof« an der Mündung des Geißgrabens in das Schindeltal.

Westen aufwärts zu einer Rechtskehre. Auf dem Fahrweg an den Waldhängen geradeaus weiter, dann über Wiesen nach rechts (Norden) empor zu der auf einer Schulter gelegenen **Neuhofer Kapelle** ⑬, 717 m.
Die Forststraße links aufwärts zum nahen Hof Neuhofer mit Fischteich, danach auf dem rot bez. Güterweg durch Wald und Wiesen nach Nordwesten empor zur Schulter beim **Pichlerhof** ⑭, 765 m. Die Zufahrtsstraße nach Norden abwärts zu einer Kapelle, dort links ab (!) und über Wiesen weglos nach Westen hinunter zur grün bez. Naturstraße (»Kolmstraße«). Auf ihr links an den Waldflanken nach Nordwesten aufwärts zu einer Schranke, danach zu einer schönen Waldwiese mit Verzweigung. Geradeaus weiter und abwärts in den **Kolmsattel** ⑮, 723 m, zwischen Muckenkogel und Mitterriegel. Links den blau bez. Fahrweg Nr. 46 durch Wiesen 100 m nach Westen zum Waldrand mit Weggabelung. Rechts den blau bez. »Wasserfallsteig« durch Wald nach Nordwesten abwärts und unter dem Muckenkogel-Sessellift hindurch zu einer Gabelung. Rechts (Weg Nr. 41) unter dem Lift nach Norden hinab in einen Sattel. Jenseits einen steilen Waldhang in Kehren (Holzstiegen, Geländersicherung) in Richtung Fallschlucht hinunter, dann durch eine Wandzone (Eisentreppen) unter den **Großen Lindenbrunner Wasserfall**. Nun an der rechten Seite des Fallgrabens an der Lifttrasse entlang hinab zu einer Forststraße und auf ihr rechts zur **Muckenkogellift-Talstation** ①.

TOP 13

↗ 850 m | ↘ 850 m | 22.2 km

Schöpfl-Gföhlberg-Runde

7.00 h

Über die beiden höchsten Erhebungen des Wienerwaldes

Mit Aussichtswarte und ganzjährig geöffnetem Schutzhaus in Gipfelnähe ist der Schöpfl als höchste Erhebung des Wienerwaldes ein stark frequentiertes Ziel. Sein westliches Gegenüber, der um 10 Meter niedrigere Gföhlberg, war bis zur Errichtung der gleichnamigen Schutzhütte vor nicht allzu langer Zeit einer der »Stillen im Lande«. Wir besteigen den Schöpfl von Brand-Laaben aus, überschreiten ihn über die Klammhöhe zum Gföhlberg und kehren durch die Wiesen von Stollberg und Eck zum Ausgangspunkt zurück.

Ausgangspunkt: Ortszentrum Brand-Laaben 347 m, im Tal des Laabenbachs, 6 km südlich von Neulengbach, beim Gemeindeamt (Parkplatz, Bushalt).
Anforderungen: Einfache, aber lange Wanderung auf meist bez. Fahr- und Fußwegen.
Einkehr: Schöpfl-Schutzhaus (30 L., ganzj. geöffnet, im Jan. und Feb. am Wochenende, sonst durchgehend, nur Mo., wenn Feiertag dann Di. Ruhetag; bei Übernachtung Voranmeldung erwünscht, Tel. +43 2673 8305); Gföhlberghütte (6 B., 9 L., ganzj. Sa. ab 11 Uhr, So. u. Feiertag ganztägig geöffnet, Tel. +43 664 4951329). Gasthöfe in Brand-Laaben.

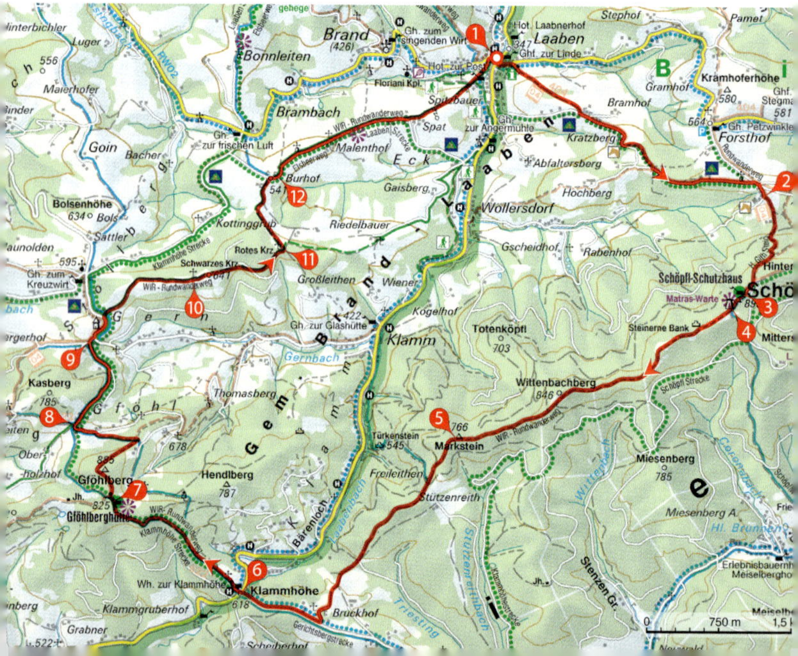

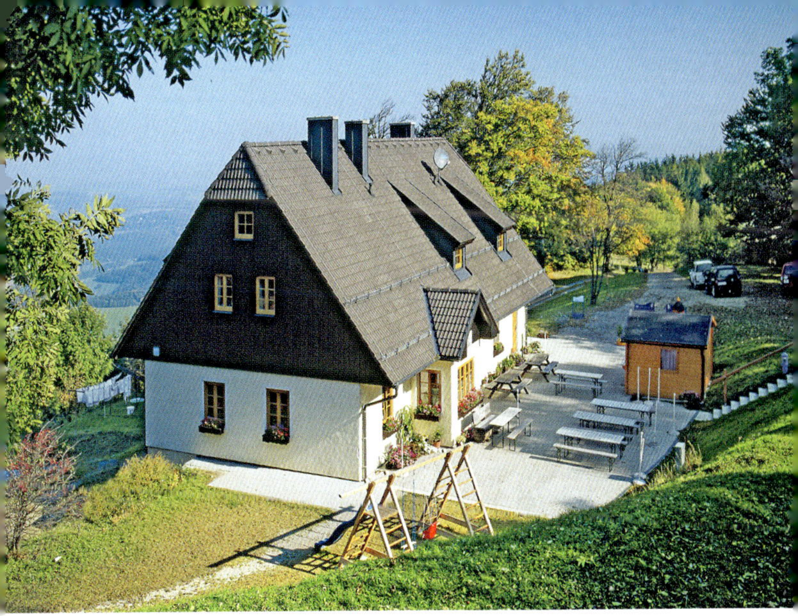

Das Schöpfl-Schutzhaus bietet Einkehr und auch Übernachtungsmöglichkeit.

Hinweis: Die Tour kann bei Übernachtung im Schöpfl-Schutzhaus oder in der Gföhlberghütte (nur am Wochenende!) bzw. wochentags durch die Busfahrt Klammhöhe–Laaben auf 2 Tage verteilt werden.

Vom Ortszentrum in **Brand-Laaben** ❶ die Straße nach Klausen-Leopolddorf 100 m aufwärts zur Rechtsabzweigung einer rot bez. Asphaltstraße. Diese (Weg Nr. 04 und 404) hinauf zum Straßenende bei einem Haus. Vor diesem links ab und auf dem begrünten Weg durch Wiesen und Wald nach Südosten aufwärts zu einigen Häusern, danach auf der asphaltierten Straße, am Hof Kratzberg vorbei, zu einer Verzweigung am Waldrand. Links den

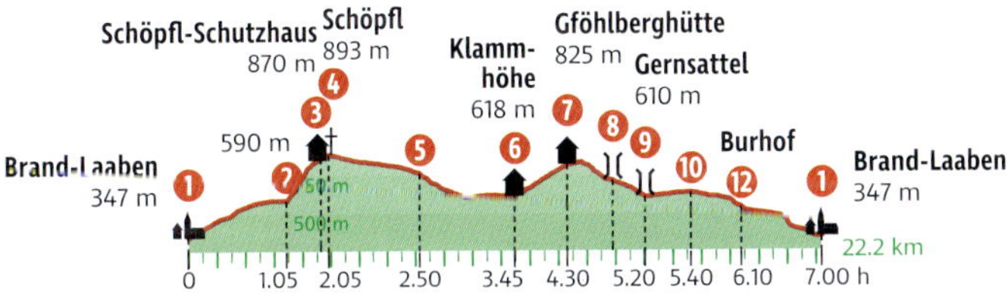

bez. Fußweg im Wald nach Südosten empor zur querenden Naturstraße. Auf ihr über den Kratzbergrücken nach links (Osten) vorerst noch im Wald, dann über Wiesen bergauf zu einer kleinen Kapelle und zu einer Gabelung. Hier kurz nach rechts zum **Islandpferdezentrum Forsthof** 2, 590 m. Geradeaus den Naturfahrweg Nr. 04 und 404 (»Heinrich-Gith-Steig«) am linken Wiesenrand nach Süden aufwärts in den Wald. Dort über die Nordflanke des Schöpfl anfangs sanft, bald aber sehr steil hinauf zur Linkseinmündung des »Pensionistensteigs« an einer Quellfassung (Brunnen). Den breiten Fußweg schräg nach rechts empor zu einer schönen Wiese am Ostrücken des Schöpfl mit Blick auf die Kuppel des Leopold-Figl-Observatoriums. Auf der Naturstraße den Rücken aufwärts zum **Schöpfl-Schutzhaus** 3, 870 m. Auf dem rot und blau bez. Fußweg Nr. 04 und 404 über den Höhenrücken, am Gipfelkreuz vorbei, durch Wiesen und Wald zu einer Teilung und geradeaus zur Matras-Warte am Gipfel des **Schöpfl** 4, 893 m. Den Gipfelrücken vorerst im Wald, dann entlang der Kammschneise eben weiter bis zur »Steinernen Bank« vor dem Westgipfel. Links unter diesem vorbei, danach den Südwestrücken bergab zur Wiese unter dem bewaldeten Wittenbachberg mit Blick auf Gföhlberg und Reisalpe. In einer schönen Wanderung den Waldrücken hinab zur Lichtung am **Markstein** 5, 766 m, danach in einen Sattel mit der Rechtseinmündung des blau bez. Fahrwegs vom Türkenstein her. Geradeaus den rot bez. Waldfahrweg in stetem Auf und Ab weiter, später über Wiesen sanft aufwärts zum Linksschwenk in Richtung des bereits sichtbaren Bruckhofs. Rechts ab und auf dem begrünten Karrenweg nach Südwesten aufwärts zu einem Privathaus, danach am Waldrand eben nach Süden zur Asphaltstraße. Diese, sich rechts haltend, über eine Anhöhe hinweg zur **Klammhöhe** 6, 618 m, zwischen Schöpfl und Gföhlberg mit der Straße aus dem Gölsental in das Tal der Großen Tulln.
Die blau bez. »Alte Straße« mit Weg Nr. 622 am linken Wiesenrand (rechts ein Tiergehege) nach Nordwesten aufwärts in den Wald und dort in Windungen zu einer Verzweigung. Links den bez. Karrenweg an den Waldhängen westwärts bergauf zu einer Lichtung mit einem schönen Blick auf Schneeberg, Rax, Schneealpe und Gutensteiner Alpen. Danach nordwärts zur idyllisch im lichten Wald gelegenen **Gföhlberghütte** 7, 825 m.
Den blau bez. Fußweg im Wald nach Norden hinab in den Sattel vor dem Gföhlberg mit einem rot bez. Querweg. Auf ihm über den Waldrücken nach rechts hoch, später westlich unter dem Gföhlberg-Gipfel, 885 m, hindurch und über den Nordostrücken durch Buschwerk und Wald hinab zur Wegkreuzung an einer kleinen Wiesenschulter mit Bank. Den blau bez. Fußweg entlang einer Stromleitung scharf nach links (Westen) hinunter zu den **Gföhler Wiesen** und dort zu einer Naturstraße. Auf ihr westwärts zu der markanten Rechtskurve am **Gföhlsattel** 8, 720 m, zwischen Gföhl- und Kasberg. Die grün bez. Straße nordostwärts durch den Weiler Gföhl, dann an den Abhängen des Kasbergs durch Wiesen und Wald hinab zur Asphaltstraße am **Gernsattel** 9, 610 m.

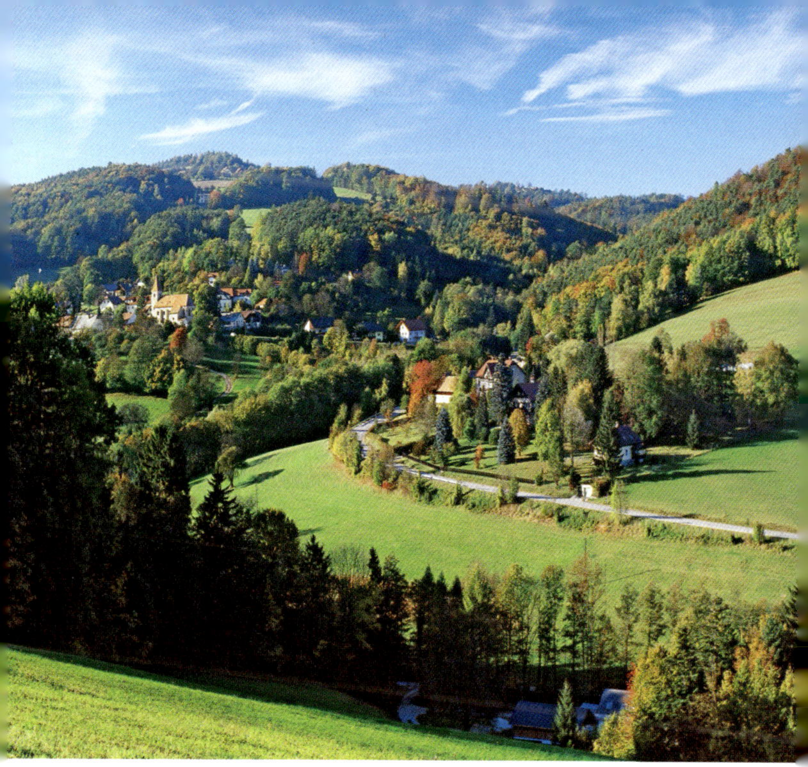

Der Herbst kündigt sich an: der Ort Brand bei Laaben.

Die rot, blau und grün bez. Straße nordwärts, rechts am Schloss Stollberg vorbei, zur Ortstafel Stollberg. Nach einer Linkskurve rechts ab und auf dem grün bez. Fahrweg durch ein Waldstück nach Nordosten hinauf, danach über einen freien Wiesenrücken zur Anhöhe beim **Schwarzen Kreuz** ⑩, 641 m. Jenseits hinab in den Wald und dort eben zur Wegkreuzung beim **Roten Kreuz** ⑪, 615 m. Links auf dem grün bez. Fahrweg sogleich aus dem Wald (Bank) und über Wiesen nach Norden abwärts, später auf der Naturstraße in den Weiler **Burhof** ⑫, 541 m. Rechts die grün bez. Naturstraße über den Wiesenrücken »Eck« nach Nordosten hinab zu einer kleinen Kapelle mit Bank, danach an Höfen vorbei zum Rechtsschwenk der Straße vor dem Spathof. Hier, am Wiesenrücken verbleibend, auf dem grün bez. Feldweg nach Nordosten abwärts zum Spitzbauer. Nicht die asphaltierte Zufahrt, sondern den grün bez. Weg links am Hof vorbei, dann durch Wiesen und Obstgärten hinab nach **Brand-Laaben** ①.

↗ 400 m | ↘ 400 m | 7.7 km

14 Hegerberg, 655 m

2.45 h

Aussichtsbalkon im westlichen Wienerwald

Dank seiner isolierten Lage am Nordrand des westlichen Wienerwaldes und der richtigen Distanz zu den Voralpen gehört der Hegerberg zu den wohl besten Panoramapunkten im Umkreis von Wien. Das am Gipfel stehende Schutzhaus ist Treff- und Sammelpunkt höhen- und lufthungriger Ausflügler, die sich bei einer bodenständigen Brettljause dem herrlichen Panorama widmen. Dass der Hegerberg von Stössing oder Mayerhöfen auch mit dem Auto zu erreichen ist, merkt man besonders an sonnigen Wochenenden, an denen es oben mitunter richtig »wimmelt«. Dennoch: Wer einen Eindruck von der lieblichen niederösterreichischen Voralpenlandschaft gewinnen möchte – niemand hat sie treffender beschrieben als der in diesem Gebiet lange Zeit ansässige Lyriker Josef Weinheber –, der besteige den Berg an einem strahlenden Frühlingstag. Es ist ein Gang durch grüne Felder und blühende, duftende Wiesen, der auch abgebrühte Naturen bezaubert.

Ausgangspunkt: Fahrafeld, 285 m, südlich von Böheimkirchen, 5 km von der Autobahn (Abfahrt Böheimkirchen). Parkmöglichkeit im Ortsbereich, Bushalt.
Anforderungen: Einfache Wanderung auf bez. Wegen.
Einkehr: Johann-Enzinger-Haus (7 B., ganzj. geöffnet, Mo. Ruhetag, Tel. +43 2744 5652, www.schutzhaus-hegerberg.eatbu.com). Gasthöfe Geppl und Grasmann in Fahrafeld.
Hinweis: Das Johann-Enzinger-Haus kann mit dem Pkw auf einer Asphaltstraße von Stössing und von Mayerhöfen erreicht werden.

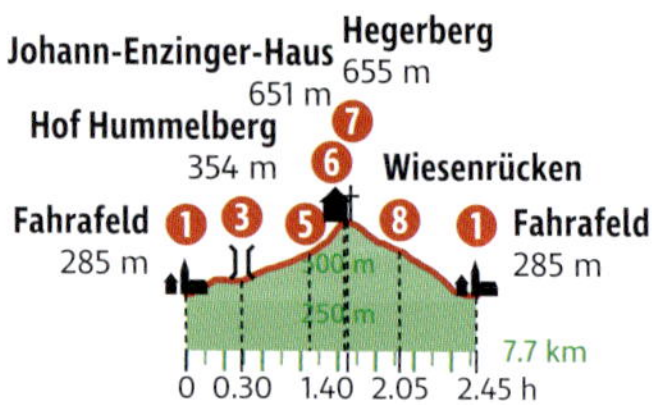

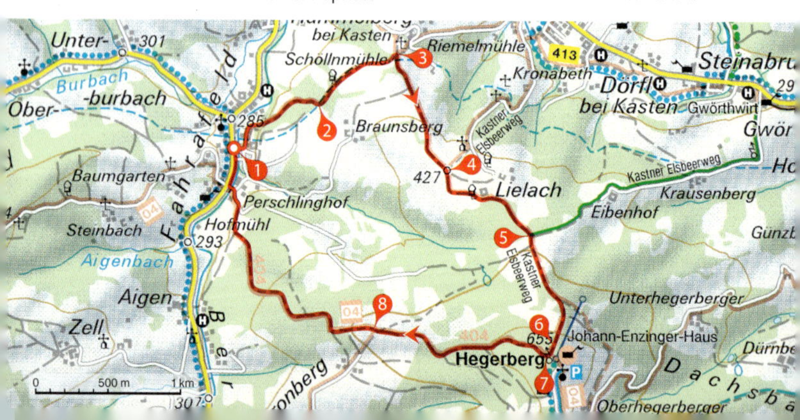

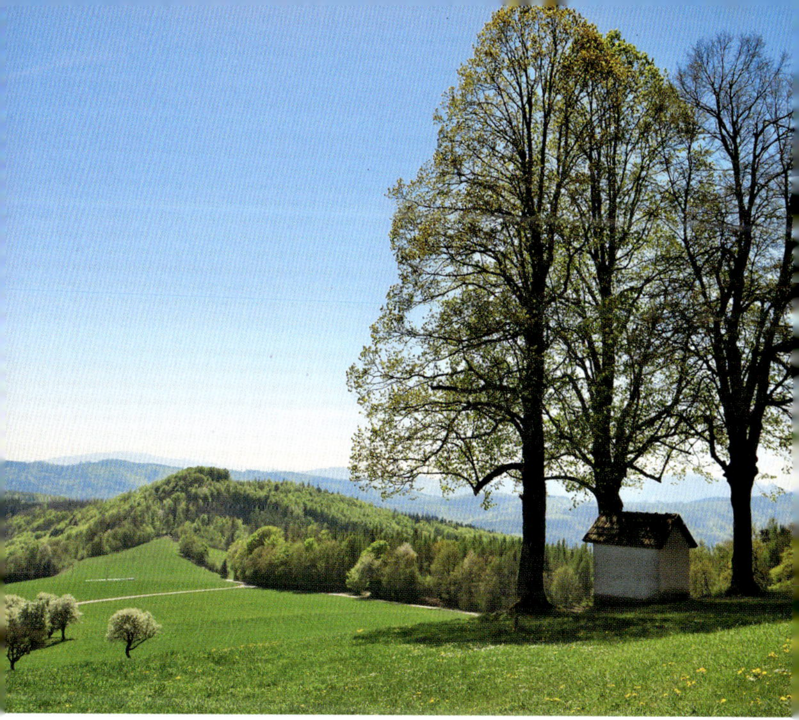

Frühling am Hegerberg mit Blick in das Alpenvorland.

Von der Hauptstraße in **Fahrafeld** ❶ auf einer Fußgängerbrücke (nördlichste Brücke im Ortsbereich) über den Michelbach und nach Querung einer Siedlungsstraße links einen rot bez. Wiesenweg, an einigen Häusern vorbei, hinauf in den Wald (Pfeil »Hegerberg«). Den alten Kirchenweg in nordöstlicher Richtung durch Wald zur Trasse der **II. Wiener Hochquellenleitung** ❷, die durch weiße Markierungssteine gekennzeichnet ist. Ihnen folgend, eben über Wiesen zum Sattel beim **Hof Hummelberg** ❸, 354 m. Rechts den rot/grün bez. Weg entlang alter Obstbäume und über Wiesen zu einer querenden **Asphaltstraße** ❹. Auf ihr, sich rechts haltend (rot bez.), in einem weiten Linksbogen zu den inmitten prächtiger Wiesen und Obstgärten gelegenen Gehöften von **Lielach**. An ihnen bergwärts vorbei, danach auf einem Karrenweg durch Waldparzellen nach Südosten hinauf zum Rastplatz am Rand der großen **»Langwiese«** ❺ mit Blick zum Gipfel des Hegerberges und seinem Sendemast. Auf Wegspuren quer über die Wiese, dann in Richtung Süden steil hinauf zu einer Verzweigung. Rechts am Wiesenrand den rot markierten Steig sehr steil und direkt empor zu

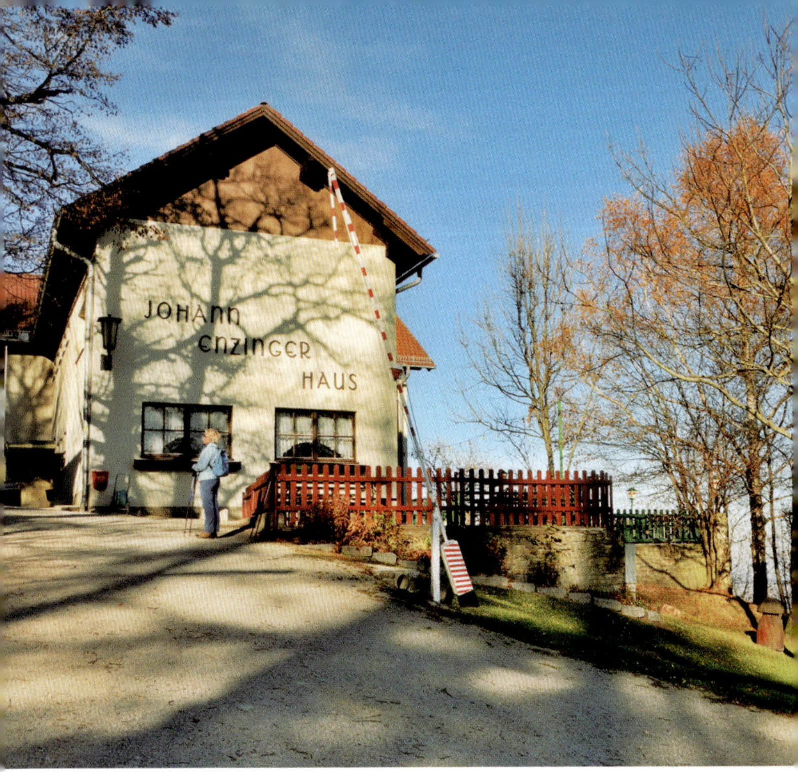

Das Johann-Enzinger-Haus am Hegerberg.

einer ehem. Schleppliftstation und weiter zum **Johann-Enzinger-Haus 6**, 651 m, wo sich ein prächtiger Blick über das Tullnerfeld im Norden und den Wienerwald (Schöpfl) im Osten, die Gutensteiner Alpen mit dem Unterberg im Südosten und Süden und dahinter auf den Schneeberg öffnet.

Vom Schutzhaus nach Westen wenige Meter hinauf zum Gipfel des **Hegerberges 7**, 655 m, mit Gipfelkreuz und ORF-Umsetzer. Durch den Wald geradeaus weiter auf dem rot markierten Weg Nr. 404 und 455 (Pfeil nach Fahrafeld) nach Westen, dann hinab zu einem **Wiesenrücken 8**. Über diesen in aussichtsreicher Wanderung (mit Blick auf St. Pölten) abwärts, später auf einem gewundenen Steig durch die bewaldeten Hänge des Kronberges nach Nordwesten hinab zu den Feldern von Fahrafeld im Michelbachgraben. An den Feldern entlang nach Norden in den Ortsbereich und, sich links haltend, über den Michelbach zur Hauptstraße. In nördlicher Richtung zurück zum **Ausgangspunkt 1**.

↗ 300 m | ↘ 300 m | 9.0 km

2.30 h

Araburg, 799 m

15

Halbtagesausflug zur höchstgelegenen Burgruine Niederösterreichs

Ein halbes Jahrtausend, vom 12. bis ins 17. Jahrhundert, trotzte die stolze Festung der Arberger feindlichen Eroberungszügen, bis sie 1683 den Türken in die Hände fiel, die sie bis auf die Grundmauern niederbrannten. Auf einem Waldhügel westlich des Hochecks (Tour 16) gelegen, wird die weithin sichtbare Ruine (im Besitz des Stiftes Lilienfeld) heute vom Österreichischen Touristenklub betreut. Die Bewirtschaftung der Burgschänke, der Ausbau des Bergfrieds zu einem Aussichtsturm (1901) und die Erhaltung der Mauerreste sind seiner Initiative zu danken. Die Araburg ist ein beliebtes Ausflugsziel, zu dem ganz Bequeme auch per Auto und in kurzem Fußanstieg gelangen können.

Ausgangspunkt: Kaumberg, Gemeinde im Triestingtal, Hauptplatz, 494 m. Anreise per Bahn und Bus sowie mit dem eigenen Auto. Parkmöglichkeit im Ortsbereich.
Anforderungen: Bequeme Wanderung auf bez. Wegen und Straßen.
Einkehr: Burgstüberl Araburg (12 L., 1. April–31. Okt. Mo.–Fr. 9-18 Uhr, Sa.–So. u. Feiertag 8–19 Uhr geöffnet, Di. Ruhetag, bei geplanter Übernachtung Voranmeldung empfehlenswert, Tel. +43 2765 362, www.araburgstueberl.at).
Hinweis: Eilige können die Ruine vom Araburg-Parkplatz (3,5 km von Kaumberg) aus besuchen, 45 Min. hin und zurück.

Von **Kaumberg** 1 die Straße zur Araburg 40 m nach Süden, dann rechts eine Stiege empor zur Pfarrkirche. Auf dem Fahrweg, am Friedhof vorbei, nach Südwesten hinauf zu einigen Häusern. Sich rechts haltend auf der Naturstraße eben weiter, dann links einen Karrenweg am Waldrand nach Südwesten aufwärts, schließlich durch Obstgärten eben zum **Mayerhof** 2, 630 m. In Südwestrichtung zu einer Asphaltstraße und diese rechts hin-

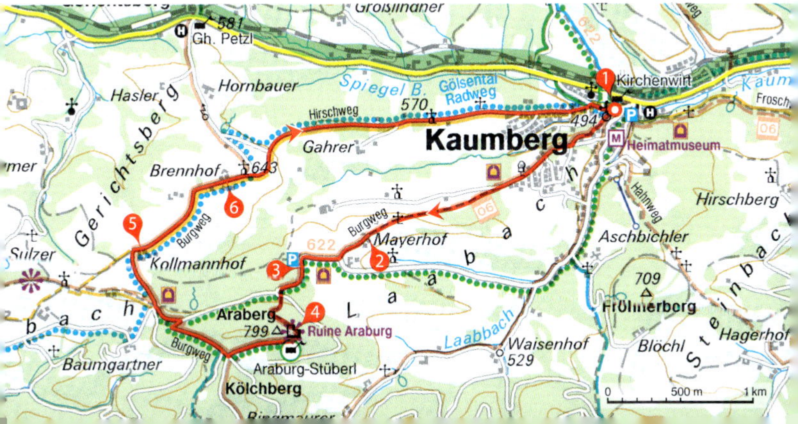

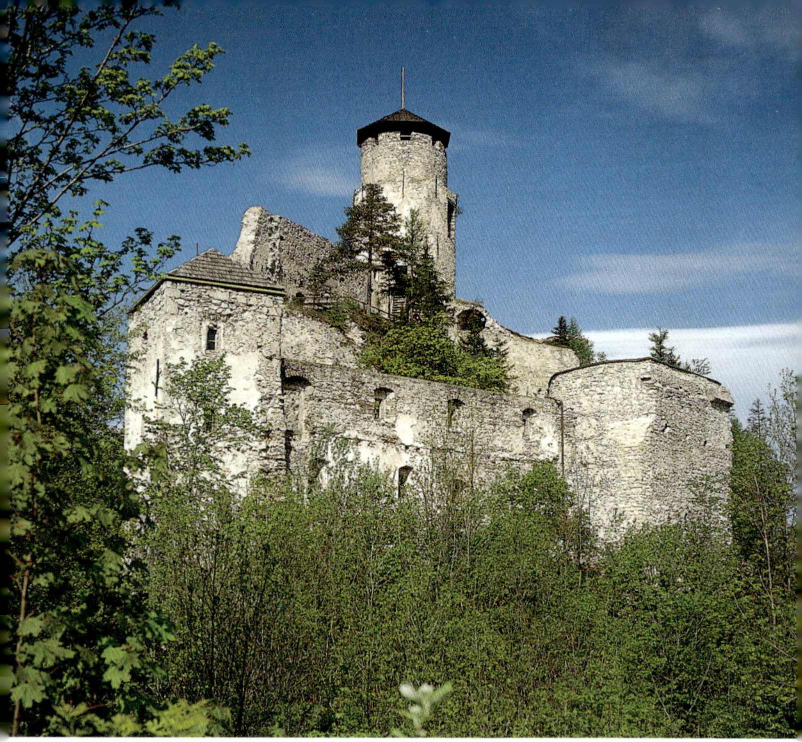

Die Araburg von Osten.

auf zum **Araburg-Parkplatz** ❸, 650 m, am Waldrand. Eine mit Schranke versperrte Forststraße in Südrichtung aufwärts zur Linksabzweigung eines rot und grün bez. Karrenwegs. Diesen über einen steilen Waldhang nach Süden hoch zum Sattel am Rücken östlich der Araburg (von der Anhöhe links schöner Burgblick!). Jenseits unter der südlichen Burgmauer entlang nach rechts zum Eingang der **Araburg** ❹, 799 m.

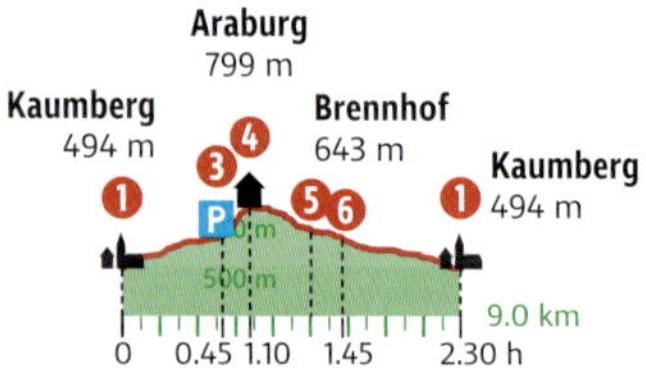

Eine Waldstraße (»Ingenieur-Josef-Lux-Weg«) nach Westen hinab in einen Sattel. Rechts auf der Naturstraße durch Wald nach Nordwesten abwärts, später auf einem Fußweg zu einer querenden Straße am Waldrand. Diese über Wiesen nach rechts hinab zum **Kollmannhof** ❺, 680 m, und weiter zum **Brennhof** ❻, 643 m.

Die Straße hinunter zu einer Linkskurve. Dort auf dem gelb bez. Fahrweg geradeaus abwärts zu einem Wiesensattel. Einem Geländerücken folgend durch Wald und über Wiesen nach Osten, schließlich entlang einer Asphaltstraße abwärts nach **Kaumberg** 1.

Die Pfarrkirche St. Michael in Kaumberg.

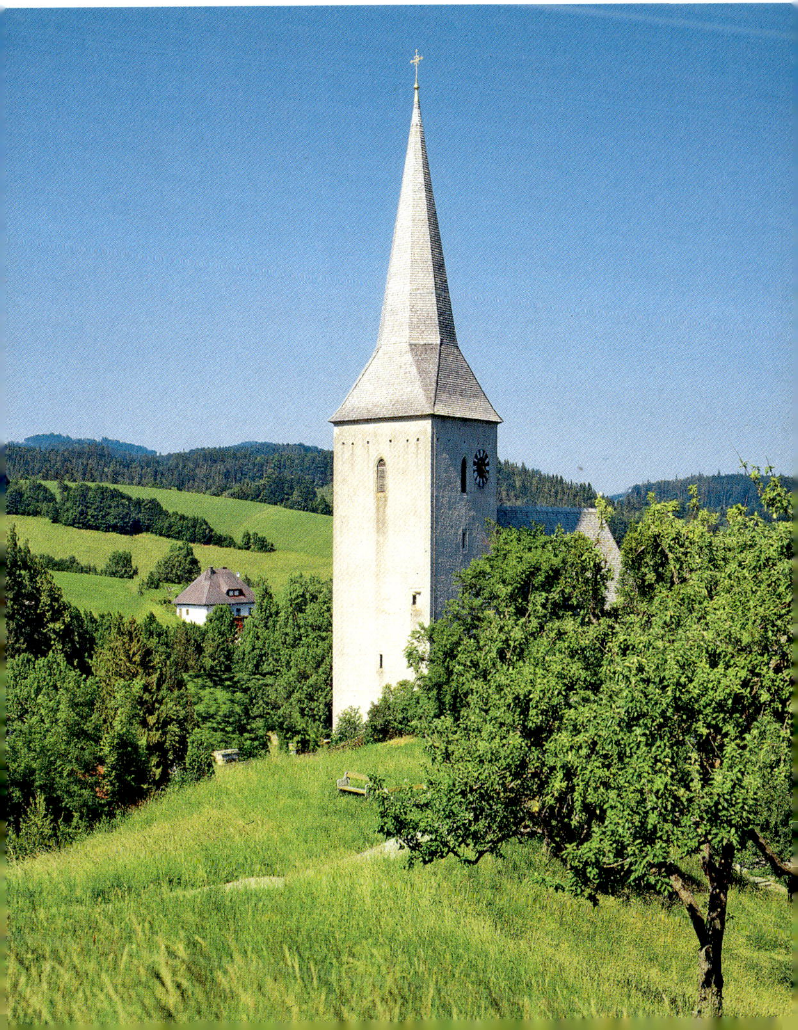

↗ 650 m | ↘ 650 m | 13.9 km

16 Hocheck, 1037 m

4.15 h

Beliebtes Wochenendziel mit phänomenaler Gipfelparade

»Am Samstag um Mittag wird alls/ zum Weekend fertig g'macht. Dann blädern wir so von Hernals/ bis ins Gesäus – doch allenfalls bis Purkersdorf, dass 's kracht.« Nichts könnte die allwöchentliche Stadtflucht, den Aufbruch in die Wander- und Erholungsreservoirs rings um Wien treffender charakterisieren als diese Verse von Josef Weinheber. Eine Autostunde, und man ist mitten im schönsten Wandergebiet, wo sich Stress und Alltagssorgen in Windeseile verflüchtigen. Auch das Hocheck gehört zu den bevorzugten Ausflugszielen.

Ausgangspunkt: Altenmarkt, 410 m, im Triestingtal, Ortszentrum. Anreise per Bahn und Bus sowie mit dem eigenen Auto. Parkplätze im Ortsgebiet.
Anforderungen: Leichte Tour. Wegen der geringen Steigung kaum anstrengend. Mit Ausnahme des letzten Abschnitts gut bez. Wege und Forststraßen.

Einkehr: Schutzhaus Hocheck (17 B., 34 L., ganzjährig geöffnet 1. Okt.–30. April Sa., So. und Feiertag, sonst Do.–So., Tel. +43 676 6676970).
Hinweis: Man kann das Hocheck auch mit dem eigenen Fahrzeug über eine asphaltierte Mautstraße vom südlich gelegenen, 6,5 km entfernten Ort Furth erreichen.

Von **Altenmarkt** ❶ auf der B 18 westwärts zur Linksabzweigung einer Straße. Auf ihr (Weg Nr. 4 und 404) über die Triesting und die Bahngleise nach Süden hinauf zu einer querenden Forststraße am Bergfuß des Hochecks und auf dieser durch Wald nach rechts (Westen) zum sog. **Heimkehrer-Brünnl** ❷, 485 m. Dort rechts auf dem »Hans-Wieshofer-Steig« wieder zur

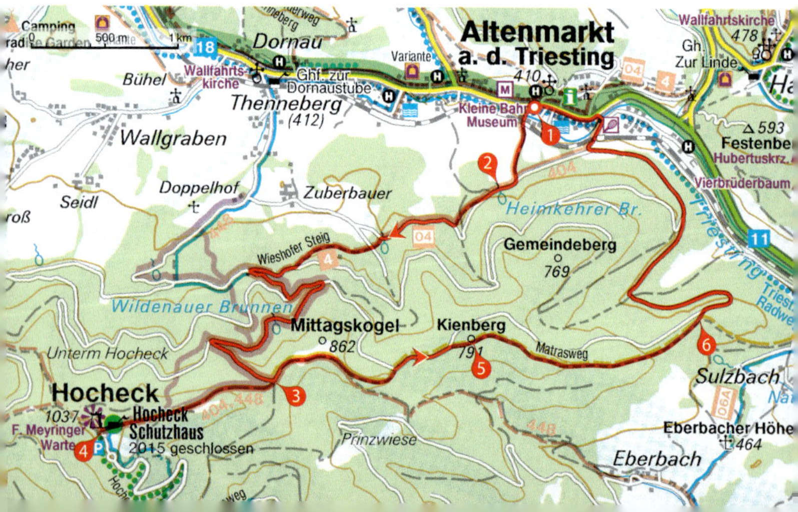

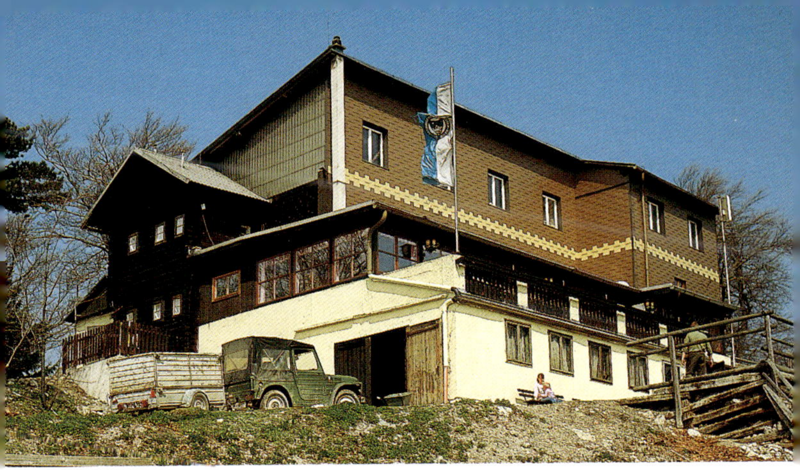

Das Schutzhaus knapp unter dem Hocheck-Gipfel.

Straße. Auf ihr zu einer Verzweigung und auf dem Fußweg links aufwärts zu einer Lichtung mit Forststraße, 610 m. Die Straße, am »Wildenauer Brunnen« vorbei, über die bewaldete Nordflanke des Hochecks in Kehren nach links (Süden) hinauf in einen **Sattel** ❸, 850 m, am Ostrücken. Den Fahrweg nach rechts empor zum **Hocheck-Gipfel** mit dem etwas unterhalb stehendem **Schutzhaus**, 1030 m, und dem Aussichtsturm **Meyringer-Warte** am höchsten Punkt ❹, 1037 m.
Zurück zum **Sattel** ❸ am Ostkamm und dort den Karrenweg Nr. 448 geradeaus weiter, später die Mittagskogel-Südwiese queren und durch Wald zu einer Verzweigung. Den gelb bez. Karrenweg (»Matrasweg«) geradeaus weiter, dann abwärts in einen Sattel, 750 m. Steil hinauf zum **Kienberg** ❺, 791 m, und über den Rücken nun durch schönen Buchenwald abwärts zu einer **Schulter** ❻, 550 m, an der sich der Weg in die rechte Seite des Kammes wendet. Links ab und im steilen Wald weglos 30 Hm nach Norden hinunter zu einer unbez. Forststraße. Auf ihr in einer Kehre abwärts in einen Graben, der eben ausgegangen wird. An den Waldhängen des Gemeindeberges nach Norden, dann in einer weiten Linksschleife hinab in das Triestingtal und dort zu einer Verzweigung. Ein Stück geradaus weiter, später rechts hinab zur Bahnhaltestelle Altenmarkt. Über das Gleis, danach auf der Asphaltsstraße über die Triesting und nordwärts zur B 18. Auf ihr, sich links haltend, zurück nach **Altenmarkt** ❶.

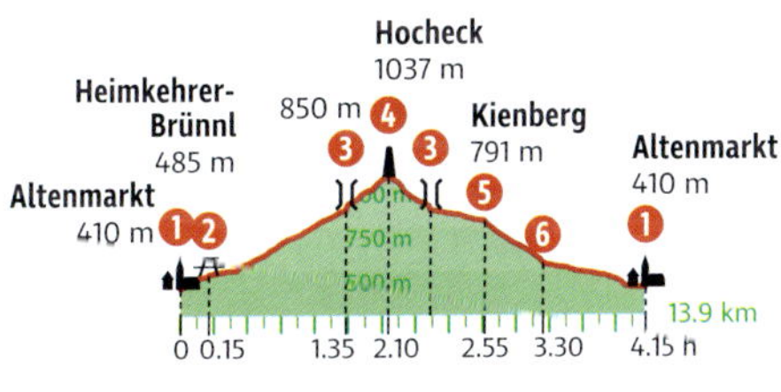

↗ 900 m | ↘ 820 m | 19.0 km

17 Vom Hocheck zur Araburg

6.30 h

Klassische Kammüberschreitung für Ausdauernde

Die Wanderung vom Hocheck zur Araburg gehört zu den großen Gehstrecken in den Wiener Hausbergen. Zugegeben, da ist man viel im Wald unterwegs und hat nur gelegentlich Ausblicke zu den umliegenden Höhen. Doch ist die Tour allemal lohnend und spannend und auch mit Kindern ein Vergnügen, wenn man sie durch Übernachtung am Schutzhaus Hocheck auf zwei Tage aufteilt.

Ausgangspunkt: Gasthof Zur Dornaustube in Thenneberg, 412 m (Bushalt, Parkmöglichkeit), westlich von Altenmarkt im Triestingtal.
Endpunkt: Kaumberg, 494 m, Rückfahrt mit dem Bus nach Thenneberg.
Anforderungen: Einfache, aber lange, anstrengende Wanderung auf bez. Wegen.

Einkehr: Burgstüberl Araburg (siehe Tour 15); Schutzhaus Hocheck (siehe Tour 16). Gastbetriebe in Thenneberg und Kaumberg.
Hinweis: Eine Aufteilung der Tour auf zwei Tagesetappen (Übernachtung auf dem Schutzhaus Hocheck) wird empfohlen.

In **Thenneberg** ❶ beim **Gasthof Zur Dornaustube** auf der Asphaltstraße südwärts über das Bahngleis, danach über Wiesen zur Gabelung beim **Doppelhof**, 466 m. Auf der abgeschrankten Forststraße vorerst noch über Wiesen, dann im Wald in Richtung Hocheck aufwärts zu einer Verzweigung. Links den die Straße abkürzenden Fußweg nach Süden hoch und wieder zur Forststraße und diese, sich links haltend, empor zur Einmündung des

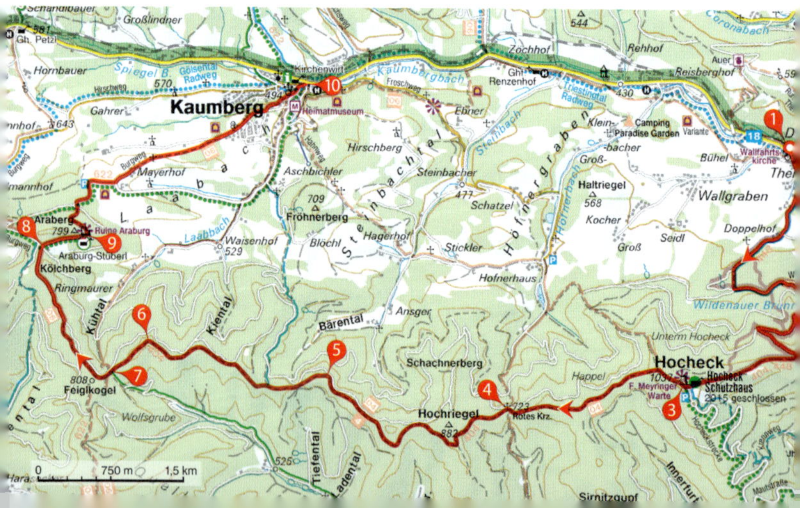

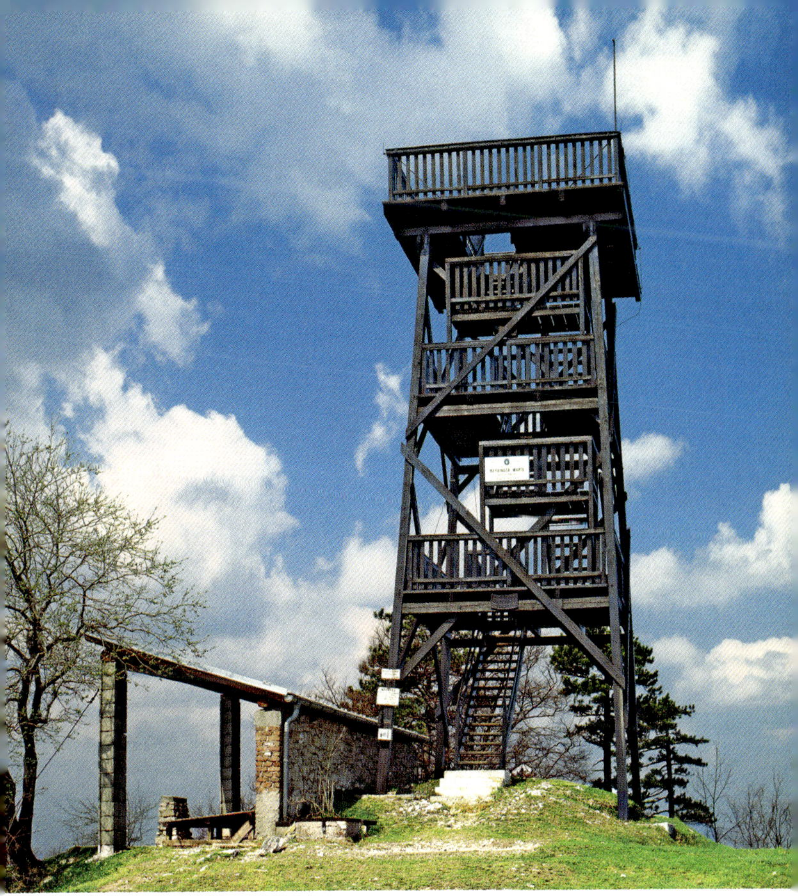

Die Meyringer Warte am Gipfel des Hochecks.

Hans-Wieshofer-Steigs von Altenmarkt her. Die blau und rot bez. Straße (Weg Nr. 4, 404 und 448), am Wildenauer Brunnen vorbei, über die bewaldete Nordflanke des Hochecks in Kehren empor in einen **Sattel** ❷, 850 m, am Ostrücken. Den querenden Fahrweg nach rechts empor zum **Hocheck-Gipfel** mit dem etwas unterhalb stehenden **Schutzhaus**, 1030 m, und dem Aussichtsturm **Meyringer-Warte** ❸ am höchsten Punkt, 1037 m.
Von der Warte den rot und gelb bez. Weg Nr. 4 und 404 über den licht bewaldeten, felsdurchsetzten Westrücken hinab zu einer Teilung. Sich links haltend steil hinab in einen Sattel, danach, einige Erhebungen über-

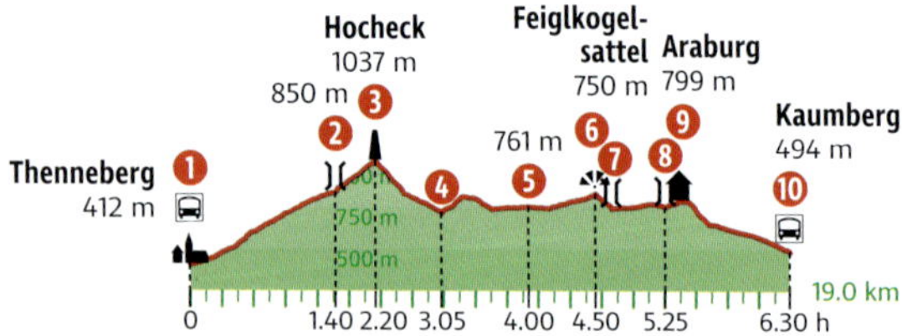

schreitend oder links umgehend, in stetem Auf und Ab zu einem Felsblock, danach steil hinab in den Sattel beim **Roten Kreuz** 4, 723 m. Jenseits im Wald in Richtung Hochriegel aufwärts zu einer Schulter. Nach links an den Südrücken des Berges. Über ihn 50 m eben nach links, dann rechts hinab zu einer Schulter am Westrücken und über diesen in den Sattel nach dem Hochriegel. Auch die folgende (unkotierte) Erhebung wird links über den Sattel dahinter umgangen. Auf einem teils verwachsenen Steig am Rücken weiter und über einige Erhebungen hinweg auf eine nach Süden baumfreie **Kuppe** 5, 761 m. Steil nach Westen hinab in einen Sattel, danach über eine Anhöhe hinweg zu einer Verzweigung (rechts geht es nach Kaumberg). Gegen den P. 819 hinauf, dann quer durch seine Südflanke an den Westkamm und über diesen auf eine unbenannte **Erhebung** 6, 840 m, mit Blick auf Araburg, Unterberg, Kieneck, Reisalpe und Hochstaff.
Steil nach Südwesten hinunter zur Verzweigung am **Feiglkogelsattel** 7, 750 m, und jenseits kurz bergauf zur nächsten Teilung. Den rot und grün bez. Waldweg Nr. 206 und 622 quer durch die Nordflanke des Feiglkogels nach rechts empor an den Verbindungsrücken zum Kölchberg. Über einige Erhebungen hinweg, dann, links unter dem Kölchberg vorbei, hinab in den **Sattel** 8, 760 m, zwischen Kölch- und Araberg. Auf dem Fahrweg (»Ingenieur-Josef-Lux-Weg«) an der bewaldeten Südseite des Araberges nach rechts hinauf zu der auf der Ostschulter des Bergs stehenden **Araburg** 9, 799 m, mit dem Aussichtsturm.
Vom Eingangstor auf Weg Nr. 206 und 622 unterhalb der südlichen Burgmauer entlang, nach Osten in einen Sattel (von der Anhöhe rechts schöner Burgblick!). Jenseits den steilen Waldhang in Kehren hinunter zum **Araburg-Parkplatz** (Blick zurück zum Hocheck!). Die asphaltierte Zufahrtsstraße ostwärts über Wiesen abwärts, dann links ab und auf einer Naturstraße zum **Mayerhof**, 630 m. Durch Obstgärten zum Straßenende bei einem Gatter, danach auf einem bez. Feldweg über Wiesen zu einer Naturstraße und auf ihr zu einer schönen Kapelle mit Bank. Nun auf dem Fahrweg am Friedhof entlang, dann den asphaltierten Promenadenweg rechts an der Kirche vorbei und über eine Treppe hinab ins Zentrum von **Kaumberg** 10, 494 m. Mit dem Bus zurück nach **Thenneberg** 1.

Die stolze Araburg, die höchstgelegene Burg Niederösterreichs, von Süden betrachtet.

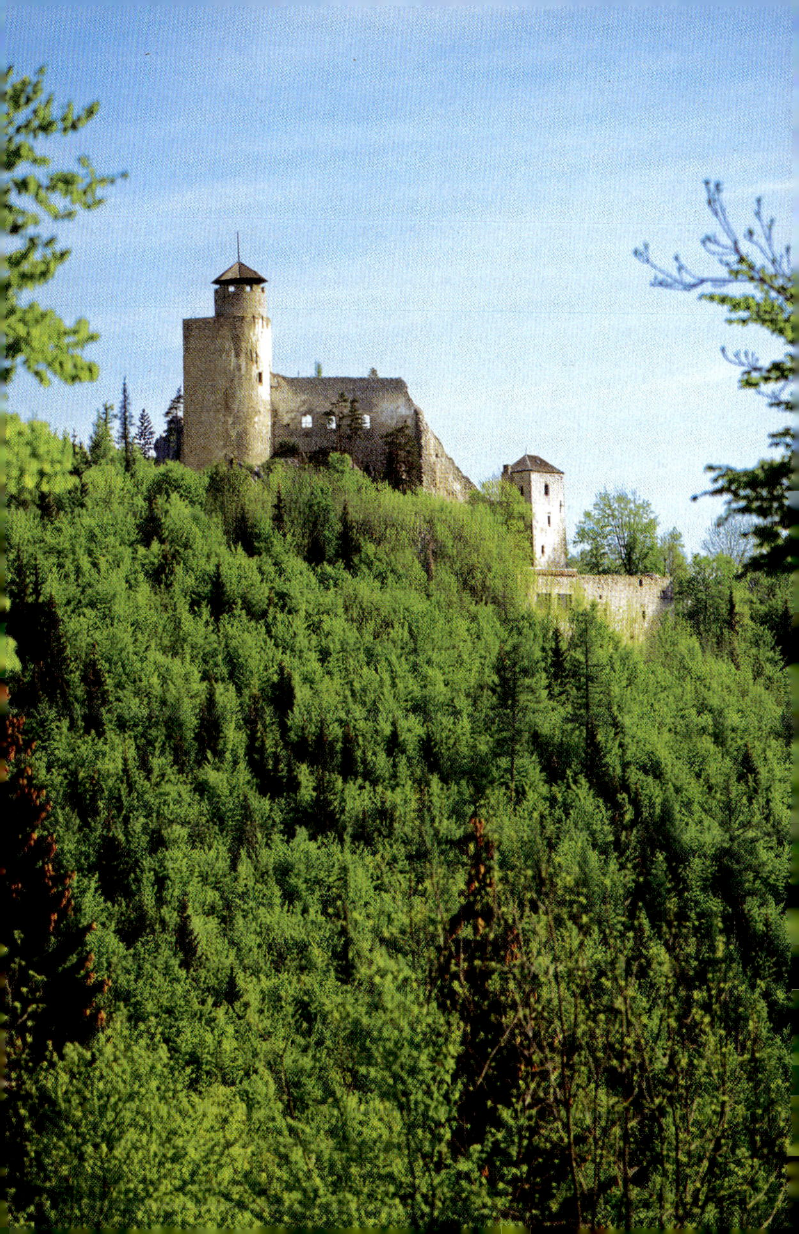

↗ 590 m | ↘ 480 m | 16.3 km

18 Über das Waxeneck

4.45 h

Wald, so weit das Auge reicht!

Wer gerne durch ausgedehnte einsame Wälder wandert, wird an dieser Tour über das Waxeneck Gefallen finden. Erstes Ziel ist das Waxeneckhaus, von dem sich der Blick bis zum allgewaltigen Schneeberg weitet. Im Abstieg kommen wir in Feichtenbach an den Resten des ehemaligen Lungensanatoriums Wienerwald vorbei. Das Sanatorium zählte bis 1938 zu den weltweit exklusivsten und mondänsten seiner Art. Und am Ende der Wanderung wartet ein weiterer Höhepunkt, das großartige Felsentor der Luckerten Wand am Ortsrand von Pernitz.

Ausgangspunkt: Pottenstein an der Triesting, 324 m. Bahnhaltestelle, Parkmöglichkeit. Ausgangs- und Endpunkt sind mehrmals täglich von Wien oder Wiener Neustadt per Bahn zu erreichen.
Endpunkt: Pernitz an der Piesting, 430 m. Bahnhaltestelle, Parkmöglichkeit.
Anforderungen: Einfache Wanderung auf bequemen Waldwegen und Forststraßen.
Einkehr: Schutzhaus Waxeneck (ganzj. geöffnet, 15 B., 10 L., Mo./Di. Ruhetag, Zufahrt mit Pkw möglich, Tel. +43 2632 73300, www.schutzhauswaxeneck.com).
Variante: Dem Liebhaber langer Waldwanderungen sei der Weiterweg von der Waxeneck-Hütte zum Hals empfohlen. Von dort über Hohenwarth auf den Waldkamm nördlich des Grabenweggrabens und durch schier endlose Wälder und ohne große Höhenunterschiede über Rotes Kreuz, Kienthalkreuz, Kote 541 zurück nach Pottenstein (4.30 Std. ab Schutzhaus Waxeneck).

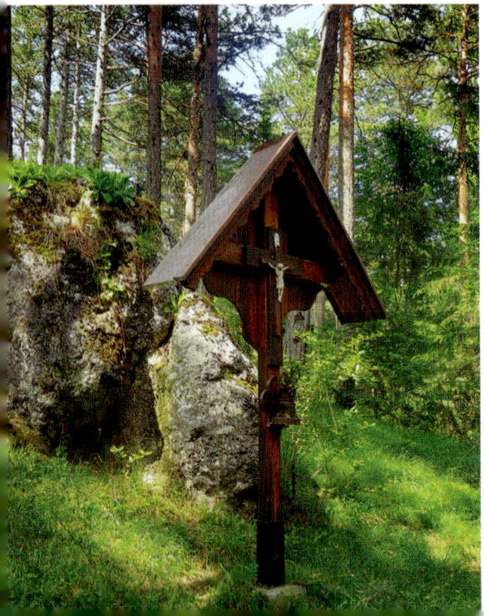

Von der Bahnhaltestelle in **Pottenstein** ❶ in südlicher Richtung (grüne Zeichen) entlang der Triesting zur querenden Gutensteiner Straße. Auf ihr kurz nach rechts, dann links ab in die Hochstraße und bei einer Verzweigung halb rechts, steil hinauf auf eine Wiesenhochfläche. Vorbei an einer Schottergrube und einem Bildstock zum Waldrand, wo der befestigte Weg endet. Weiter auf einem Karrenweg, sich links haltend, durch Laubwald etwas steiler aufwärts, über eine Forststraße hinweg und über einen bewaldeten Höhen-

Marterl in Feichtenbach, am Weg zum Luckerten Stein.

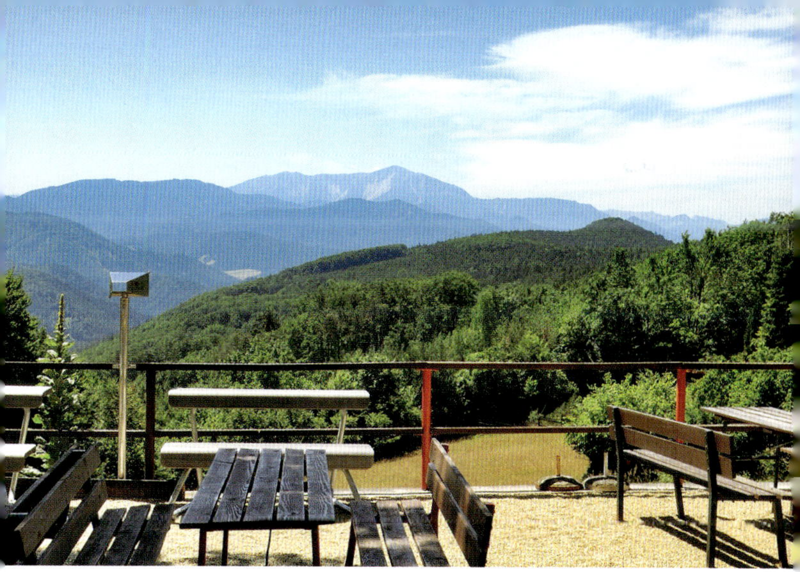

Auf der Terrasse des Schutzhauses Waxeneck mit Blick zum Schneeberg.

rücken zur Kehre einer Forststraße. Sich rechts haltend die Straße aufwärts in einen weiten Sattel, dort links ab (grüne Zeichen) und auf einem Fußweg zur Einmündung des blau bez. Weges nach **Berndorf** 2. In westlicher Richtung (rechts) auf einem schönen Waldweg in einen Waldsattel, 548 m, mit dem querenden **Götzelsteig** 3 von Pöllau nach Grabenweg.

Auf dem bez. Weg geradeaus weiter durch Wald sanft aufwärts zur Querung einer Forststraße. Schräg rechts über sie hinweg und entlang der Südosthänge des Waxeneck (blaue Zeichen) zur **Josef-Koczirz-Rast** 4, 720 m, wo nach Süden der Weg zum Geyersattel abzweigt. Auf einem breiten Karrenweg durch Laubwald sanft aufwärts zum Laister Marterl und weiter hinauf zu einem querenden Fahrweg am Höhenkamm des Waxeneckrückens. Auf diesem, sich rechts haltend (Westen), vorbei an zahlreichen Sommerhäusern, sanft abwärts zum **Schutzhaus Waxeneck** 5, 785 m, mit prachtvollem Ausblick zum Schneeberg im Südwesten.

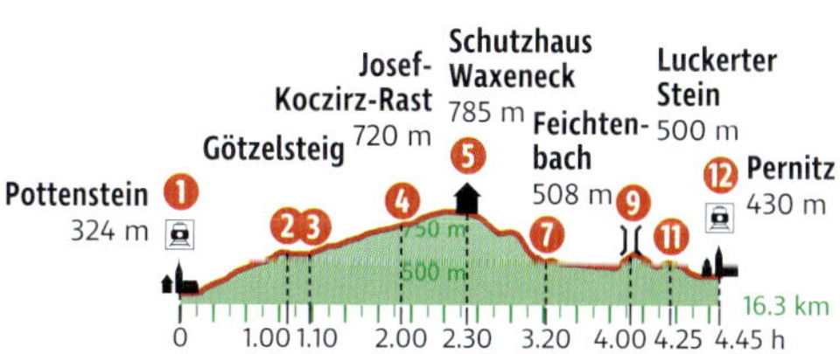

Vom Schutzhaus die unbefestigte Straße, vorbei an einigen Wochenendhäusern, erst nach Westen, dann nach Süden abwärts in einen

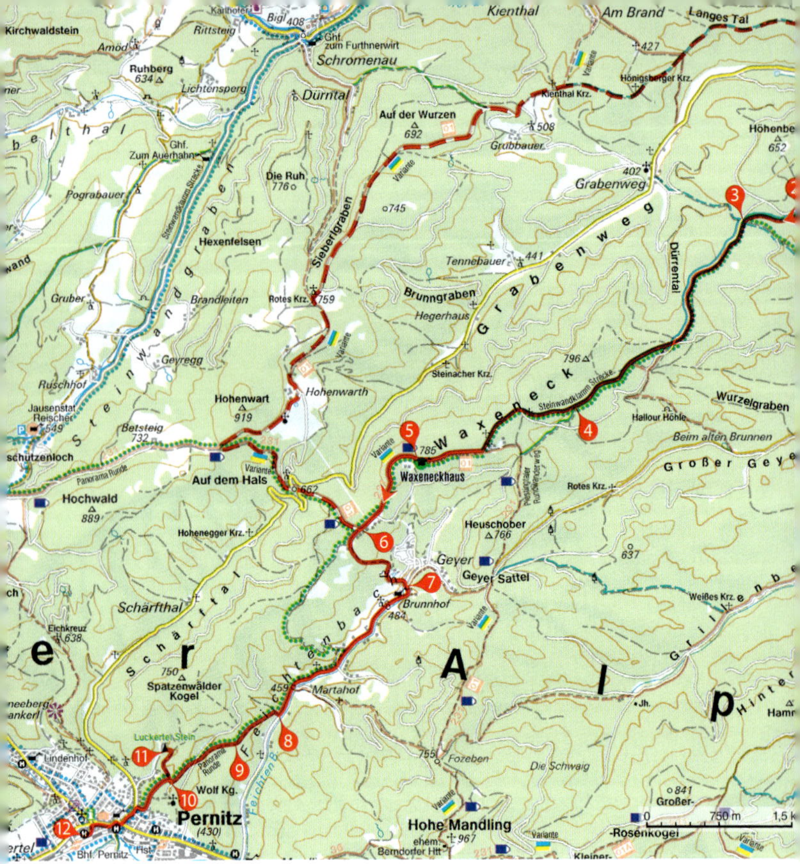

breiten Sattel. Nach kurzem Gegenanstieg bei einer **Wegteilung** ❻ den rot bez. Weg geradeaus weiter (der Fahrweg zum Halssattel führt nach rechts aufwärts) zum Ende der Fahrstraße bei einem Haus. Dort scharf nach links und nach 50 m rechts ab (alte rote Markierung) auf einen Waldpfad, dem man entlang eines Zaunes in Falllinie abwärts in einen Waldgraben folgt. Auf der linken Seite des Grabens auf einem stark verwachsenen Pfad weiter abwärts, später entlang an spärlichen roten Zeichen links hinaus zu einem alten Karrenweg und in Ostrichtung abwärts zu einem Querweg. Auf diesem nach rechts in einen Graben und den dort beginnenden Güterweg hinab zur Geyerstraße in **Feichtenbach** ❼; links geht die Zufahrt zum ehemaligen Lungensanatorium Wienerwald aus dem Jahre 1903 ab.

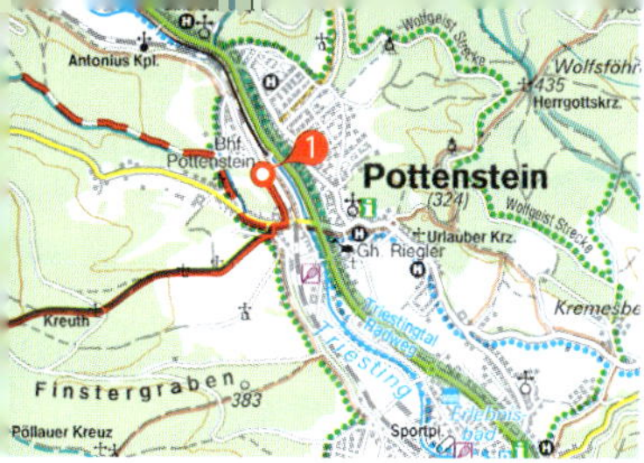

Durch die Streusiedlung Feichtenbach talauswärts, bis etwa 300 m nach dem Martahof (Weg zur Hohen Mandling) rechts der rot bez. Fußweg nach Pernitz abzweigt (8, Pfeil »Über die Bergweide nach Pernitz«). Bei der kurz darauf folgenden Kreuzung mehrerer Karrenwege links einen Steig in Kehren einen Waldkamm aufwärts (Marterl) und durch lichten Föhrenwald in einen **Sattel** 9 mit Rastbank und Marterl. Über einen querenden Weg hinweg, den nun rot und grün bez. Weg sanft abwärts zur Kehre einer Forststraße bei einem Felsriegel. Erst rechts der Straße folgen, nach 50 m nochmals rechts und sanft aufwärts in einen **Sattel mit Marterl** 10. In nördlicher Richtung hinab zu einer Forststraße und diese nach rechts zur Abzweigung des gelb bez. Stichweges zum **Luckerten Stein** 11, 500 m, einem gewaltigen Felstor am Steilabfall ins Piestingtal. Zurück zur Fortstraße und auf ihr hinab zur Pottensteiner Straße in Pernitz. Diese links zur Hauptsraße, dann nach rechts und später links ab zum Bahnhof von **Pernitz** 12, 430 m.

Am Zugang zum Luckerten Stein.

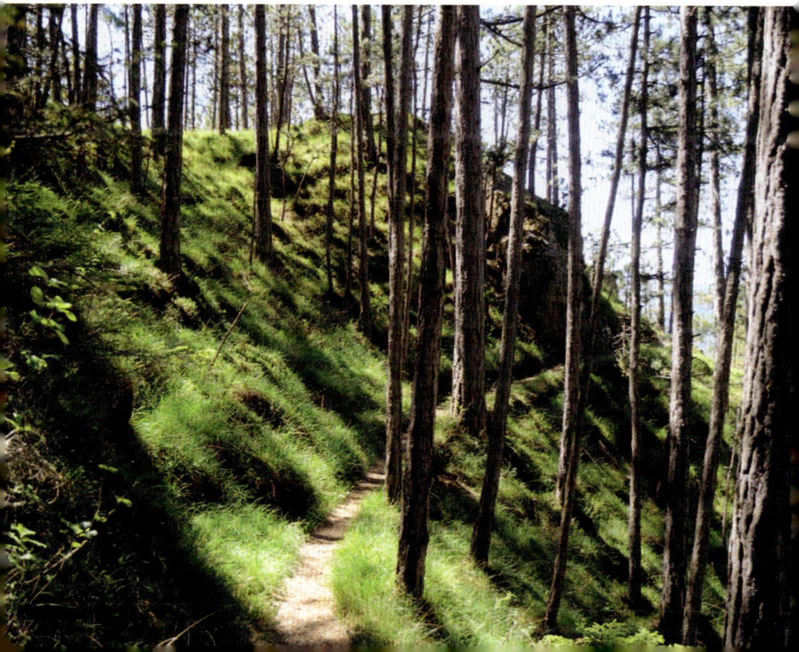

↗ 675 m | ↘ 675 m | 16.0 km

5.00 h

19 Um den Steinwandgraben

Auf auf in Gottes schöne Welt!

Wer sich nach einem langen Winter so richtig einlaufen möchte, ist mit der Umrundung des Steinwandgrabens gut beraten, eine Fünf-Stunden-Tour ohne Schweiß treibende Steilanstiege. Die Wanderung startet in Schromenau bei Furth und wartet am entferntesten Punkt, am Kreuthsattel, mit Gastwirtschaft und prächtigem Schneebergblick auf. Alles Übrige vollzieht sich in den Wäldern, wobei eingestreute Wiesengebiete für den nötigen »Augentrost« sorgen.

Ausgangspunkt: Schromenau, 408 m (Parkplätze, Bushalt), Fraktion der Gemeinde Furth, an der Mündung des Steinwand- in den Furthergraben, 5 km von Weißenbach, 1 km von Furth. Eigentlicher Startplatz ist der Gasthof Zum Furthnerwirt im Zentrum.
Anforderungen: Einfache, aber lange Wanderung meist auf bez. Fahrwegen.
Einkehr: Gasthof Zum Furthnerwirt (16 B., ganzj. offen, Mo./Di. Ruhetag, Tel. +43 2674 88200); Gasthaus Jagasitz am Kreuthsattel (keine Übernachtung, ganzj. offen, Do./Fr. Ruhetag, Tel. +43 2632 74 312, www.muggendorf.at/orte/gasthof-jagasitz).

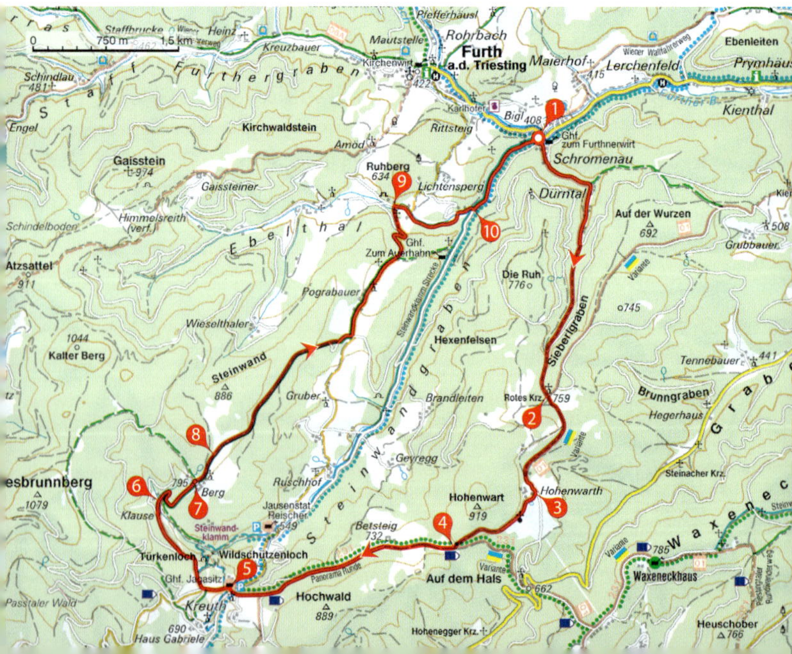

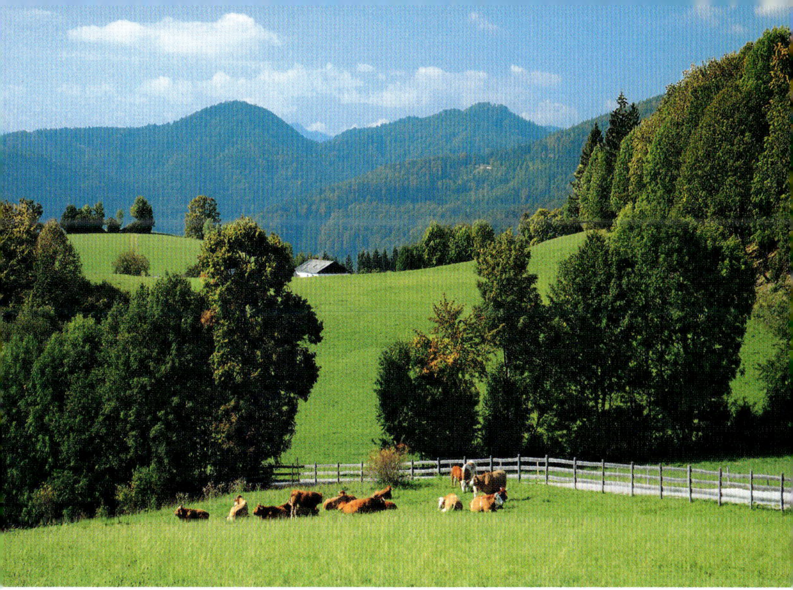

Am Weg um den Steinwandgraben werden auch Wiesengebiete und Viehweiden berührt.

Von **Schromenau** 1 die Straße in den Steinwandgraben zur Ortsendetafel mit Linksabzweigung der rot bez. Asphaltstraße ins Dürntal. Auf ihr bald zu einer Teilung, danach auf einer Naturstraße den Waldgraben hinauf zu einem Privathaus und nach rechts in den Sieberlgraben. Dort durch Wiesen in Südrichtung aufwärts, bis die Straße den Graben nach links verlässt. Geradeaus auf einem verfallenen Fußweg den düsteren Waldgraben bergauf, zuletzt steil nach links (Südosten) empor zur Wiese beim **Roten Kreuz** 2, 759 m. Den querenden Fahrweg kurz rechts zu einer Gabelung und, sich links haltend (rot und blau bez. Weg Nr. 201), im Wald nach Südosten empor auf eine Anhöhe (Wiese). Links vom Fahrweg ab und auf dem bez. Fußweg (Zaun) nach Süden, schließlich durch ein Eisentor zur Schulter beim **Gut Hohenwarth** 3, 775 m. Auf der Naturstraße, unterhalb des Hofes vor-

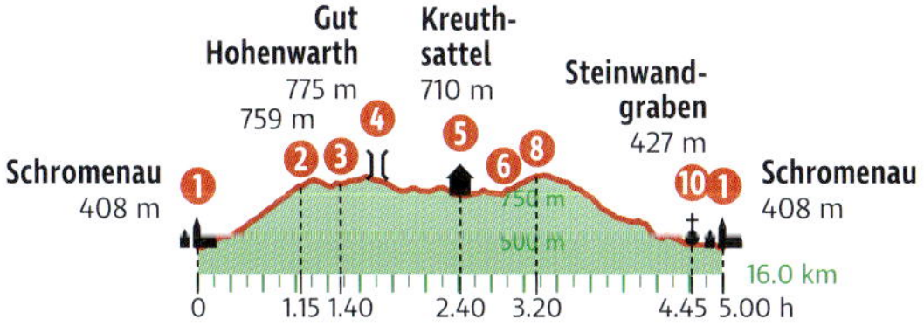

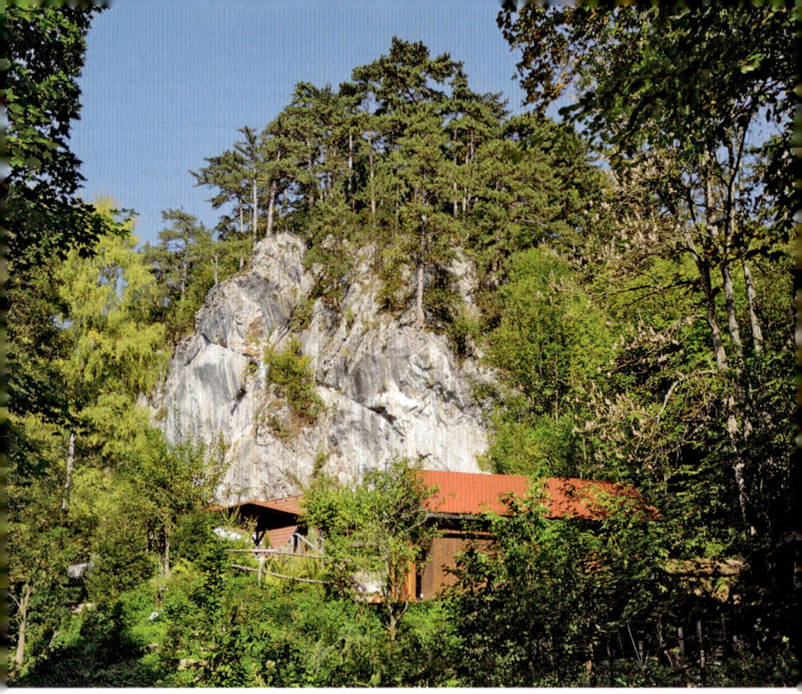

Die idyllische »Klause« im oberen Steinwandgraben.

bei, zu einer Teilung. Rechts auf dem bez. Fahrweg zum Hofeingang und zu einem Wildgehege, danach hinauf zum Waldrand. Sich links haltend (Zaun) zu einer gemauerten Kapelle, 780 m, und an den Abhängen des Hohenwartberges weiter zu einer Anhöhe. Jenseits hinab in den **Wiesensattel** 4, 795 m, zwischen Hohenwart- und Hochwaldberg. Den rot und blau bez. Weg Nr. 231 nach rechts in die Nordseite des Hochwaldberges hinein und dort durch Wiesen, oberhalb des Hofs Betsteig, 732 m, vorbei, westwärts zu einer Schulter. Jenseits steiler bergab in den Wald und dort zu einer asphaltierten Bergstraße. Auf ihr westwärts in stetem Auf und Ab in den **Kreuthsattel** 5, 710 m, mit Schneebergblick und dem Gasthaus Jagasitz.
Vom Gasthaus auf der Asphaltstraße durch Wiesen nach Westen aufwärts, dann auf der rot bez. Naturstraße quer durch die bewaldeten Osthänge des Almesbrunnberges zunächst eben, dann bergab zur **»Klause«** 6, 720 m, im oberen Steinwandgraben (Privathaus unter einer Felswand) an der Rechtseinmündung des Weges durch die Steinwandklamm. Jenseits auf der grün bez. Naturstraße durch Wald in Kehren nach Nordosten hoch zur Wiesenschulter bei den **Berghäusern** 7, 795 m, mit einem Brunnen. Gera-

deaus aufwärts zu einer Verzweigung und, sich rechts haltend, weiter zu einem **Hochstand 8**, 820 m, am oberen Rand der Wiesen. Jenseits leicht fallend in den Wald und dort in einer langen Querung der Flanke nach Nordosten hinab in einen Sattel. Links ab und auf dem gelb bez. Fahrweg durch eine Wiesenmulde – am Pograbauer, 580 m, vorbei – hinunter zum Waldrand (Eisentor). Auf dem Fahrweg weiter abwärts, später auf dem abkürzenden Fußweg hinab in das Ebeltal und dort über die Brücke zur **Asphaltstraße 9**. Auf ihr talauswärts in den **Steinwandgraben 10**, 427 m, zu einer Kapelle und auf der Asphaltstraße links zurück nach **Schromenau 1**.

Unterwegs zum Kreuthsattel. Tiefblick vom Hof Betsteig in den Steinwandgraben.

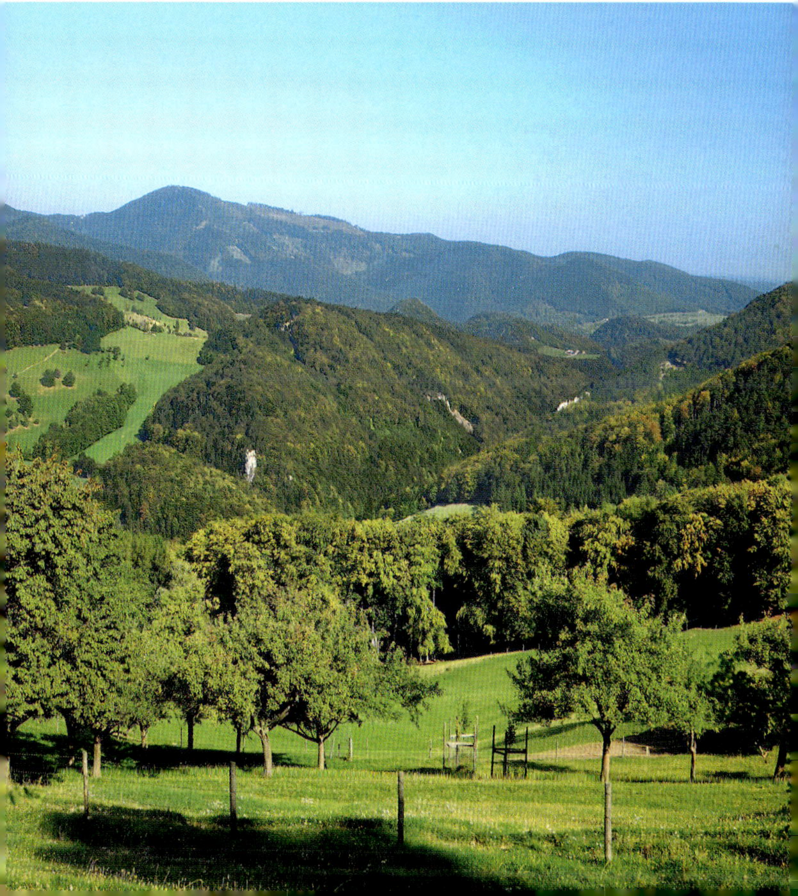

TOP

20

Steinwandklamm, Rudolf-Decker-Steig, Türkenloch

↗ 240 m | ↘ 240 m | 3.0 km

1.45 h

Felsen, Föhren und viel Luft unter den Füßen

Der bei Furth/Schromenau (Triestingtal) nach Süden abzweigende Steinwandgraben birgt im rückwärtigen Abschnitt das Felswunder der Steinwandklamm. Besondere Aufmerksamkeit verdient dort die linke, südliche Begrenzungsflanke. Mit ihren Schächten und Höhlen wird die Wand durch den gesicherten Rudolf-Decker-Steig erschlossen. Zu den Höhepunkten des Durchstiegs gehören eine 15 Meter hohe senkrechte Leiter, das originelle Wildschützenloch und das gewundene, finstere Türkenloch. Bergerfahrung und etwas Mut sind bei dieser an sich unschwierigen Tour Voraussetzung.

Ausgangspunkt: Parkplatz Steinwandklamm, 549 m, bei der Jausenstation Reischer am Ende der Straße durch den Steinwandgraben. Anreise mit eigenem Fahrzeug, 10 km ab Weißenbach, 362 m, 6 km von Furth, 422 m (Bushalt).
Anforderungen: Stellenweise steiler und ausgesetzter Anstieg, ein Unternehmen für trittfeste Geher. Verwendung eines Klettersteig-Sets empfohlen. Die luftige 15-Meter-Leiter kann auch problemlos umgangen werden.
Einkehr: Jausenstation Reischer am Eingang in die Steinwandklamm (keine Übernachtung, ganzj. geöffnet, Mo./Di. Ruhetag, Tel. +43 2674 88251, warme Küche von 11:00 bis 19:00 Uhr).; Gasthaus Jagasitz am Kreuthsattel (siehe Tour 19).

Vom **Parkplatz Steinwandklamm** ❶ hinab zum Bach und neben ihm, sich links haltend, taleinwärts zum Beginn der Steinwandklamm mit der Mautstelle. Durch die Klamm über Holzstege und -treppen aufwärts zur Linksabzweigung des **Rudolf-Decker-Steigs** ❷, 620 m. Diesen über eine 4 m hohe Eisenleiter, dann durch eine Rinne, schließlich über eine senkrechte Wand auf der 15 m hohen Eisenleiter (kann links über eine kürzere und weniger exponierte Leiter problemlos umgangen werden!) ausgesetzt empor in die geräumige Höhle des Wildschützenlochs. Aus ihr nach links heraus und über geglätteten Fels hinab auf ein Band. Durch ein weiteres Loch (Eisenleiter) 3 m aufwärts, dann durch Felstunnel und einen 5 m hohen Kamin (Eisenleiter) in bewaldetes Gelände.

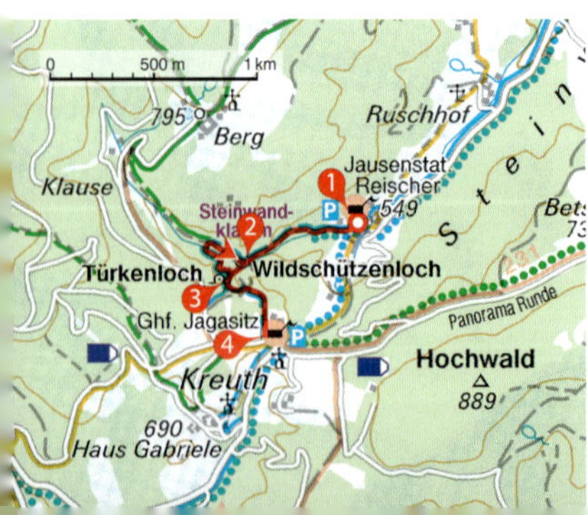

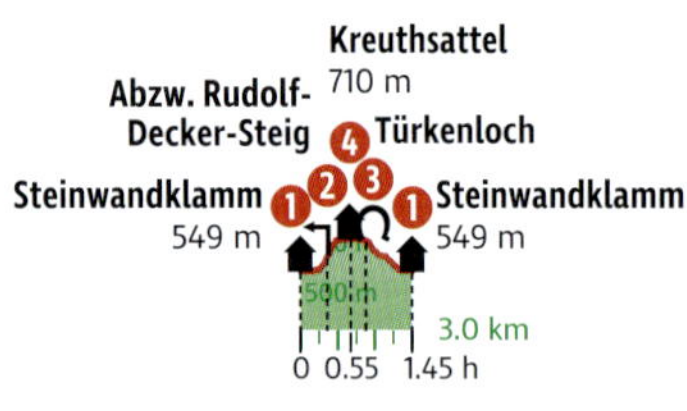

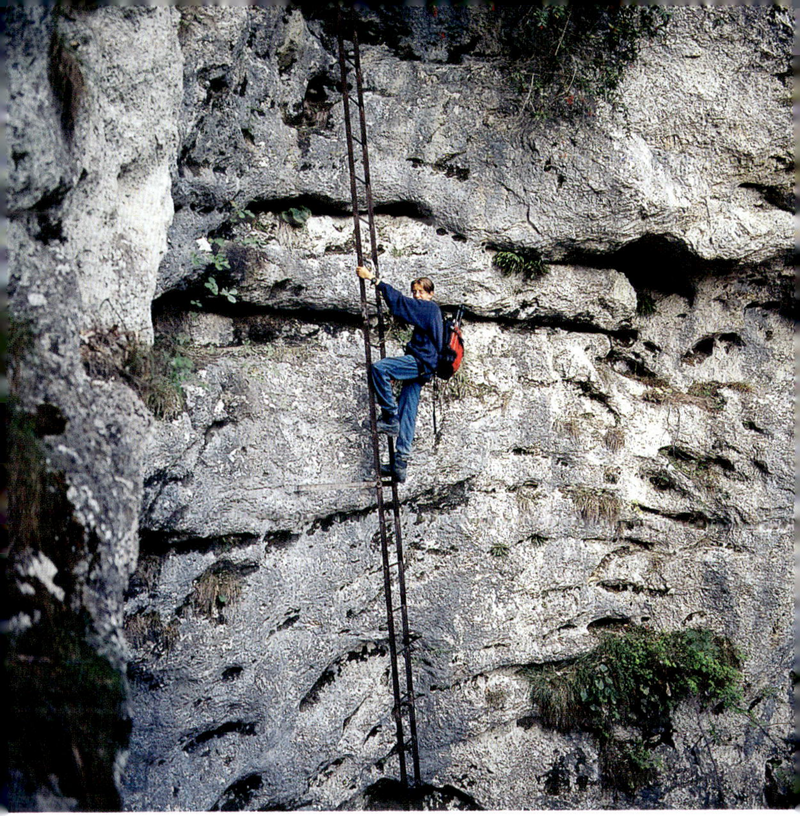

Die große Leiter am Rudolf-Decker-Steig.

Oberhalb der soeben durchstiegenen Steilwand nach rechts zur Brammertzrast queren, dann um eine Bergkante nach links herum zu einem querenden Weg. Auf ihm links empor in das sogenannte **»Türkenloch«** ❸, 700 m. Durch die 20 m lange gewundene Höhle (Drahtseil, Treppen) aufwärts und hinaus auf ein luftiges Band hoch über der Klamm. Nach Süden empor in bewaldetes Terrain und dort zu einer Verzweigung. Auf einem breiten Fußweg kurz nach links hinauf zu einer Anhöhe mit Quellfassung, 750 m, und jenseits nach Südosten abwärts zum Gasthaus Jagasitz am **Kreuthsattel** ❹, 710 m, wo sich ein eindrucksvoller Schneebergblick bietet!
Wieder zurück zur Verzweigung nach dem »Türkenloch«. Dort den breiten Weg geradeaus abwärts in die Steinwandklamm. Durch sie zurück zum **Parkplatz** ❶.

↗ 550 m | ↘ 550 m | 9.2 km

21 Almesbrunnberg, 1079 m

3.15 h

Gehschule von Wiens Bergsteiger-Nachwuchs

Im Bereich der Steinwandklamm gibt es neben dem exponierten Rudolf-Decker-Steig (Tour 20) auch völlig harmlose Ziele. Etwa den Almesbrunnberg, der als »Luginsland« wegen starker Bewaldung zwar keine Lorbeeren verdient, sich aber sonst zum Wandern hervorragend eignet. Mit dem Anstieg durch die Steinwandklamm und dem Rückweg über den Kreuthsattel ergibt das eine unterhaltsame Rundtour, die einem die ganze Romantik der »Gutensteiner Landschaft« offenbart.

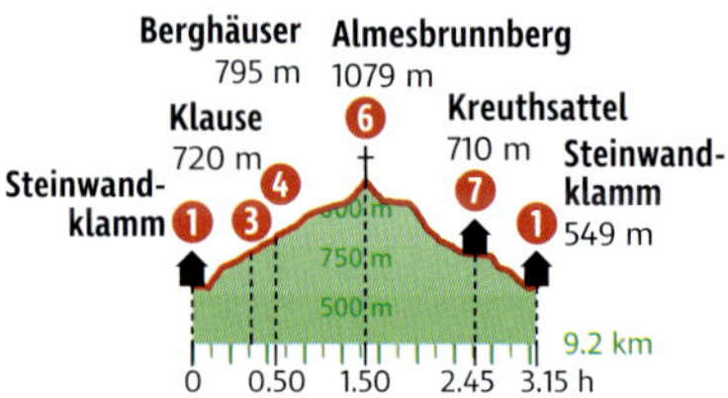

Ausgangspunkt: Parkplatz Steinwandklamm, 549 m, bei der Jausenstation Reischer am Ende der Straße durch den Steinwandgraben (siehe Tour 20).
Anforderungen: Einfache Wanderung, jedoch Trittsicherheit nötig.
Einkehr: Jausenstation Reischer, Gasthaus Jagasitz am Kreuthsattel (siehe Tour 20).
Hinweis: Vom bewaldeten Gipfel des Almesbrunnberges keine Rundsicht.

Vom **Parkplatz** ❶ auf dem bez. Weg hinab zum Bach und neben ihm, sich links haltend, taleinwärts zum Beginn der Steinwandklamm (Mautstelle, Spendenkasse). Durch sie über Holzstege und -treppen aufwärts zur Linksabzweigung des **Rudolf-Decker-Steiges** ❷. Durch die Klamm weiter, bis sie in einen Waldgraben ausläuft. Diesen in Nordwestrichtung aufwärts

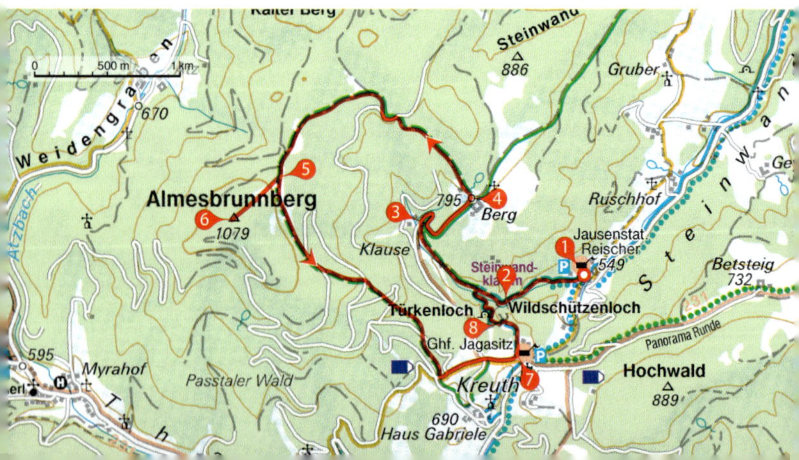

zur querenden Naturstraße an der **»Klause«** ③, 720 m, im oberen Steinwandgraben (Privathaus unter einer Felswand). Die grün bez. Straße nach rechts (Nordosten) empor zur Wiesenschulter bei den **Berghäusern** ④, 795 m, mit einem Brunnen. Links den bez. Karrenweg durch Wald in Nordwestrichtung aufwärts zu einer querenden Forststraße. Diese 50 m nach links, dann rechts ab und auf dem Fahrweg im weiten Linksbogen durch Wald und über Wiesen nach Süden zu einer Verzweigung. Geradeaus den bez. Fußweg über eine Wiese zu einem **Sattel mit Hochstand** ⑤, 980 m, empor. Dort auf unbez. Steigspuren durch Wiesen und Wald nach rechts hinauf zum Gipfel des **Almesbrunnberges** ⑥, 1079 m.

Zurück zum **Sattel** ⑤ und dort den bez. Karrenweg über Wiesen und durch Wald nach rechts an den Südostrücken des Almesbrunnberges. Den Rücken steil hinab zu einer Naturstraße und diese über Wiesen eben nach links (Osten) zum Gasthaus Jagasitz am **Kreuthsattel** ⑦, 710 m, mit eindrucksvollem Schneebergblick! Hinter dem Gasthof auf einem bez. Weg durch Wald nach Nordwesten aufwärts, später abwärts zu einer Teilung. Rechts zum Steilabfall gegen die Steinwandklamm und dort einen Felsrücken hinab, dann links durch das gewundene **»Türkenloch«** (⑧; Drahtseil, Treppen) hinunter zu einer Verzweigung. Dort geradeaus abwärts in die Steinwandklamm und durch sie zurück zum **Parkplatz** ①.

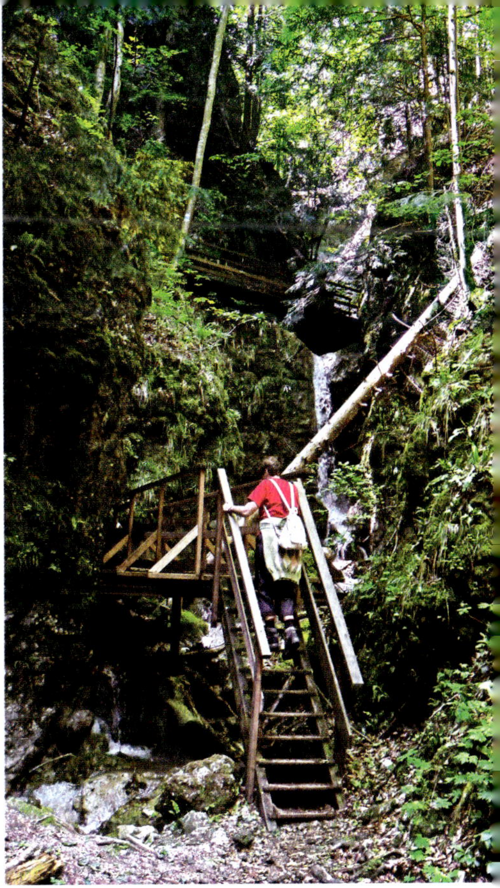

Holzstege und -treppen gestalten die Durchwanderung der Steinwandklamm überaus abwechslungsreich.

TOP

22

Gaisstein, 974 m

↗ 580 m | ↘ 580 m | 10.0 km

3.45 h

Stille Stunden am »Matterhorn« der Gutensteiner Alpen

Dass Höhe und Aussicht eher den Bekanntheitsgrad eines Berges bestimmen als Form und Gestalt, demonstriert der Gaisstein bei Furth im Triestingtal. Als östliche Randerhebung des Kieneck-Massivs fristet dieser markante Felsgipfel, das »Matterhorn« der Gutensteiner Alpen, ein erstaunliches Aschenbrödel-Dasein inmitten eines rege frequentierten Gebietes. Und das trotz des kurzweiligen Zugangs, der im reizenden Dorf Furth beginnt und durch Wiesen und Wälder auf eine Höhe leitet, die Kenner zumindest einmal, Fans sogar mehrmals im Jahr besuchen, getreu der Gipfelbuch-Eintragung: »Des Gaissteins trutziges Felshaupt werden wir oft noch erreichen, denn im Furthnerland hat er nicht seinesgleichen«!

Ausgangspunkt: Gasthof Zum Kirchenwirt im Ortszentrum von Furth, 422 m (Bushalt, Parkplätze), in einem südlichen Seitenast des Triestingtales, 6 km von Weißenbach, 362 m.

Anforderungen: Einfache Wanderung auf nur teilweise markierten Wegen. Im Gipfelanstieg Trittsicherheit nötig!

Einkehr: Gasthof-Pension Zum Kirchenwirt (16 B., 1.–15. Aug. geschlossen, sonst immer offen, Mi./Do. Ruhetag, Tel. +43 2674 88212). Unterwegs keine Einkehr!

Hinweise: An heißen Sommertagen wird von dieser Tour abgeraten. Vorsicht mit Kindern am Gipfel des Gaissteins (Felsabbrüche!).

Von **Furth** ❶ südwärts über den Further Bach und jenseits auf dem rot bez. Fußweg am rechten Rand einer Wiesenmulde nach Südwesten hinauf zum **Hof Amöd** ❷, 540 m, am Sattel zwischen Ruhberg und Kirchwaldstein. An einem Bildstock vorbei, nach rechts in den Wald und dort auf dem bez. Güterweg an den Abhängen des Kirchwaldsteins nach Westen aufwärts, später eben oder leicht bergab, schließlich um eine Ecke nach rechts herum in

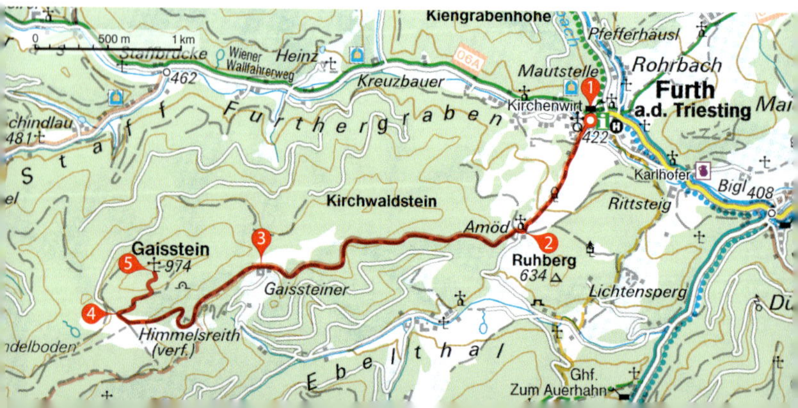

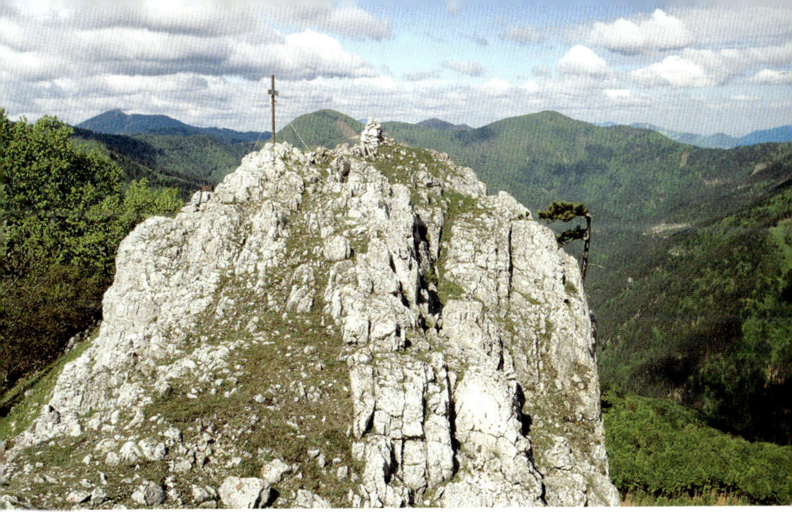

Der felsige Gipfelaufbau des Gaissteins.

eine Wiesenmulde mit erstem Blick hinauf zum Gaisstein. Westwärts quer über die Mulde, dann rechts am **Hof Gaissteiner** 3, 690 m, vorbei und wieder in den Wald. Dort an den felsdurchsetzten Hängen des Gaissteins anfangs auf einem Karrenweg, dann auf einem Steig in Südwestrichtung sanft bergauf zu einer Verzweigung und, sich links haltend, hinab zu einem querenden Fahrweg, 760 m, am Rand einer Waldwiese. Den unbez. Fahrweg nach rechts (Westen) hinauf zum verfallenen Hof Himmelsreith (Brunnen) und in einigen Windungen weiter zu den Wiesen am **Schindelbodensattel** 4, 830 m, zwischen Gaisruck und Gaisstein. Nach rechts unter die Südflanke des Gaissteins und dort zu einem Querweg. Geradeaus den mit Steinmännern bez. Jagdsteig (keine Farbmarkierung) durch Wald und Gesträuch steil nach Nordosten aufwärts und nach rechts zu einer felsigen Schulter mit Verzweigung. Links die steile, felsdurchsetzte Flanke nach Norden hoch, dann in langer Querung schräg nach links (Westen) bergauf, zuletzt steil nach rechts empor an den Westgrat und über ihn auf den baumfreien Gipfel des **Gaissteins** 5, 974 m, mit seinem überraschend freien Rundumblick auf Schneeberg, Rax- und Schneealpe (Süden), Kieneck, Unterberg, Reisalpe, Hochstaff und Muckenkogel (Westen), Araburg (Nordwesten), Schöpfl und Hocheck (Norden), Hoher Lindkogel und Anninger (Nordosten).

Abstieg auf der Anstiegsroute.

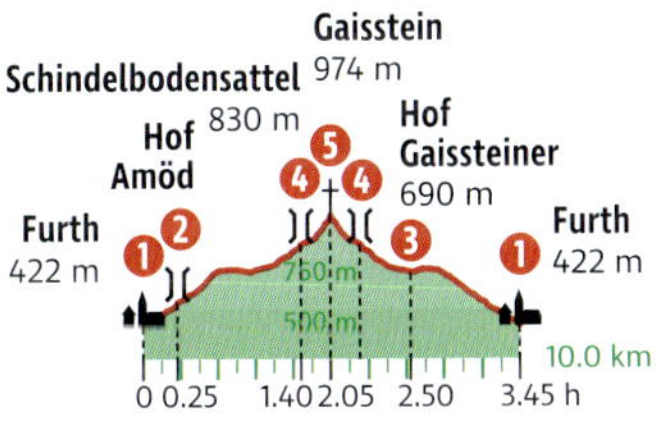

↗ 370 m | ↘ 370 m | 6.9 km

23 Myrafälle, Hausstein und Kreuthsattel

2.30 h

Ein Landschaftsjuwel bei Muggendorf

Es gibt wohl keinen Wiener, der nicht schon als Kind Bekanntschaft mit den Myrafällen gemacht hätte. Trotz Kraftwerk und Myratalstraße hat dieses Kleinod in den Gutensteiner Alpen seine Anziehungskraft bewahrt. Wir begnügen uns allerdings nicht mit seinem Besuch, sondern steigen noch weiter gegen den Kreuthsattel empor, wo uns ein unerwartet schöner Schneebergblick zuteil wird. Auch der Rückweg über Karnerwirt und Hausstein hat seine Reize und bildet den erlebnisreichen Ausklang der kleinen Rundwanderung.

Ausgangspunkt: Parkplatz Myrafälle, 475 m, beim Wassersammelbecken am Eingang in die Myraklamm, 250 m nördl. von Muggendorf, 450 m (Bushalt), 3 km von Pernitz, 430 m (Bus- und Bahnhalt).
Anforderungen: Leichte Wanderung auf bezeichneten Wegen.
Einkehr: Myrastube (keine Übernachtung, Mai bis Okt. täglich geöffnet, Montag ist Ruhetag; Nov., Dez., März und April Fr. bis So. geöffnet, Januar und Februar geschlossen Tel. +43 676 3966735 u. +43 676 3818546, www.myrastubn.at); Gasthof Karnerwirt (21 B., Ostern–Allerheiligen geöffnet, Mo. ab 14 Uhr bis Mi. Ruhetag, im Juli/Aug. nur Di. Ruhetag, Allerheiligen–Ostern Sa., So. u. Feiertag geöffnet, Tel. +43 2632 74307); Gasthaus Jagasitz am Kreuthsattel (siehe Tour 19).

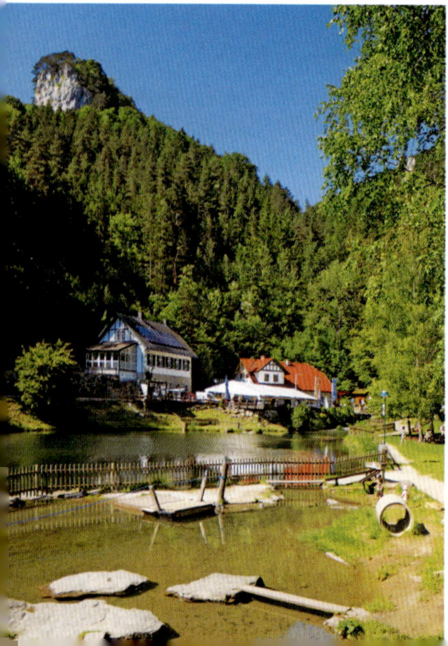

Vom **Parkplatz Myrafälle** ❶ nordwärts über den Bach zur Myrastube und weiter zum Klamm-Eingang. Dort auf dem bez. Weg über Holzstiegen und -stege, die Myra mehrmals querend, zwischen Felsblöcken aufwärts und nach rechts zur **Unterberg-Straße** ❷, 530 m. Diese 130 m nach rechts (!), dann an einem Holzkreuz links den Weg Nr. 231 unter den Hirschwänden im Wald steil nach Norden hoch. Später durch einen Graben und schließlich auf einer Asphaltstraße über Wiesen hinauf zum **Kreuthsattel** ❸, 710 m, mit Schneebergblick und dem Gasthaus Jagasitz. Auf der unbez. Naturstraße über Wiesen eben nach Westen,

Das Wasserbecken am Eingang in die Myraklamm, überragt vom Hausstein.

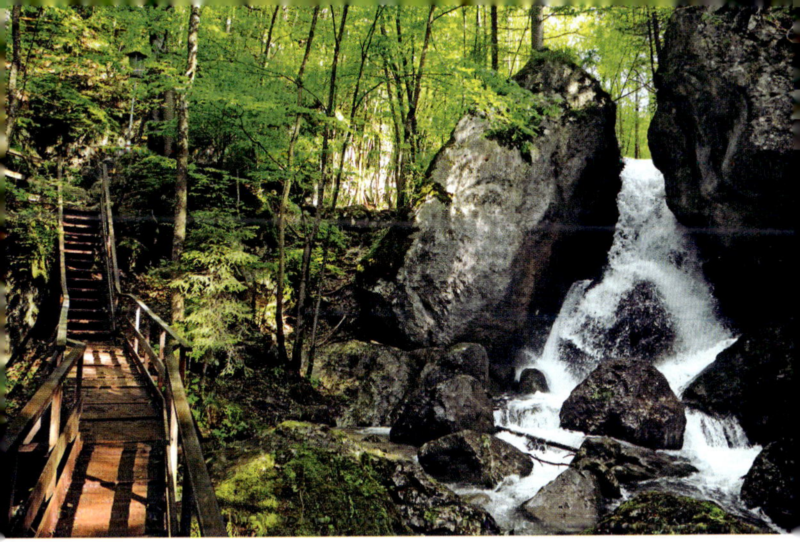

Die Myrafälle bei Muggendorf, ein beliebtes Ausflugsziel im Umfeld von Wien.

dann durch Wald nach Süden hinunter zur Straße im Tal der Myra. Die Straße 50 m nach rechts zum **Gasthof Karnerwirt** ④, 570 m. Vom Verzweigungspunkt knapp östlich des Hauses auf einem Serpentinensteig einen steilen Waldhang nach Süden hoch in den Sattel der **Haussteinwiese** ⑤ und dort zur Wegteilung am Wiesenrand. Links im Wald steil nach Osten empor und nach rechts zum Gipfel des **Hausstein** ⑥, 664 m.

Zurück in den Sattel der **Haussteinwiese** ⑤. Bei einer Bank links den bez. Steig im Wald nach Süden abwärts, dann rechts ab und zu einer Schulter queren. In Richtung Süden weiter bergab, später auf einem Fahrweg im Linksbogen nach Muggendorf. Dort links ab und auf der Straße nordwärts zum Wasser-Sammelbecken (Myrastube) beim **Parkplatz Myrafälle** ①.

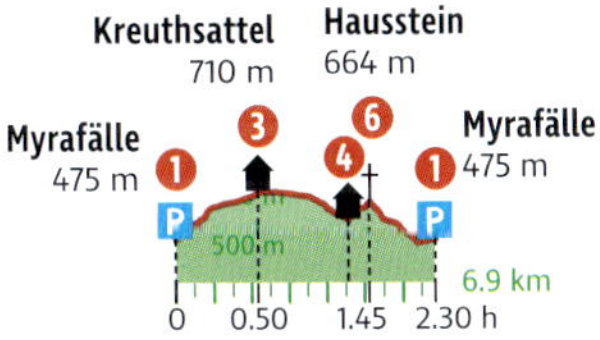

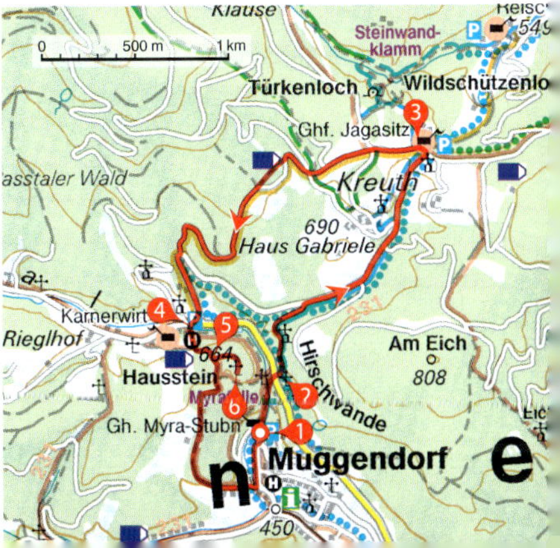

↗ 820 m | ↘ 820 m | 15.6 km

24 Kieneck, 1107 m

5.00 h

Lange Kammwanderung auf einen populären Wiener Hausberg

Mit Hocheck, Reisalpe und Unterberg gehört das Kieneck zu den markantesten Erhebungen der Gutensteiner Alpen. Dass diese Gipfel Schutzhäuser tragen, unterstreicht auch ihre Bedeutung als leicht erreichbare Tourenziele. Die Überschreitung des dicht bewaldeten Kieneckmassivs bringt in erster Linie dem naturliebenden Wanderer genussreiche Stunden, denn in puncto Rundsicht gebührt die Krone fraglos dem etwas höheren Unterberg.

Ausgangspunkt: Thal, 595 m, Parkplatz beim ehem. Gasthof Leitner, Streusiedlung oberhalb der Myrafälle, an der Mündung des Viehgrabens in das Tal der Myra, 6 km von Pernitz, 430 m (Bahn- und Bushalt).
Anforderungen: Lange, anstrengende, aber leichte Wanderung. Gut bezeichnete Wege.
Einkehr: Enzianhütte (14 B., 15 L., von März bis Nov. geöffnet, Tel. +43 676 7829081, www.kieneck.at). Achtung, der ehemalige Gasthof Leitner in Thal ist geschlossen!

Die Enzianhütte am Gipfel des Kienecks.

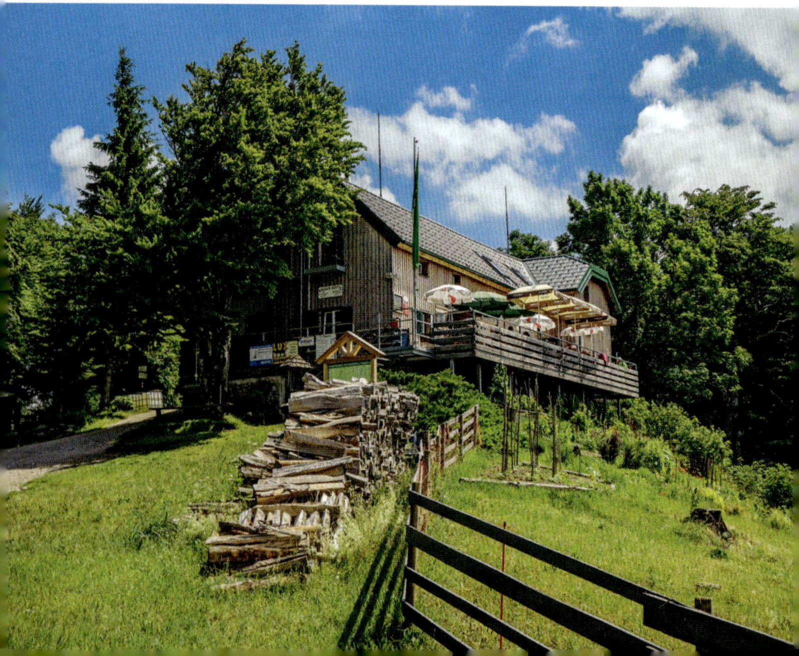

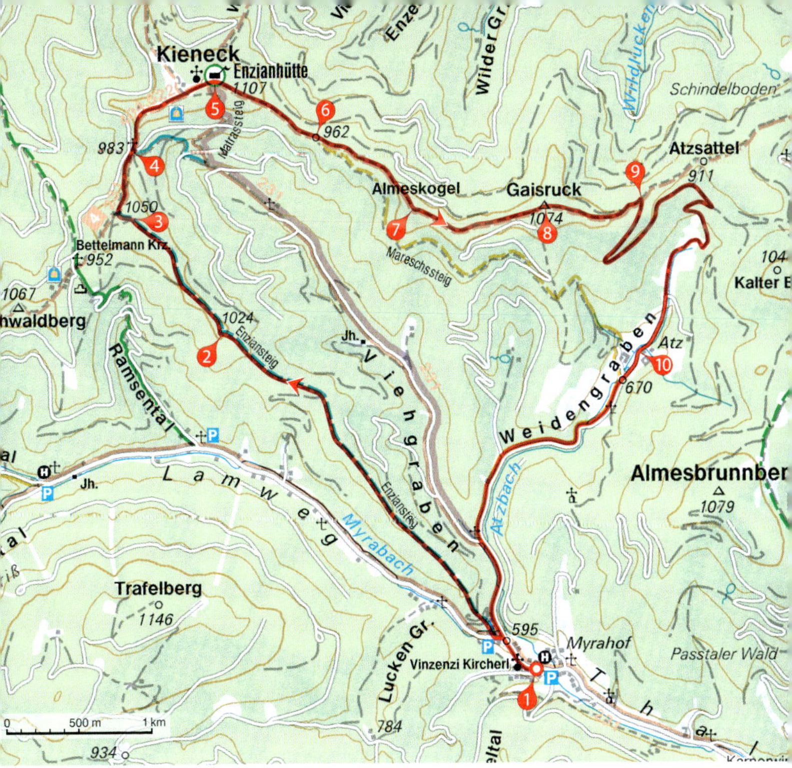

Vom Parkplatz in **Thal** 1 entlang der Asphaltstraße an das westliche Ortsende. Dort gleich nach der Myrabrücke scharf rechts ab und den blau bez. Enziansteig in Kehren nach Norden empor auf einen ausgeprägten Waldrücken, der Myratal und Viehgraben trennt. Diesen über drei Erhebungen hinweg in Richtung Nordwesten aufwärts, zuletzt steil empor zu einer licht bewaldeten **Höhe** 2, 1024 m. Hinab in einen Sattel, 1010 m, dann über eine Waldkuppe hinweg in die nächste Senke und jenseits sanft aufwärts zu einer **Erhebung** 3, 1050 m, am Höhenrücken Kieneck Unterberg. Hinab zum rot bez. Fahrweg Nr. 4, 206, 231, 404, 622 und diesen

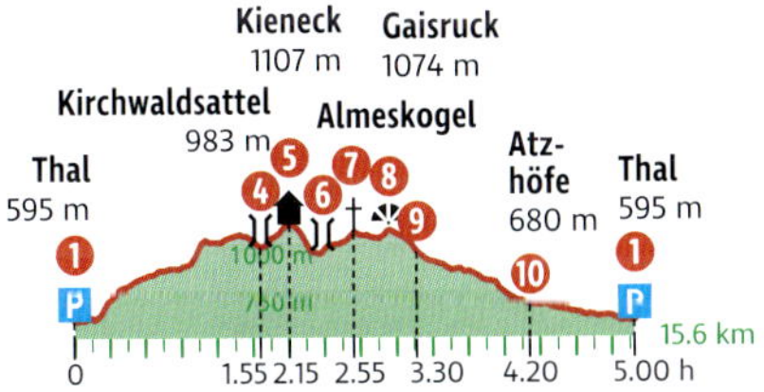

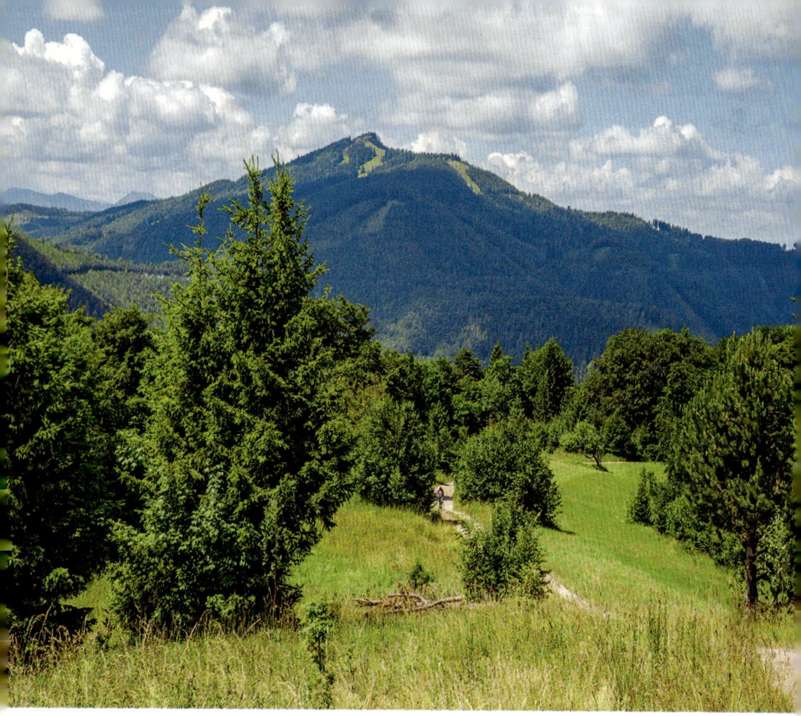

Der Unterberg vom Kieneck aus betrachtet.

rechts hinab in den **Kirchwaldsattel** 4, 983 m. Geradeaus die Schotterstraße durch lichten Wald hinauf, später über schöne Wiesen am Kamm nach Nordosten empor zur Enzianhütte am Gipfel des **Kienecks** 5, 1107 m. Den rot bez. Weg am bewaldeten Südostrücken des Berges anfangs sanft, dann steil hinunter und über eine Erhebung hinweg in einen **Sattel** 6, 962 m, mit Rechtsabzweigung des Mareschsteigs. Jenseits teils steil hoch zum Gipfel des **Almeskogel** 7, 1065 m, mit Blick zurück zum Kieneck. Am schmalen Waldkamm ostwärts nahezu eben weiter in einen Sattel, 1055 m, und zuletzt steil hinauf zum **Gaisruck** 8, 1074 m.
Am Ostrücken vorerst sanft, dann steil hinunter zu einer **Schulter** 9, dort die stark begraste Forststraße scharf nach rechts. Die unbez. Straße in einer weit ausholenden Kehre nach Südosten abwärts in den oberen Weidengraben, dort in Windungen und Kehren bergab zu den Atzwiesen. Über diese mit schönem Schneebergblick in Richtung Süden sanft bergab zu den **Atzhöfen** 10, 680 m. Auf der Asphaltstraße den Graben in einer langen Wanderung fast eben talauswärts, später im Viehgraben weiter nach **Thal** 1.

↗ 760 m | ↘ 760 m | 12.5 km

4.15 h

Unterberg, 1342 m, von Osten

TOP 25

Klassisches Wanderziel im Herzen der Gutensteiner Alpen

Als zwar nicht höchster, aber zentral gelegener Gipfel im Reich der Gutensteiner Alpen ist der Unterberg ein Sommer wie Winter (Skigebiet) gleichermaßen geschätztes Ziel. Seine Besteigung vom Parkplatz Myralucke über das Unterberg Schutzhaus ist das wohl beliebteste Unternehmen in seinem Bereich. Mit Abstieg über Kirchwaldberg, Bettelmannkreuz und Ramsental wird eine unterhaltsame Runde geboten, gekrönt von einem der prächtigsten Gipfelpanoramen in den Wiener Hausbergen.

Ausgangspunkt: Parkplatz Myralucke, 670 m, nahe der Mündung des Drahtales in das Myratal, 10 km von Pernitz 430 m (Bahn- und Bushalt), 7 km von Muggendorf, 450 m (Bushalt).
Anforderungen: Einfache Wanderung auf bez. Fahr- und Fußwegen. Viel begangen!
Einkehr: Unterberg Schutzhaus (19 B., 30 L., 10./15. Nov.–5./10. Dez. geschlossen, Mo./Di., wenn Feiertag Di. Ruhetag, Tel. +43 2632 74190, www.unterberg-schutzhaus.at).
Variante: Vom Bettelmannkreuz kann auf Weg Nr. 231 und 622 lohnend das Kieneck, 1107 m, bestiegen werden (siehe Tour 24); zusätzlich 1.30 Std.
Hinweis: Vorsicht mit Kindern am Unterberg-Gipfel, Felsabbruch nach Norden!

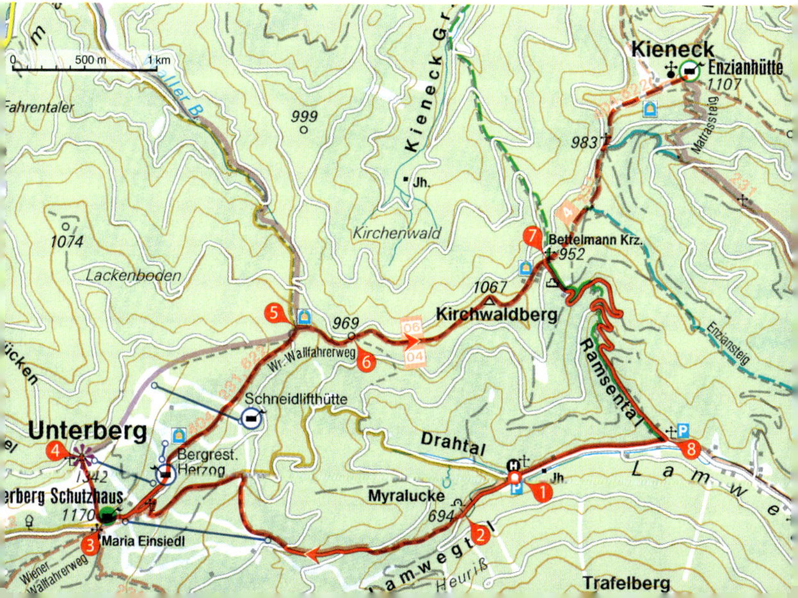

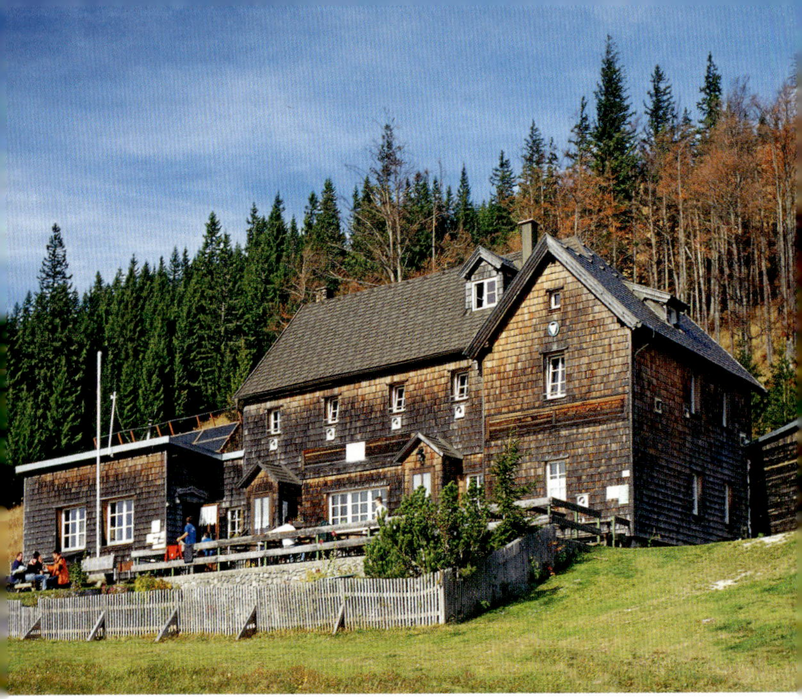

Das ÖTK-Schutzhaus südlich unterm Gipfel des Unterbergs.

Vom **Parkplatz Myralucke** ❶ auf der rot bez. Forststraße durch das bewaldete Myratal nach Westen taleinwärts zur **»Myralucke«** ❷, 694 m, wo der Myrabach aus einem Felsloch zutage tritt. Halbrechts ab und auf dem bez. Karrenweg an den Waldhängen der rechten Talseite nach Westen aufwärts zu einer querenden Forststraße. Diese 100 m nach links, dann rechts auf einem Fahrweg an den Hängen entlang nach Nordwesten aufwärts zu einer Skipiste. Auf ihr (Schneebergblick!) in Richtung Norden bergauf zu einem querenden Güterweg, 1015 m, und diesen in einer langen Hangquerung südwestwärts hoch, zuletzt in zwei Kehren zum Fahrweg Nr. 04, 06, 231, 622. Auf ihm nach links empor auf das Unterberg-Plateau mit dem **Unterberg Schutzhaus** ❸, 1170 m. Knapp westlich des Hauses zieht eine breite Waldschnei-

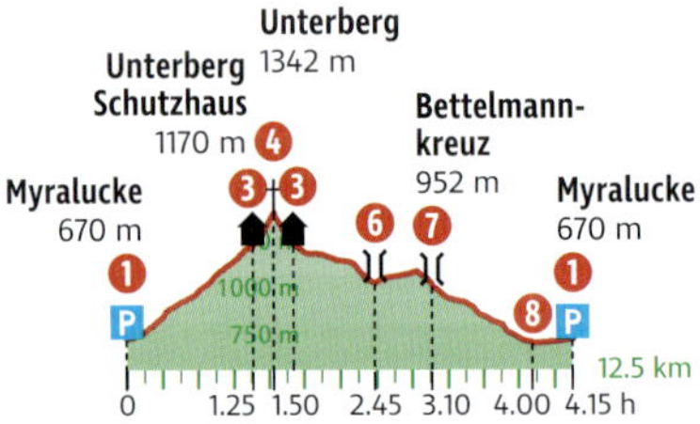

se gegen den Gipfelkamm hinauf. An ihrer rechten Seite steil und direkt hinauf zum höchsten Punkt des **Unterberges** ❹, 1342 m.
Zurück zum **Unterberg Schutzhaus** ❸. Den Fahrweg Nr. 04, 06, 231, 622 an den Südhängen des Berges durch Wiesen und Wald in Nordostrichtung zunächst eben, dann bergab, später Skipisten und Liftanlagen kreuzend, an den Nordostrücken des Berges. Über ihn steiler bergab zur Linksabzweigung des gelb bez. **Weges nach Adamstal** ❺. Geradeaus den Karrenweg Nr. 04, 06, 231 und 622 über den Waldrücken nach Osten abwärts in eine Senke (Kruzifix) und auf dem Fußweg weiter in einen **Sattel** ❻, 969 m. Am licht bewaldeten Höhenrücken mit Schneebergblick über einige Erhebungen hinweg aufwärts in den Sattel vor dem felsigen, großteils baumfreien Kirchwaldstein. Gegen diesen hinauf, dann, den Gipfel links (westlich) eben umgehend, an den bewaldeten Nordostrücken und über diesen hinab in den Sattel beim **Bettelmannkreuz** ❼, 952 m.
Rechts ab und auf der Forststraße nach Südosten hinab zu einer schönen Waldwiese, danach durch das waldreiche Ramsental in Kehren (grün bez. Abkürzer) nach Süden hinunter und zuletzt in einer langen Geraden zur Asphaltstraße im **Myratal** ❽, 647 m, bei einem Parkplatz und der modernen Hubertuskapelle. Auf der Straße nach rechts und 1,5 km taleinwärts zurück zum **Parkplatz Myralucke** ❶.

Unterwegs vom Unterberg Schutzhaus zum Bettelmannkreuz. Blick zum Kirchwaldstein.

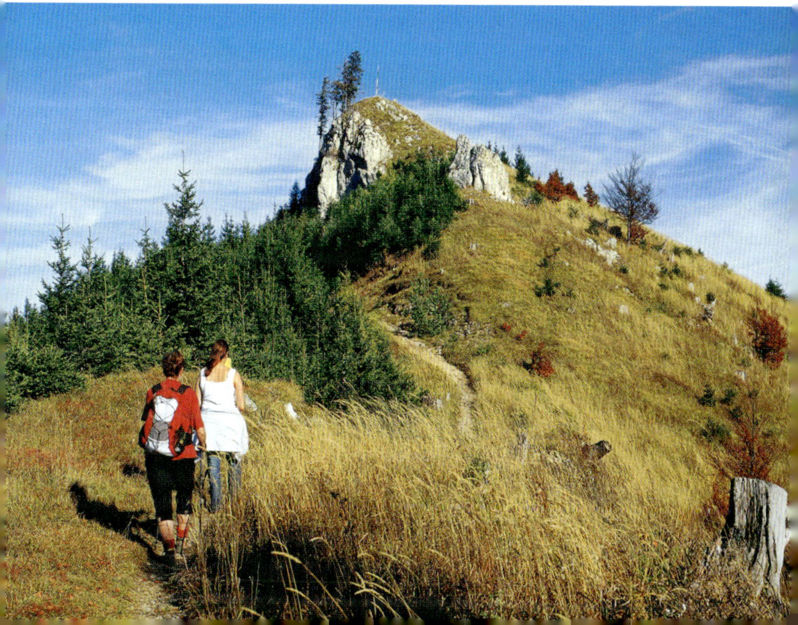

↗ 340 m | ↘ 340 m | 8.6 km

26 Mariahilfberg, Residenzberg-Runde

3.00 h

Idyllisch gelegener Wallfahrtsort inmitten der Gutensteiner Alpen

Böse Zungen behaupten, der Ruhm Gutensteins als attraktive Sommerfrische nahe Wien sei verblasst, längst vorbei. Da ist sicher etwas Wahres dran, denn wer heute einen der Wanderwege rings um den Ort begeht, trifft immer wieder auf Zeichen des Verfalls. Doch gibt es auch Winkel, die ihren einstigen Ruf bewahrt haben. Etwa der Mariahilfberg und seine berühmte Wallfahrtskirche oder die nach wie vor beliebte Residenzberg-Runde mit ihren vielen kleinen Sehenswürdigkeiten.

Ausgangspunkt: Ortszentrum (Kirche) von Gutenstein, 481 m, im inneren Piestingtal. Parkplätze.
Anforderungen: Einfache Wanderung auf nicht immer gut bezeichneten Wegen.
Einkehr: Gasthöfe in Gutenstein und am Mariahilfberg.
Hinweis: Der Mariahilfberg ist von Gutenstein aus auch mit dem Auto erreichbar, 3 km.

Von der Kirche in **Gutenstein** ❶ über die Piesting zur Volksschule. Dort nach links (Osten) zur Rechtsabzweigung der Straße in das Längapiestingtal. Auf ihr sogleich zur Weggabelung bei einem schönen Holzkreuz. Auf dem bez. Fußweg (Nr. 231), an Kreuzwegstationen vorbei, durch Wald nach Südwesten hinauf zu dem am Wiesensattel vor dem Residenzberg gelegenen Wallfahrtsort **Mariahilfberg** ❷, 708 m.
Residenzberg-Runde: Von der Wallfahrtskirche auf dem Promenadenweg, an großen gemauerten Kreuzwegstationen vorbei, quer durch die bewaldete Südflanke des Residenzberges eben nach Südwesten zum **Heiligen Grab** ❸, 685 m (14. Station). Zurück zur 8. Station, 720 m, dort nach links

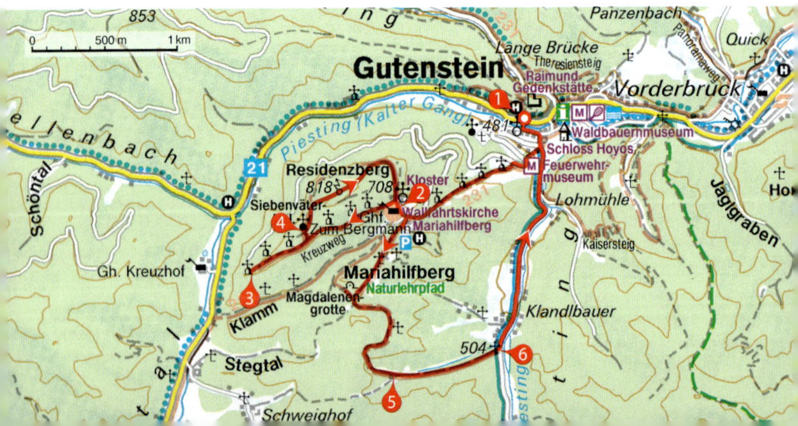

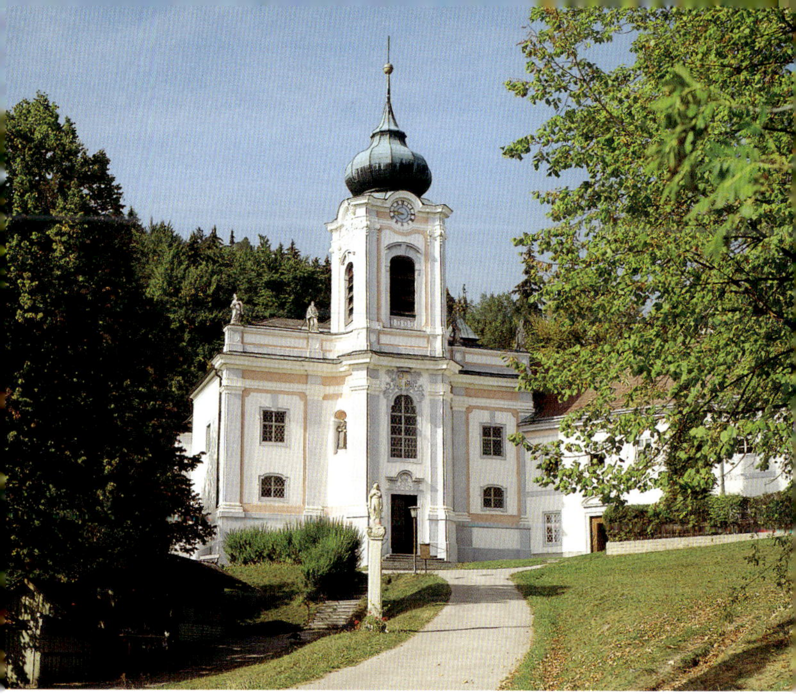

Die barocke Wallfahrtskirche Mariahilfberg.

hinauf zu einer Schulter (links geht es zum nahen Raimundsitz) und unter einem Felsgrat nach rechts empor an den Südwestkamm des Residenzberges mit der **Siebenväterkapelle** ❹, 760 m. Jenseits in die Nordseite und dort unter den Wänden entlang durch Wald (Rechtsabzweigung zur Peregrinihöhle mit der Einsiedlerklause) eben zum Marktblick auf Gutenstein. Nun auf einem Fahrweg nach rechts (Süden) hinab nach **Mariahilfberg** ❷. Vom Großparkplatz am Mariahilfberg auf einem breiten Weg (»Naturlehrpfad«) einen Waldrücken nach Südwesten zu einer Verzweigung (nach rechts zur nahen Magdalenengrotte). Links einen unbez. Weg (»Fitness-Parcour«) durch Wald abwärts, dann nach rechts (Süden) hinunter in den **Schaftersbachgraben** ❺, 560 m. Dort auf dem querenden Fahrweg talauswärts zur Asphaltstraße im **Längapiestingtal** ❻, 504 m, und auf dieser nordwärts zurück nach **Gutenstein** ❶.

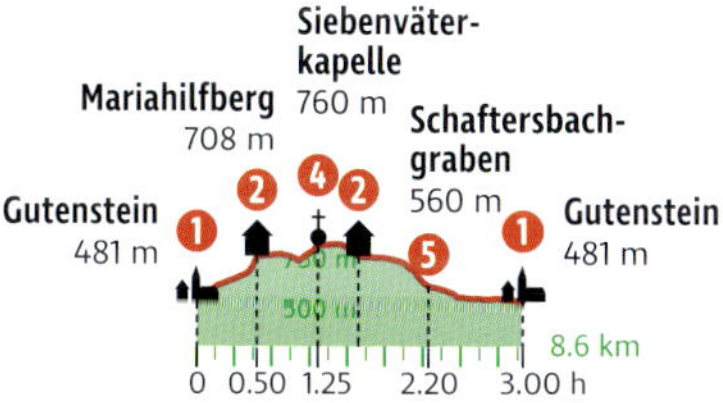

↗ 580 m | ↘ 580 m | 11.6 km

27 Um Schober und Öhler

3.45 h

Wanderfreuden zwischen Piesting- und Sierningtal

Ohne eigenes Fahrzeug kommt man gar nicht so leicht zum Zinsensteinerhof im inneren Längapiestingtal, wo unsere Wanderung beginnt und endet. Die beiden Waldkegel Schober und Öhler gehören zwar noch zum Massiv der Dürren Wand, man bewegt sich aber schon im Nahbereich des Schneeberges, dessen mächtigen Flanken man bei der malerischen Schoberkapelle erstmals gegenübersteht. Dann geht es an der Sierningtalseite weiter zum Öhlerschutzhaus, wo wir uns eine kräftige Brotzeit verdient haben. Ein problemloser Rückweg ins Längapiestingtal beschließt das Unternehmen.

Ausgangspunkt: Zinsensteinerhof, 587 m, im inneren Längapiestingtal, 5 km von Gutenstein, 481 m. Kleiner Parkplatz.
Anforderungen: Leichte Wanderung auf bez. Wegen und Bergstraßen.
Einkehr: Öhlerschutzhaus (48 B., 1. März–31. Okt. geöffnet, außer feiertags Mo./Di. Ruhetag, Nov. bis Feb. Je nach Schneelage Do. bis So. geöffnet Tel. +43 2636 3225 und +43 650 4964945); Jausenstation Schoberalm (keine Übernachtung, 15. Mai–30. Sept. Sa./So. geöffnet).
Variante: Schober und Öhler können wie bei Tour 40 von der Schoberkapelle zum Öhlerschutzhauas auf bez. Steig lohnend überschritten werden.

Vom **Zinsensteinerhof** ❶ auf einer Forststraße das Längapiestingtal nach Südwesten taleinwärts zu einer Verzweigung. Am linken Rand einer Wiese hinauf, später einen Hohlweg westwärts empor zum **Gobenzsattel** ❷, 750 m. Jenseits links einer schmalen Wiese hinab zu einer Forststraße, 675 m. Von ihr sogleich links ab und auf dem »Diebssteig« durch Wald in

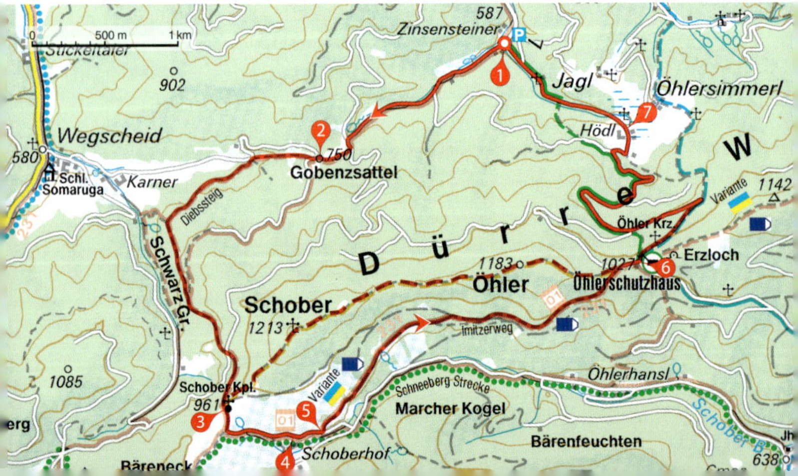

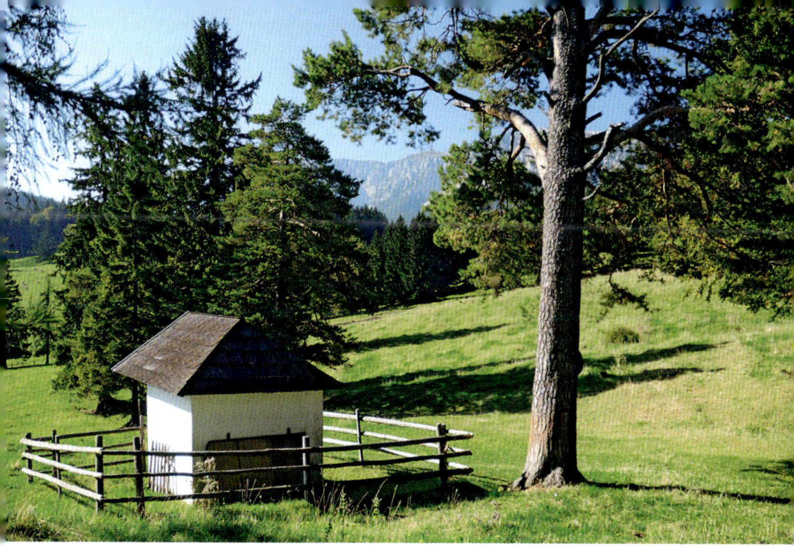

Lädt zur Rast ein: die Kapelle am Schobersattel.

stetem Auf und Ab nach Südwesten, später links in den Schwarzgraben. Dort an bewaldeten Hängen entlang nach Süden aufwärts in den Sattel zwischen Bäreneck rechts und Schober links mit der **Schoberkapelle** 3, 961 m, und Schneebergblick. Jenseits über die Wiesen der Schoberalm nach Süden abwärts zu einer Verzweigung (rechts zum Ghf. Mamauwiese) und links auf der Naturstraße – an der etwas tiefer gelegenen **Jausenstation Schoberalm** 4, 920 m, und einem Brunnen vorbei – in Ostrichtung abwärts zur Verzweigung am Waldrand 5. Links auf dem Fahrweg Nr. 231, später auf einem bez. Fußweg (»Imitzerweg«) quer durch die bewaldete Südflanke des Schober, dann unterhalb der Felsabstürze des Öhler aufwärts in den **Öhlersattel**, 1027 m, mit dem **Öhlerschutzhaus** 6.
Auf dem blau bez. Karrenweg in die bewaldete Nordflanke der Dürren Wand hinein und dort zum Öhlerkreuz. In Nordostrichtung weiter abwärts zu einer scharfen Linkskurve des Fahrwegs. Auf diesem (!) durch Wald in Kehren nach Norden hinunter zur **Straßengabelung** 7 (Tafel) noch vor den Wiesen beim Hödlhof. Links entlang der Forststraße ein Stück bergauf, dann rechts ab (Tafel) und auf grün bez. Steig nordwestwärts hinab in einen Graben mit Straße. Auf ihr links haltend zurück zum **Zinsensteinerhof** 1.

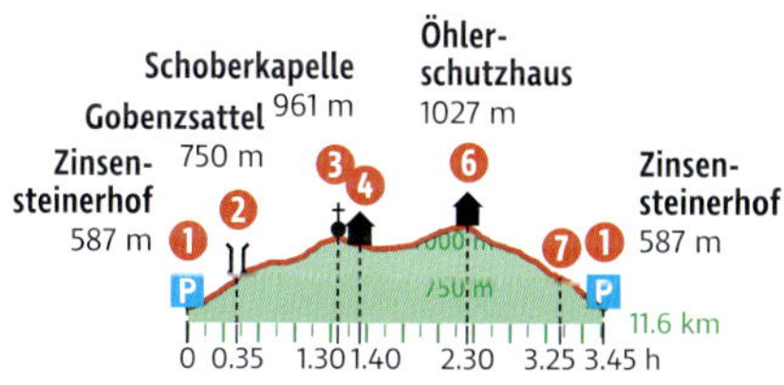

↗ 600 m | ↘ 600 m | 8.1 km

28 Großer Neukogel, 1053 m

3.15 h

Beglückendes Naturerlebnis trotz fehlender Gipfelschau

Von Gutenstein führt ein bestens markierter, steiler Jagdsteig auf die dicht bewaldete Höhe des Großen Neukogels. Bezeichnenderweise auf einen Gipfel ohne jede Rundsicht, denn das Gebiet gilt als streng gehütetes Forst- und Jagdrevier. Trotzdem ist eine Besteigung des Berges lohnend, entschädigen doch der abwechslungsreiche Anstieg, die von diversen Lichtungen gebotenen Ausblicke zur malerischen Gutensteiner Landschaft und eine noch intakte Natur überreichlich!

Ausgangspunkt: Kirche im Ortszentrum von Gutenstein, 481 m, am Oberlauf der Piesting. Parkplätze.
Anforderungen: Leichte Bergtour. Steiler, gut bez., im oberen Teil etwas verwachsener Steig.
Einkehr: Gasthöfe in Gutenstein. Unterwegs keine Einkehr!
Sehenswertes: Das Grab des Volksdichters Ferdinand Raimund in Gutenstein.

Von der Kirche in **Gutenstein** ❶ über die Piesting zur Volksschule. Dort die querende Straße am Bach entlang nach links (Osten) und, an der Rechtsabzweigung in das Längapiestingtal vorbei, zum Schloss Gutenstein. Weiter durch die Lorbeergasse zum Ortsteil Vorderbruck, 475 m, wo 40 m vor der Piestingbrücke der grün bez. Steig auf den Großen Neukogel rechts abzweigt ❷. Auf dem Serpentinensteig über den bewaldeten Nordrücken des Berges aufwärts zu einer Quellfassung und steil weiter zu einer Anhöhe. Etwas abwärts, dann einige Kammerhebungen rechts umgehend,

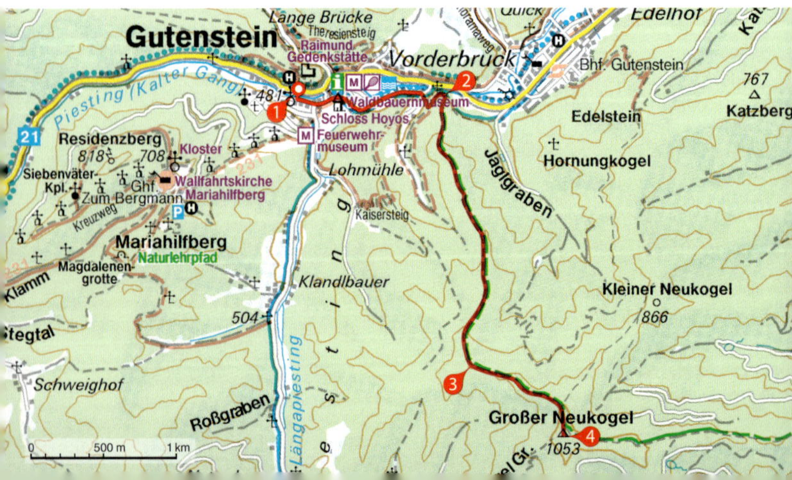

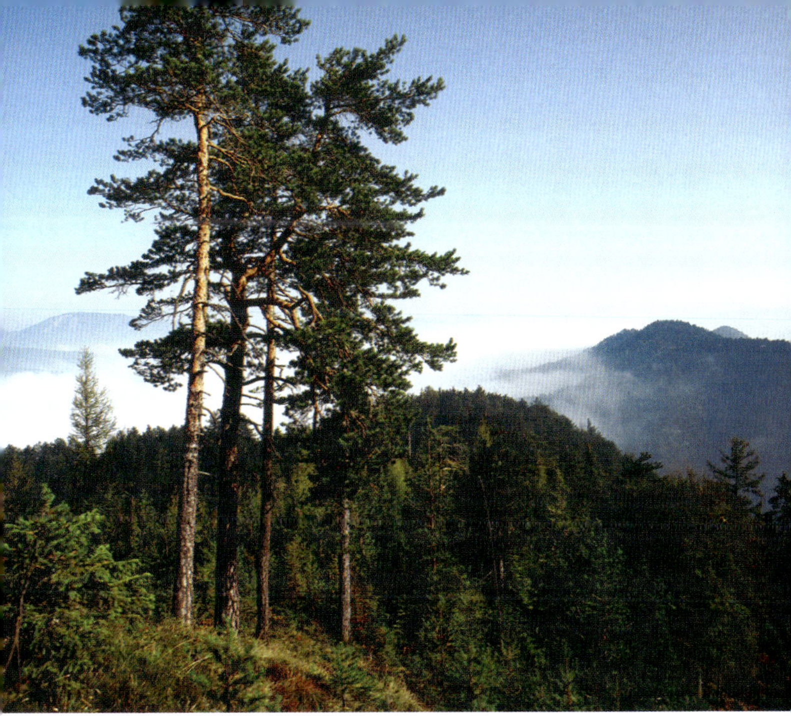

Im Anstieg zum Großen Neukogel.

eben zu einer kleinen Felskanzel mit Blick zum Mariahilfberg und in einen Sattel. In der Westseite des Kamms durch Föhrenwald zu einer Wiese empor und weiter zu einer aussichtsreichen Lichtung am steilen Kamm mit Blick auf Jochart, Unterberg, Kieneck, Hocheck, Almesbrunnberg und Hohe Mandling sowie hinunter auf Gutenstein und zum Mariahilfberg. Im Fichtenwald empor zu einem **Vorgipfel** ❸, 904 m. Nun den Waldkamm in Ostrichtung etwas abwärts, dann hinauf zu einer baumfreien Anhöhe mit schöner Aussicht und in den Sattel vor dem Hauptgipfel. Auf dem bez. Steig in Südostrichtung ziemlich steil empor zum flachen Gipfelkamm und über diesen südwärts zum bewaldeten höchsten Punkt des **Großen Neukogels** ❹.

Auf demselben Weg zurück nach **Gutenstein** ❶.

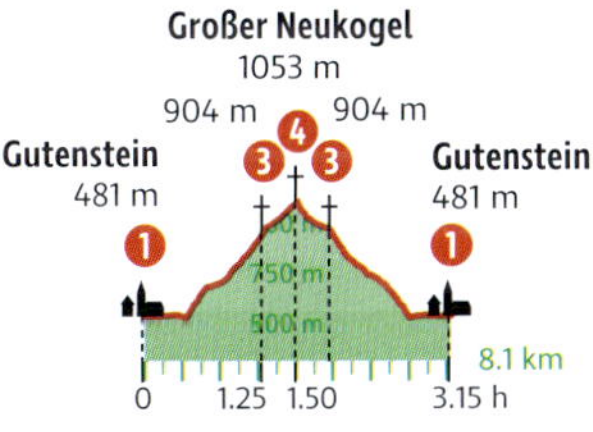

↗ 340 m | ↘ 310 m | 6.9 km

29 Großer Kitzberg

2.45 h

Bescheidener Waldberg an der Piestingtalenge

Unter den vielen Waldkuppen der Gutensteiner Alpen ist der Große Kitzberg trotz seines Adjektivs eine der niedrigsten und unscheinbarsten. Mit der Hohen Mandling formt er die Piestingtalenge zwischen Reichental und Pernitz. Südlich des Gipfels verbirgt sich eine baumfreie Mulde, in der das an Wochenenden geöffnete Rudolf-Fordinal-Haus der Alpinen Gesellschaft Alpenfreunde steht. Von dort überschaut man das schöne Miesenbachtal, wirft von einer luftigen Felskanzel den Blick hinunter zum Piesting-Durchbruch, bevor man sich für den kurzweiligen Abstieg nach Pernitz rüstet.

Großer Kitzberg (Mitte) und Schneeberg (Hintergrund) von der Hohen Mandling (Tour 30).

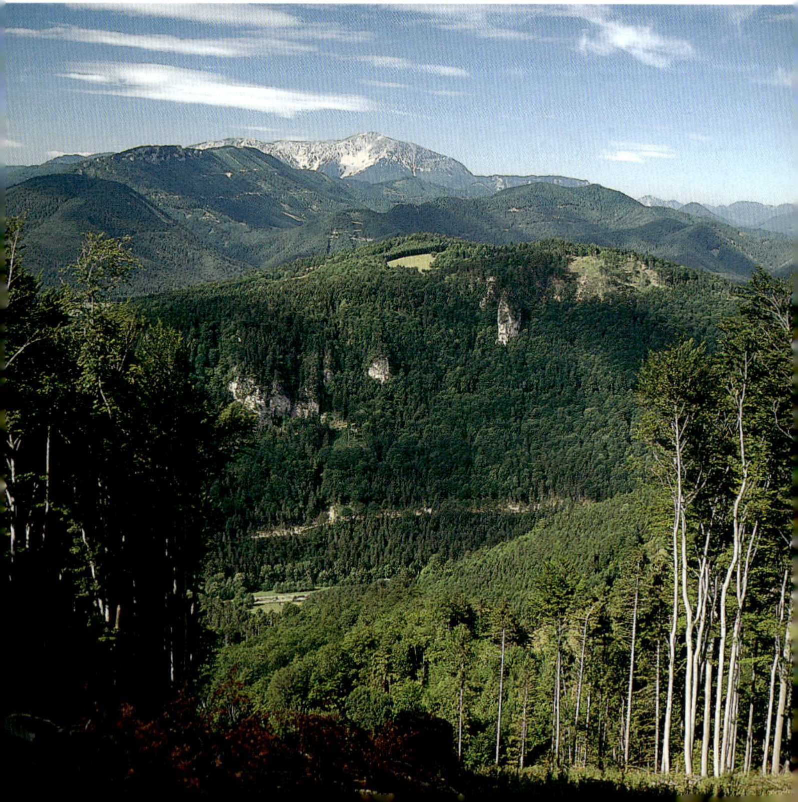

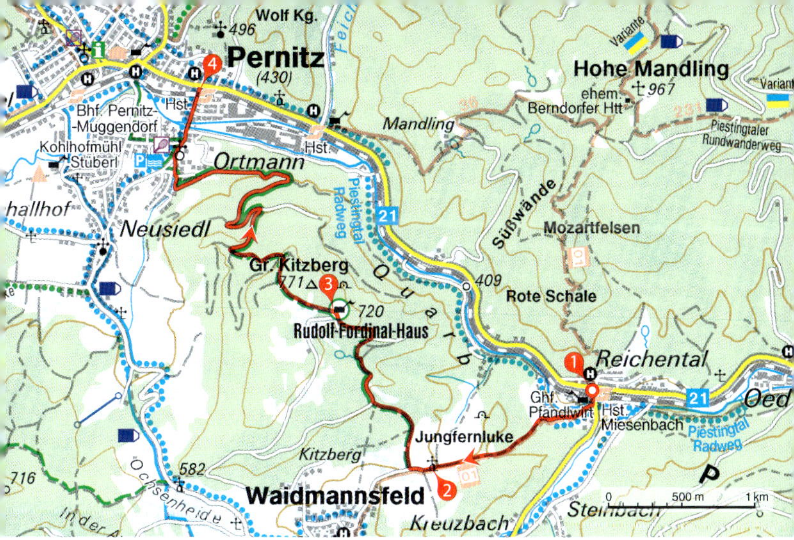

Ausgangspunkt: Bahnhof Miesenbach-Waidmannsfeld, 401 m, der Piestingtalbahn in Reichental, an der Mündung des Miesenbachtals ins Piestingtal. Parkplatz.
Endpunkt: Pernitz, 430 m, im Piestingtal, Bedarfshaltestelle »Wipfelhofstraße« der Piestingtalbahn. Mit der Bahn zurück nach Reichental (Züge mehrmals täglich, Fahrzeiten vorher erkunden!).
Anforderungen: Leichte Wanderung. Nicht immer gut bez. Wege.
Einkehr: Restaurant Pfandlwirt & bierpup in Reichental (keine Übernachtung, ganzj. geöffnet, Mi. Ruhetag, Tel. tel:+43/2632/72905; Rudolf-Fordinal-Haus (6 B., 64 L., Selbstversorgerhütte, nur Getränke, ganzj. Freitagmittag bis Sonntagabend geöffnet, Übernachtung nach Voranmeldung, Tel. +43 676 3400859 oder 01 982 43 99, www.alpenfreunde-wien.at).
Hinweis: Vom Rudolf-Fordinal-Haus kann man auf einem unbez. Weg, rechts am Haus vorbei, durch Wald nach Norden in wenigen Minuten zu einer Felskanzel, 720 m, am Gipfelkamm des Großen Kitzberges ansteigen (Tiefblick in die Piestingtalenge). Der bewaldete höchste Punkt (P. 771) des Berges bietet keine Rundsicht!

Vom Bahnhof Miesenbach-Waidmannsfeld in **Reichental** ❶ die Miesenbachtal-Straße nach Süden über die Piesting zur Rechtsabzweigung eines Sträßchens. Auf ihm westwärts, an einem Sägewerk vorbei, zum Hof Reichentaler. Gleich nach diesem links in den Wald und dort durch einen seichten Graben auf einem bez. Weg nach Westen empor, später eben zu einem **Wiesensattel** ❷, 505 m, mit Bildstock und Bank. Die Straße 130 m geradeaus

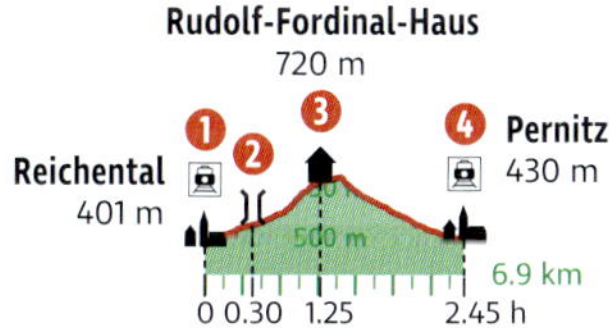

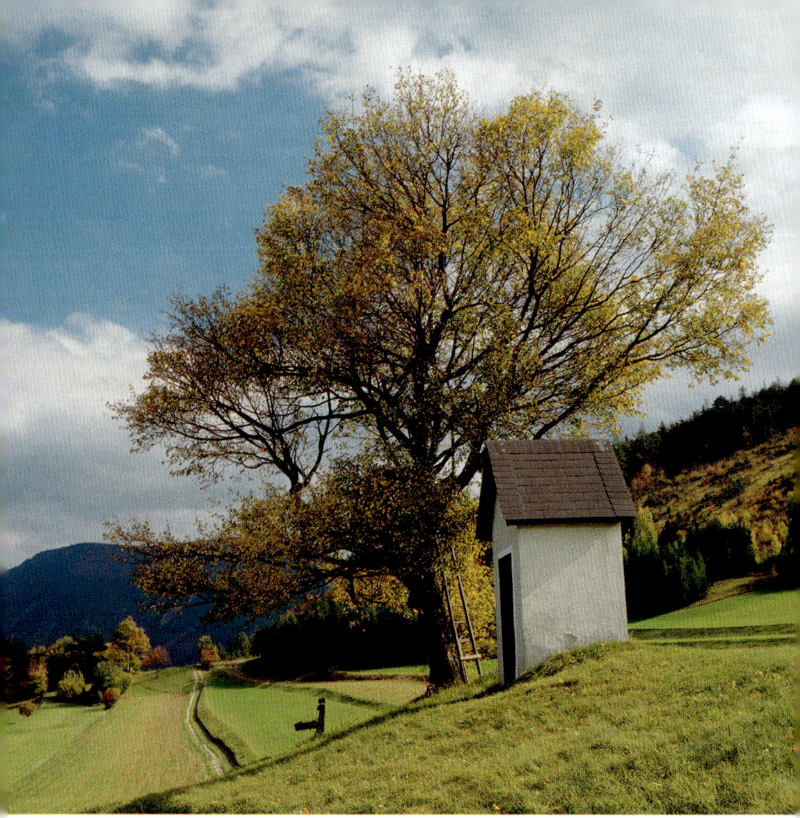

Malerischer Bildstock am Weg von Reichental auf den Großen Kitzberg.

weiter, dann auf dem Fahrweg über eine Wiese nach rechts (Norden) sanft aufwärts in den Wald und dort zu einer Verzweigung. Links den grün bez. Fahrweg in Windungen nach Nordwesten hinauf zu dem am Rand einer weiten Wiesenmulde gelegenen **Rudolf-Fordinal-Haus** 3, 720 m.

Der Weiterweg nach Pernitz führt, links an der Hütte vorbei, auf einem bez. Steig geradeaus in die Südseite des Großen Kitzberges hinein. Dort durch Wald und über Wiesen nach Nordwesten sanft aufwärts zu einer Schulter. Jenseits (Gatter) in Westrichtung abwärts in den Wald und dort zu einer Verzweigung, 700 m. Durch Wald nach links hinab zu einer querenden Forststraße, 620 m, und auf dieser nach rechts, nordwestwärts, in weiten Kehren hinunter nach **Pernitz** 4, 430 m. Dort nach Norden zur Bedarfshaltestelle »Wipfelhofstraße« der Piestingtalbahn.

↗ 810 m | ↘ 830 m | 13.2 km

5.00 h

Mandling-Überschreitung

30

Stille Waldwanderung nahe der Millionenstadt

Der Mandlingstock zwischen Piesting- und Triestingtal gehört trotz seiner Nähe zur Bundeshauptstadt zu den stillen Bezirken der Wiener Hausberge, auch an Schönwetter-Wochenenden. Schuld daran sind die dichte Bewaldung des Gebiets und das Fehlen ständig bewirtschafteter Unterkünfte. Wer wie im vorliegenden Fall die beiden Mandlinggipfel von Reichental nach Waldegg überschreitet, ist trotz Anstrengung und mangelnder Ausblicke dankbar für das Gebotene. Die Berndorfer Hütte am Gipfel der Hochmandling ist im November 2007 abgebrannt, ein Wiederaufbau zeichnet sich vorerst nicht ab.

Ausgangspunkt: Bahnhof Miesenbach-Waidmannsfeld, 401 m, der Piestingtalbahn in Reichental. Parkplatz.
Endpunkt: Bahnhof Waldegg, 380 m, der Piestingtalbahn. Mit der Bahn zurück nach Reichental (Züge mehrmals täglich, Fahrzeiten vorher erkunden!).
Anforderungen: Lange, aber leichte Wanderung auf bez. Wegen und Forststraßen.
Einkehr: Restaurant Pfandlwirt in Reichental (siehe Tour 29). Mehrere Gasthöfe in Waldegg.
Hinweis: Berndorfer Hütte, 967 m, bis auf die Grundmauern abgebrannt, Wiederaufbau nicht absehbar.

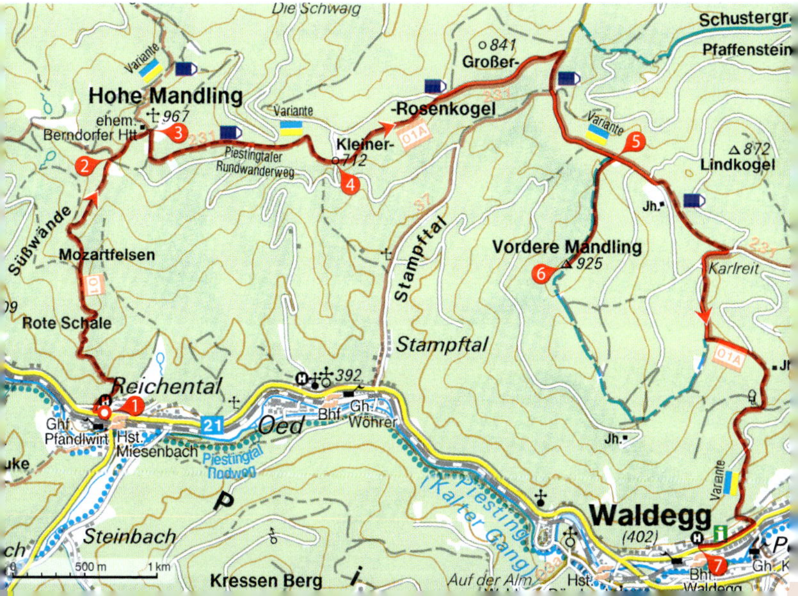

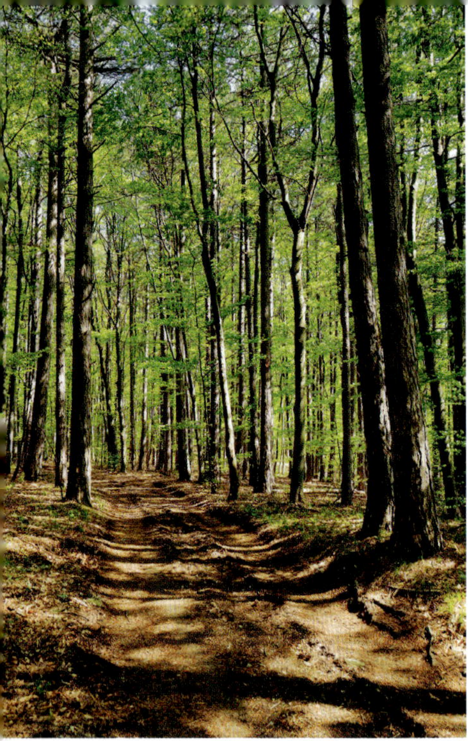

In den Laubwäldern der Hohen Mandling.

Vom Bahnhof Miesenbach-Waidmannsfeld in **Reichental** ❶ über das Bahngleis zur Piestingtalstraße und diese 50 m nach links zur Rechtsabzweigung von Weg Nr. 201. Auf ihm über einen steilen Waldrücken in Kehren nach Norden aufwärts an den Südwestrücken der Hohen Mandling oberhalb der Süßwände. Den Rücken anfangs steil, dann nur noch sanft ansteigend aufwärts zu einer Verflachung links von der **Mandling-Kanzel** ❷, 880 m, mit einem Prachtblick auf Schneeberg, Gutensteiner und Mürzsteger Alpen.
An der Linkseinmündung von Weg Nr. 36 von Pernitz/Ortmann geradeaus weiter und hinauf zum Gipfel der **Hohen Mandling** ❸, 967 m. Den Zubringerweg über die Knödelwiese nach Süden abwärts zur Wegteilung am Waldrand. Links (Weg Nr. 231) den Ostrücken hinab in einen Sattel, 712 m. Auf der Forststraße nach Osten über den **Kleinen Rosenkogel** ❹, 770 m, später durch die Südflanke des Großen Rosenkogels zu einer querenden Straße am Ostrücken. Diese rechts hinab in einen Sattel, 745 m, dann südostwärts empor zu einer **Sandgrube** ❺, 780 m. Rechts ab und auf dem blau bez. Weg einen steilen Waldrücken hinauf zum Gipfel der **Vorde-**

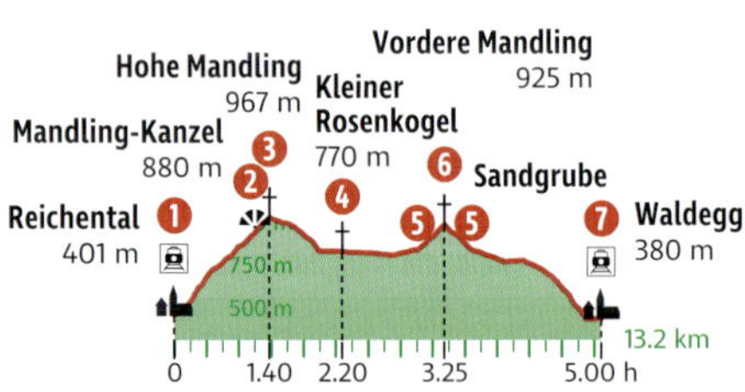

ren Mandling 6, 925 m. Zurück zur **Sandgrube** 5, 780 m, und die Forststraße (Weg Nr. 201A und 231) nach rechts zur Wiese am Sattel zwischen Vorderer Mandling und Lindkogel. Über die Wiese, dann links auf dem bez. Weg einen Waldgraben hinab zu einer Teilung. Rechts zu einer Forststraße und diese geradeaus zur Linksabzweigung von Weg Nr. 201A. Auf ihm vorerst in Ost-, dann in Südrichtung hinunter nach Waldegg-Peisching, 380 m. Dort 400 m nach rechts zum Bahnhof in **Waldegg** 7.

Im Gipfelbereich der Hohen Mandling mit Blick nach Süden zur Hohen Wand.

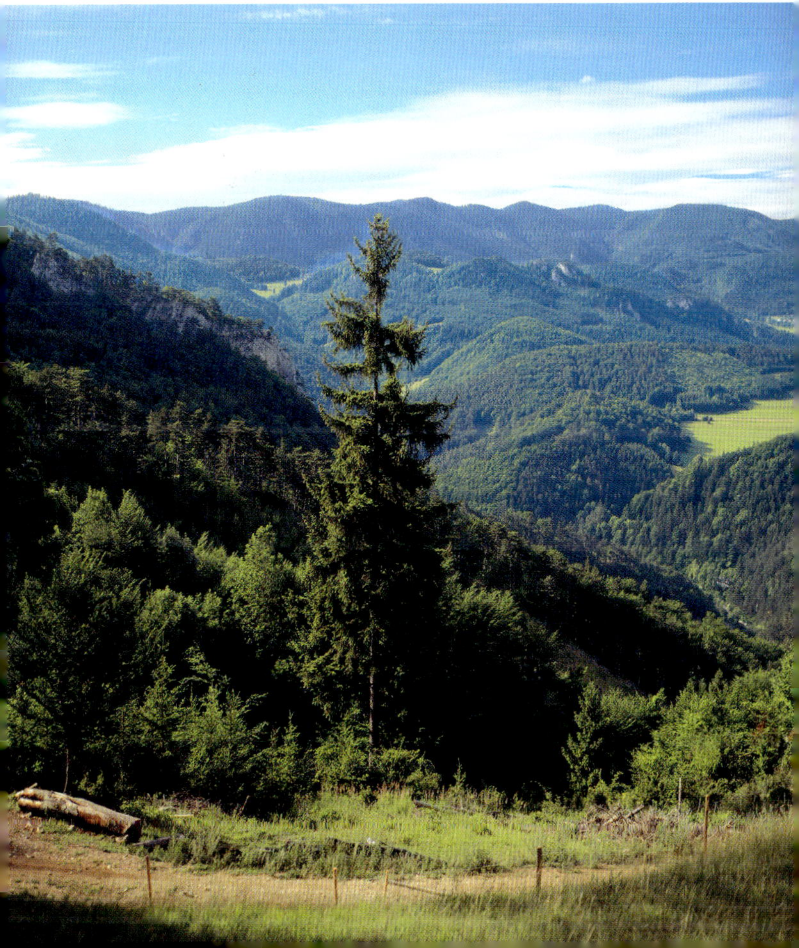

↗ 430 m | ↘ 430 m | 5.9 km

31 Hirnflitzstein, 611 m, und Herrgottschnitzerhaus, 826 m

2.45 h

Von Norden auf die Hohe Wand

Der Zitherwirt am Parkplatz zur Ruine Starhemberg bei Dreistetten ist Startpunkt für diesen lohnenden Hohe-Wand-Trip. Das erste Ziel, der Hirnflitzstein, wird, an der Einhornhöhle (Schauhöhle) vorbei, über sanfte Wiesen und im steilen Waldanstieg gewonnen. Danach geht es auf dem teilweise gesicherten Drobilsteig zum Herrgottschnitzerhaus an der luftigen Abbruchkante der nördlichen Hohen Wand. Wie aus einem Flugzeug überblickt man dort die grüne Talwiege der Neuen Welt und das südliche Wiener Becken.

Ausgangspunkt: Parkplatz Ruine Starhemberg, 480 m, gegenüber dem Zitherwirt, an der Durchgangsstraße 1 km nördlich von Dreistetten, 528 m.
Anforderungen: Mittellange Wanderung auf teils gesicherten Wegen für trittsichere Geher bei trockenem Wetter.
Einkehr: Gasthaus Ruine Starhemberg (»Zitherwirt«, keine Übernachtung, ganzj. geöffnet, Mi./Do. Ruhetag, Tel. +43 2633 42553 oder 0664/2343467, www.zitherwirt.at); Buffet an der Einhornhöhle (nur bei Höhlenbetrieb!); Herrgottschnitzerhaus (derzeit geschlossen; 25 L., ganzj, offen, Mai bis Okt. Fr. bis Di., sonst Fr. bis So. 10-18 Uhr geöffnet, Tel. Lukas Schanzer +43/699/170 96 562).
Varianten: Geübten ist die Begehung des »Währingersteiges« (nur mit Klettersteig-Set!) auf den Hirnflitzstein zu empfehlen. Im Abstieg kann man auch komplett dem bequemeren Weg Nr. 231 folgen.
Tipp: Die 80 m lange Einhornhöhle (Führungen!) mit Höhlenbärenfunden und Tropfsteingebilden ist Ostermontag bis 30. Sept. So. u. feiertags bei Schönwetter 9–17 Uhr geöffnet, Sa. geschlossen, Tel. +43 2633 42553 u. +43 664 2343467, www.zitherwirt.at.
Hinweise: Die Ruine Starhemberg kann wegen Einsturzgefahr nicht besichtigt werden. Vorsicht mit Kindern am Gipfel des Hirnflitzsteins (Felsabbrüche!).

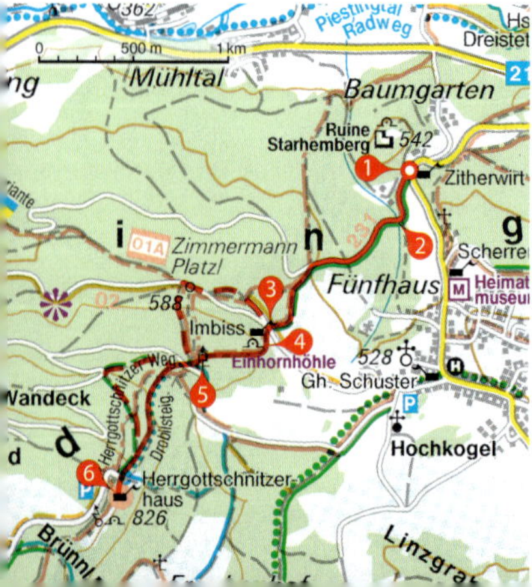

Vom Parkplatz an der **Ruine Starhemberg** ❶ die abgeschrankte, rot-grün bez. Forststraße mit Weg Nr. 231 nach Süden in den Wald, dort hinab in einen Graben mit **Bach** ❷, über den eine Brücke führt. Jenseits südwestwärts hinauf zu einer Verzweigung und, sich links haltend, auf einem breiten Fußweg im Wald weiter, dann am rechten Rand einer Wiese zu einem querenden **Fahrweg** ❸. Diesen kurz nach links, dann rechts ab zur Talstation der Einhornhöhle-Materialseilbahn und auf dem blau bez. Pfad durch Wald in Kehren

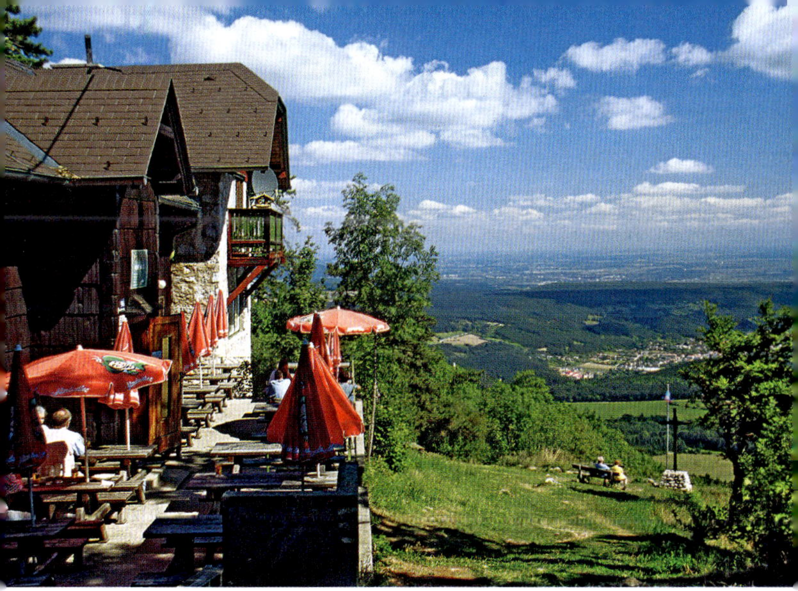

Das Herrgottschnitzerhaus im Nordbereich der Hohen Wand.

nach Süden hoch zur Rechtsabzweigung des »Währingersteiges« am Wandfuß des Hirnflitzsteins. Links auf dem blau bez. Serpentinensteig in Kehren nach Südwesten hinauf zum Eingang in die **Einhornhöhle** 4, 580 m. Den blau bez. Steig (Geländersicherung) am Wandfuß eben nach links, danach auf einer Eisenstiege nach rechts hinauf und über Felsstufen empor auf das Gipfelplateau des **Hirnflitzsteins** 5, 611 m.

Auf dem blau bez. Fußweg den Waldrücken nach Westen aufwärts zur Rechtseinmündung von Weg Nr. 231, danach zu einer querenden Forststraße bei einem Baum mit Marienbild. Die Straße wird überquert, danach auf dem rot und blau bez. Fußweg südwestwärts zur nächsten Verzweigung angestiegen. Links auf dem blau bez. **Drobilsteig** durch Wald nach Süden hoch unter einen Felsaufschwung. An versetzt montierten Eisenleitern, Haltebügeln und Drahtseil durch eine steile, gegliederte Felsrinne aufwärts, dann durch einen gewundenen Kamin an den Nordrücken (Abbruchkante) der Hohen Wand. Über diesen hinauf zur Aussichtskanzel und zum nahen **Herrgottschnitzerhaus** 6, 826 m.

Abstieg entlang der Anstiegsroute.

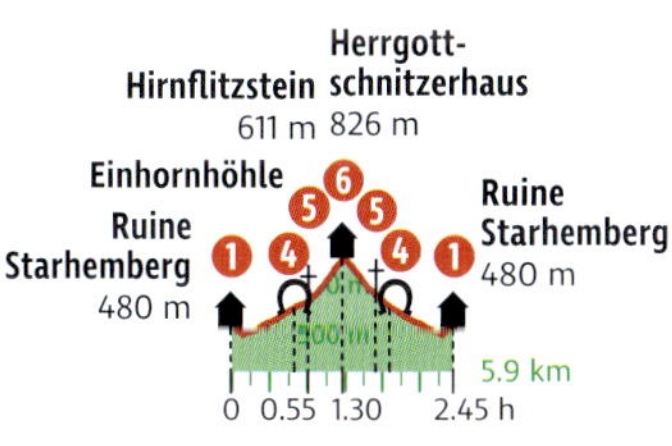

TOP

32 Hohe Wand: Hanselsteig

↗ 310 m | ↘ 310 m | 3.1 km

2.00 h

Ein fester Begriff in Wiens Bergsteigerkreisen

Unter den vielen gesicherten Steiganlagen der Hohen Wand gilt der durch den östlichen Wandgürtel emporführende Hanselsteig als einer der leichtesten und schönsten. Zu seinen Höhepunkten gehört das berühmte »Karnitschstüberl«, eine geräumige Felsnische unter weit vorkragendem Überhang. Ferner der enge »Hanselkamin« mit schräger Leiter, die etwas beleibteren Begehern zu schaffen macht. Der Rest ist problemloses Steigen mit herrlichen Tiefblicken zur Talwiege der »Neuen Welt«, zu den Fischauer Bergen und in das Wiener Becken.

Ausgangspunkt: Hanselsteig-Parkplatz, 535 m. Zufahrt von Stollhof, auf der asphaltierten Loderhofstraße zur Kapelle. Links ab und auf schmaler Asphaltstraße nach Norden aufwärts zur Verzweigung am Waldrand beim obersten Haus und dort die Straße 40 m nach rechts zum Hanselsteig-Parkplatz, 1 km von Stollhof, 459 m (Bushalt).
Anforderungen: Durch Drahtseile und Leitern gesicherte Steiganlage. Bergsteigerische Erfahrung nötig!
Einkehr: Direkt am Weg liegt keine Gaststätte. Herrgottschnitzerhaus 5 Gehminuten abseits der Route gelegen (siehe Tour 31).

Vom **Hanselsteig-Parkplatz** ❶ die asphaltierte Waldstraße (Zufahrt zum Frankenhof) kurz weiter aufwärts zur Linksabzweigung des Hanselsteigs bei einer Quellfassung, 540 m. Auf dem rot bez. Fußweg im Föhrenwald anfangs sanft, dann steil nach Nordwesten aufwärts zu einer leider verwachsenen Aussichtskanzel, danach unter den Wänden schräg nach links empor zum Einstieg in die Felsen, 720 m. Über eine steile, gegliederte Rampe an stark geglättetem Fels (Drahtseile) nach links hoch, später, sich rechts haltend, hinauf zur Felsnische des sogenannten **Karnitschstüberls** unter einem mächtigen Überhang. Kurz nach links empor auf ein Felsband. Dort um eine Ecke nach rechts und über eine Holzbrücke, schließlich im geröllig-schrofigen Gelände (Drahtseil) nach rechts empor in den **Hanselkamin**. Durch den engen Spalt (Eisenklammern, schräge hohe Leiter) steil hinauf zu einer Scharte. Nun auf einem

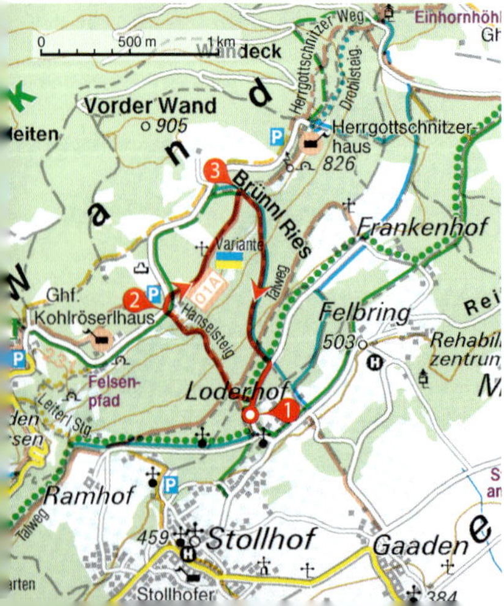

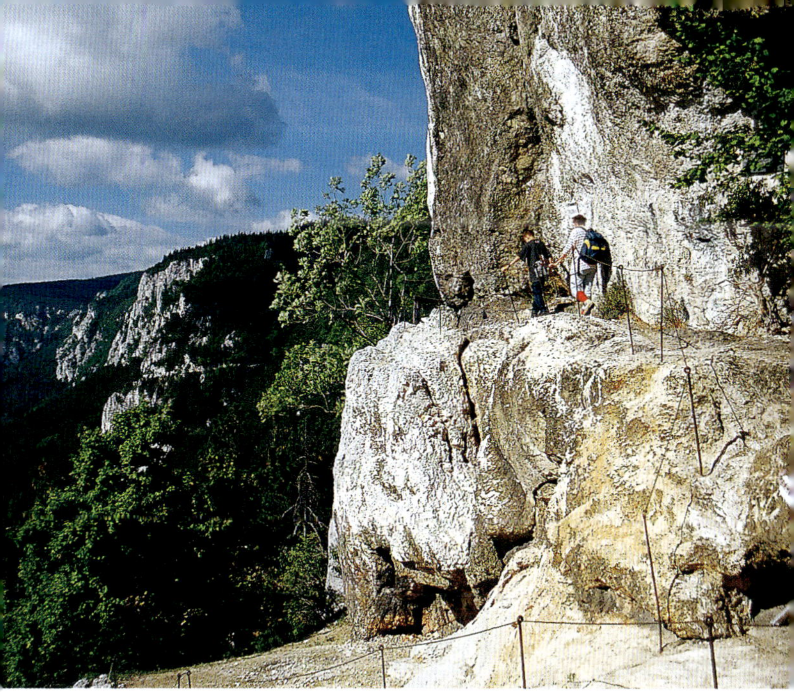

Das Felsband nach dem Karnitschstüberl am Hanselsteig.

Steig über einen Schrofenrücken (licht bewaldetes Felsgelände) nach links empor unter einen Steilaufschwung, der auf einem mit Drahtseil gesicherten Band rechts umgangen wird. In dem sich verflachenden Gelände nordwestwärts weiter bergauf auf das **Hohe-Wand-Plateau** 2 und dort bei einem Privathaus (ehemaliges Hanselsteighaus), 840 m, zur asphaltierten **Zufahrtstraße** zum Herrgottschnitzerhaus.

Oberhalb des Privathauses rechts von der Straße ab und auf dem rot bez., breiten Fußweg Nr. 201A und 231 (»Waldlehrpfad«) nordostwärts, am Hochflächenrand entlang, in Richtung Herrgottschnitzerhaus zur Rechtsabzweigung, 820 m, des grün bez. **Brünnlriessteigs** 3. Auf ihm durch einen steilen Graben in Südostrichtung hinunter, dann an den Waldhängen entlang nach rechts (Süden) abwärts zu einer querenden Asphaltstraße. Auf dieser, sich rechts haltend, im Wald 400 m nach Südwesten sanft bergab zum **Parkplatz** 1.

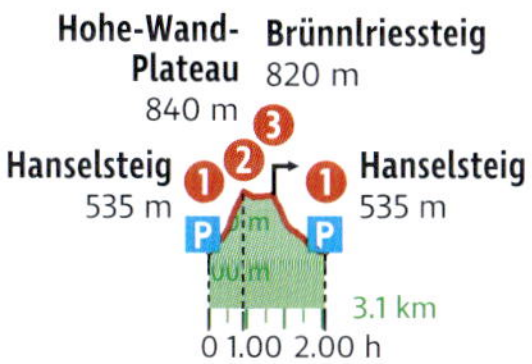

↗ 300 m | ↘ 300 m | 2.0 km

2.00 h

33 Hohe Wand: Frauenluckensteig

Origineller Wanddurchstieg für »Wagehälse«

Der Frauenluckensteig gehört zu den interessantesten Unternehmungen im alpinen Umfeld von Wien. Aus der über eine senkrechte Wand gewonnenen Frauenluckenhöhle wird durch einen sich nach oben verengenden Schacht an einer frei stehenden, 15 Meter hohen Leiter angestiegen. Mit Abstieg über den gleichfalls gesicherten, aber harmlosen Völlerinsteig ergibt das eine Bergfahrt für Freunde abwechslungsreicher, nicht allzu anspruchsvoller Steiganlagen. An der großen Leiter im Inneren des Frauenluckenschachts sind allerdings Armkraft und etwas Mut vonnöten!

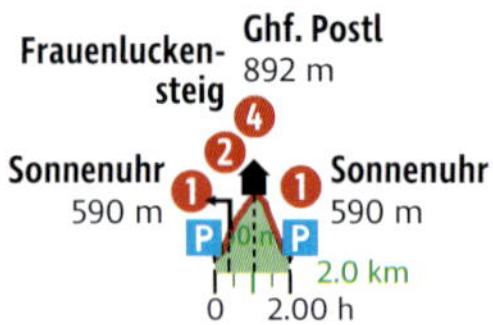

Ausgangspunkt: Sonnenuhr-Parkplatz, 590 m. Zufahrt von Stollhof, 459 m, bzw. Maiersdorf, 502 m, zur Verzweigung beim Mauthaus, 495 m (Maut Sa., So. u. Feiertag). Auf der Hohe-Wand-Straße zur Rechtskehre unter den Wänden und links ab zum Großparkplatz, 2 km. Wochentags Bus ab Wiener Neustadt bis zur Mautstelle, von dort 1 km zum Ausgangspunkt.
Anforderungen: Anspruchsvolle Tour für geübte Geher. Durch Klammern, Eisenleitern und Drahtseile gesicherte Steiganlage. Trittsicherheit, Schwindelfreiheit und Armkraft nötig. Nur mit Klettersteig-Set bzw. Sicherungsseil für Kinder!

Einkehr: Alpengasthof Postl (35 B., ganzj. geöffnet, zwischen 20.–23. Aug. und 2.–21. Dez. geschl., ausgenommen bei Schlechtwetter kein Ruhetag, Tel. +43 2638 88212, www.gasthof-postl.at). Die private Ortlerhütte am Plateaurand der Hohen Wand ist nicht öffentlich zugänglich.
Tipps: Von der Ortlerhütte Besuch der nahe gelegenen, luftigen Aussichtsplattform »Skywalk« mit tollem Tiefblick. Vom Gasthof Postl lohnt ein Besuch des weiter westlich gelegenen Hohe-Wand-Naturparks (Tiergehege, Aussichtsturm); 45 Min. vom Gasthof.

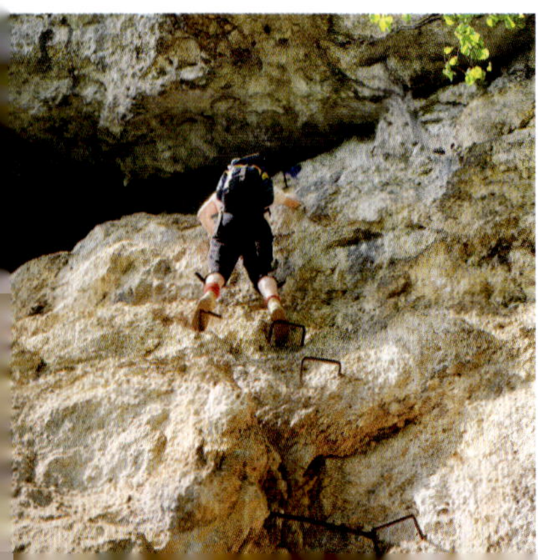

Vom **Sonnenuhr-Parkplatz** ❶ auf einem Fahrweg 50 m schräg nach links (Westen) aufwärts, dann rechts ab und auf dem grün bez. Fußweg (Völlerinsteig) über Wiesen, dann durch Gesträuch steil unter die Sonnenuhrwand mit dem MILAK-Klettergarten und zum Wandfußsteig, der traversiert wird. Jenseits über Schrofen (Geländersicherung) in

Über eine senkrechte 10-Meter-Wand mit Eisenklammern wird die Frauenluckenhöhle gewonnen.

Windungen hinauf in die düstere Felsschlucht des Völleringrabens. Durch ihn unter der linken Begrenzungswand nach Norden hoch, später durch ein Felsloch, schließlich entlang der rechten Begrenzungsrippe zur Linksabzweigung des **Frauenluckensteiges 2**.

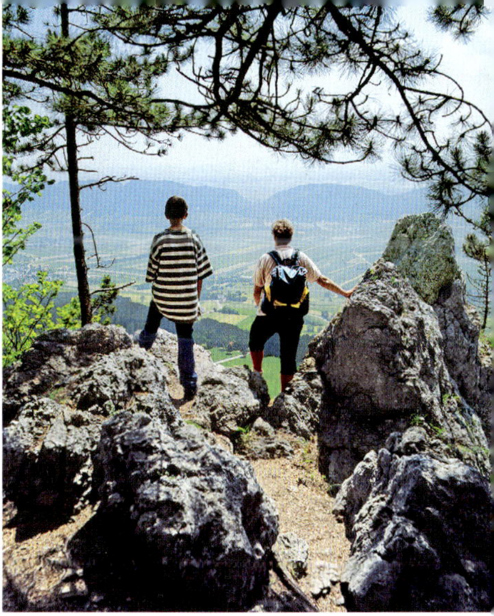

Vom oberen Frauenluckensteig ergeben sich eindrucksvolle Tiefblicke zur »Neuen Welt«.

Den blau bez. Steig im Föhrenwald kurz hinab unter die senkrechte, linke Begrenzungswand des Völleringrabens, 710 m. Über diese entlang eines Risses (Eisenklammern) 10 m gerade hoch, dann auf einem schönen Band (Drahtseil) 3 m nach links in die **Frauenluckenhöhle**, den unteren Abschnitt eines 20 m hohen senkrechten Schachts, durch den man das Tageslicht erblickt. Im Schacht auf einer frei stehenden Eisenleiter 15 m empor in das Ausstiegsloch und durch dieses (Eisenklammern) in freies Gelände. Nun auf einem guten Steig im lichten Föhrenwald nordwärts weiter zur Hohe-Wand-Hochfläche und dort am Abbruchrand nach rechts hinauf zu einer prächtigen **Liegewiese 3**, 850 m (Flugschule mit Drachenflieger- und Paraglider-Startplatz), nahe der **Ortlerhütte**. Auf dem Fahrweg links an der Hütte vorbei, dann im Wald nach Norden aufwärts zur »Langen Wiese« mit dem **Alpengasthof Postl 4**, 892 m. Zurück zur **Liegewiese 3** bei der Ortlerhütte. Den grün bez. **Völlerinsteig** nach links (Süden) hinab zum Steilabbruch. Im felsigen Gelände und durch Gesträuch in Kehren bergab, später an der steilen Schrofenflanke (Holzstiegen und Geländersicherung) nach rechts hinunter in den Völleringraben. Im Föhrenwald abwärts zur Rechtsabzweigung des **Frauenluckensteiges 2** und auf bekanntem Weg zurück zum **Sonnenuhr-Parkplatz 1**.

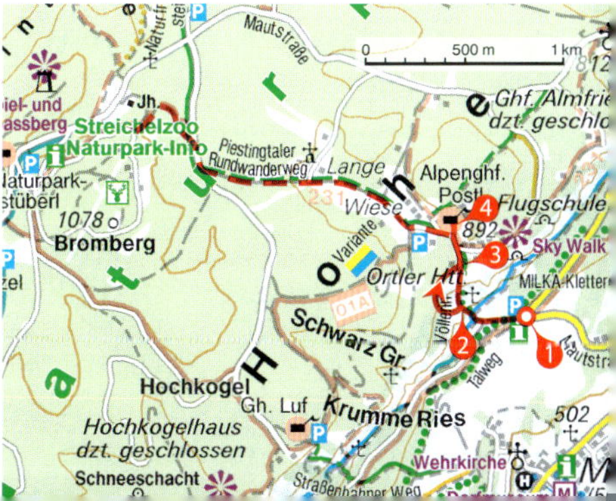

↗ 450 m | ↘ 450 m | 5.6 km

34 Hohe Wand: Völlerinsteig und Straßenbahnerweg

2.45 h

Auf anspruchsvollen Steigen auf die Hohe Wand

Kein anderer Vertreter der Wiener Hausberge präsentiert sich wie die Hohe Wand als vollwertiges »Gebirge für jedermann«. Hier kommt wirklich keiner zu kurz! Wanderer finden herrliche, ausgedehnte Bergwälder, Felskletterer können sich bis in die obersten Schwierigkeitsgrade messen, Drachen- und Gleitschirmflieger haben geeignete Fluggebiete und auch für Höhlenfreunde sind genügend Schlufe vorhanden. Der hier vorgestellte Steig durch den steilen Felsgraben der Völlerin darf als Musterbeispiel eines leichteren Wanddurchstiegs gelten.

Ausgangspunkt: Sonnenuhr-Parkplatz, 590 m (siehe Tour 33).
Anforderungen: Anspruchsvolle Tour für geübte Geher. Trittsicherheit, Schwindelfreiheit und etwas Klettersteigerfahrung nötig. Bei Nässe dringend abzuraten!
Einkehr: Alpengasthof Postl (siehe Tour 33); Gasthof Luf (keine Übernachtung, ganzj. geöffnet, Mo. Ruhetag, Tel. +43 2638 88366); Hochkogelhaus (zur Zeit geschlossen); Internetadresse aller Hohe-Wand-Hütten: www.naturpark-hohewand.at
Variante: Für geübte und trittsichere Geher ist im Anstieg als Alternative der Frauenluckensteig (siehe Tour 33) zu empfehlen, im Abstieg der landschaftlich eindrucksvolle Steig durch die Krumme Ries (teilweise ausgesetzt, keine Sicherungen).
Hinweis: In den Felsregionen der Hohen Wand lebt eine große Kolonie von Alpensteinböcken.

Vom **Sonnenuhr-Parkplatz** ❶ an der Hohe-Wand-Straße auf einem Karrenweg wenige Schritte nach Südwesten, dann in Kehren steil hinauf zum querenden **Wandfußsteig** ❷. Wenige Meter nach links (Süden), dann rechts ab (Pfeil) und auf dem grün bez. **Völlerinsteig** über steile, aber gut gesicherte Felsstufen (Drahtseil) bis in den Grund einer Rinne, die an ihrem Ende von überhängenden Blöcken versperrt wird. Durch einen erdigen Durchschlupf an den oberen Rand der Blockstufe (links Abzweigung des luftigen Frauenluckensteiges mit 15 m hoher, frei stehender Leiter) und nach rechts (Norden) in einer ansteigenden Querung (teilweise Drahtseilsicherungen) zum Hohe-Wand-Plateau, das man bei der privaten **Ortlerhütte** ❸ erreicht. Wer gerne Luft unter seinen Schuhsohlen haben möchte, kann von hier nach Osten in wenigen Minuten zur luftigen **Skywalk-Aussichtsplattform** ❹ gelangen. Von der Ortlerhütte in nördlicher

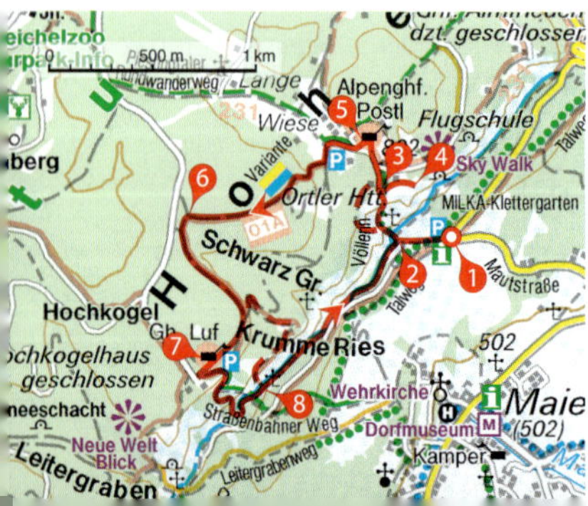

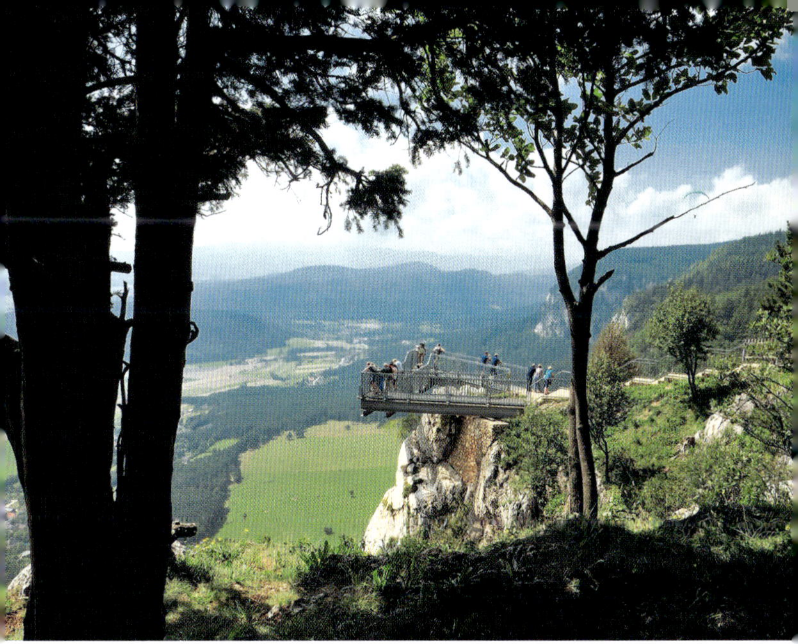

Die Skywalk-Aussichtsplattform an der Ostseite der Hohen Wand.

Richtung auf einem Fahrweg zum nahen **Gasthof Postl** ❺, 892 m. Vom Parkplatz vor dem Gasthof Postl den gelb und rot bez. Weg nach Süden hinab in eine Wiesenmulde. Dort erst links, dann rechts aufwärts durch Bergwald auf einen Waldrücken und weiter zu einer **Wegteilung** ❻. Scharf links ab und auf einem Karrenweg durch eine Waldmulde in östlicher Richtung abwärts. Vor dem Steilabbruch der Hohen Wand (hier zweigt links der Steig durch die Krumme Ries ab) rechts hinauf zum **Gasthof Luf** ❼, 927 m, und zum **Hochkogelhaus**, 932 m.

Zwischen **Gasthof Luf** ❼ und Hochkogelhaus den grün bez. **Straßenbahnerweg** nach Osten in mehreren Kehren durch Bergwald abwärts. Felsrippen werden mittels Drahtseilsicherung oder Holzstiegen überwunden. Nach der Linksabzweigung des **Steiges zur Krummen Ries** ❽ erreicht man den blau bez. **Wandfußsteig**, dem man direkt entlang der Felswände in stetem Auf und Ab bis zur Abzweigung des **Völlerinsteiges** folgt. Von dort auf dem bereits bekannten Weg rechts hinunter zum **Ausgangspunkt** ❶.

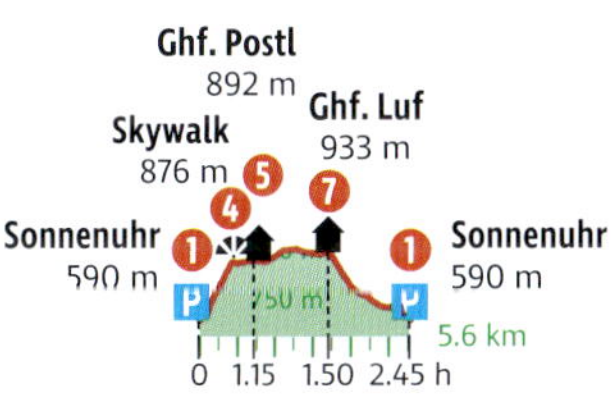

↗ 400 m | ↘ 400 m | 8.6 km

35 Hohe Wand: Plateau-Rundwanderung

3.15 h

Glanzpunkte am laufenden Band

Die Hohe Wand ist wohl eines der beliebtesten Ausflugsziele im Umfeld von Wien. Das mag darin liegen, dass sich auf dieser von Felswänden gestützten Waldhochfläche eine Vielzahl gut geführter Hütten und Pensionen befindet, die überwiegend mit dem Auto zu erreichen sind. Auch bietet sich hier die Möglichkeit, in Nachbarschaft schwierigster Felsensteige auf einfachen Wegen durch den stillen Bergwald zu wandern und dabei prächtige Aus- und Tiefblicke zu genießen. Unsere Wanderung führt über den südlichen Teil des Hochplateaus (»Naturpark Hohe Wand«), der neben den ausgedehnten Wäldern auch die höchsten Felsabbrüche aufweist.

Ausgangspunkt: Parkplatz Gasthaus Zur kleinen Kanzel, 1065 m, am Westabbruch der Hohen Wand. Zufahrt ab Stollhof über die 7 km lange Mautstraße, an der Südostseite der Hohen Wand. Mautpflicht nur an Wochenenden und Feiertagen.
Anforderungen: Einfache Wanderung auf bequemen Wegen. Etwas Trittsicherheit nötig.
Einkehr: Gasthaus Zur Kleinen Kanzel, 1065 m (ganzj. offen, 4 B., Di., Mi. Ruhetag, Tel. +43 2638 88216, Urlaub siehe www.kleinekanzel.at); Wilhelm-Eichert-Hütte, 1052 m (20 B., 32 L., ganzj. offen, Mo. Ruhetag, Tel. +43 2637 2258, www.hohewand-eicherthuette.at); Hubertushaus, 946 m (25 L., bis auf Jan./Feb. ganzj. geöffnet, Mo., Di. Ruhetag, im Mai, Sep., Okt. kein Ruhetag; Tel. +43 699 1000 8170, www.alpenverein.at/hubertushaus); Gasthof Luf und Hochkogelhaus (siehe Tour 34).

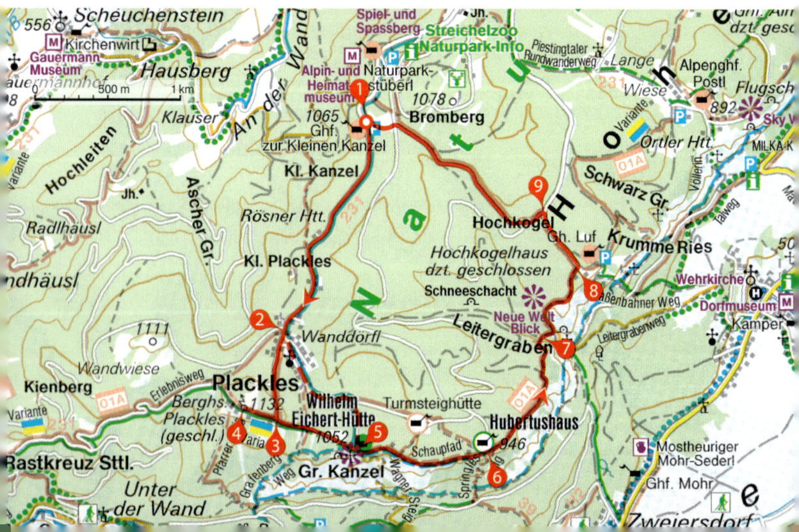

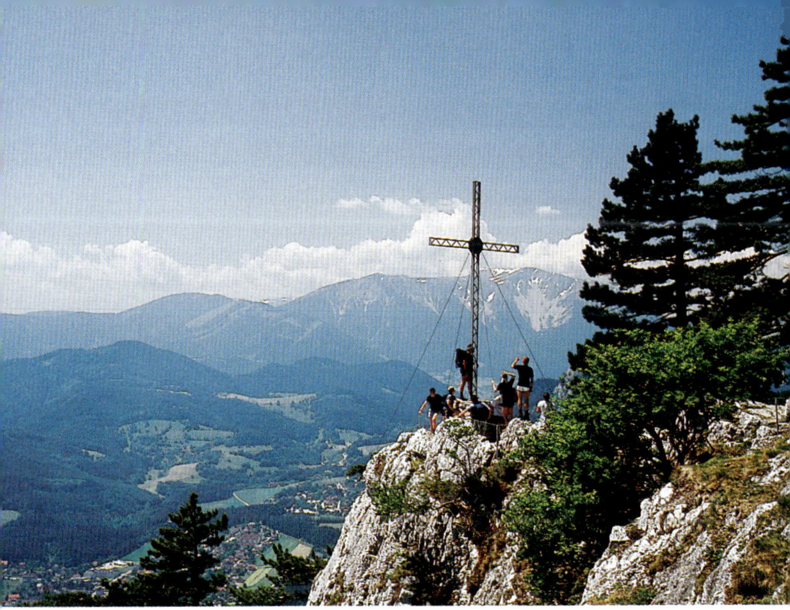

Das Wildenauer Gedenkkreuz auf der Großen Kanzel, dahinter das Schneebergmassiv.

Variante: Wer den Anstieg auf den Plackles (keine Aussicht) auslassen möchte, kann direkt vom Wanddörfl ② zur W.-Eichert-Hütte wandern; 20 Min. kürzer.
Tipp: An der Zufahrtstraße, 500 m nördlich des Gasthauses Zur Kleinen Kanzel, befindet sich das ganzj. geöffnete Wildgehege Hohe Wand (Steinböcke, Hirsche, Mufflons, Gemsen, Damwild, Lamas). Wildfütterungen, Streichelzoo, Lamawanderungen, Zugang vom Naturparkstüberl (Mo. Ruhetag, geoffnet von Ostern bis 1. November, Tel. +43 2638 88892). Vom Wildgehege Zugang zum 18 m hohen Aussichtsturm (10 Min.).

Vom **Gasthaus Zur Kleinen Kanzel** ①, 1065 m, auf dem bequemen, unbefestigten Fahrweg (blau bez., Nr. 231) in Richtung Süden entlang der Westabstürze der Hohen Wand, ohne große Höhenunterschiede zur Streusiedlung **Wanddörfl** ②. Dort rechts ab (links biegt der direkte Weg zur Wilhelm-Eichert-Hütte ab) und einen rot bez. Weg etwas steiler hinauf zum **Bergwachtstützpunkt** (③, ehemalige Sesselliftstation) am Südabfall der Hohen Wand. Dort scharf rechts ab und entlang der Abbruchkante zum **Plackles** ④, 1132 m, dem höchsten Punkt der Hohen Wand.

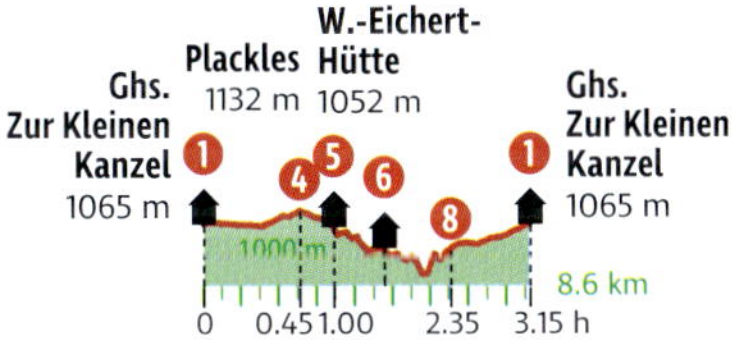

Wieder hinab zum Bergwachtstützpunkt ❸ und durch Wald geradeaus weiter zur Wilhelm-Eichert-Hütte ❺, 1052 m, auf der Großen Kanzel mit dem malerischen Wildenauer Gedenkkreuz am Abbruchrand und einem großartigen Blick zum Schneeberg.
Nun den rot/gelb bez. Weg nach Osten (von Felsvorsprüngen prächtige Tiefblicke!) am Hochflächenrand entlang zum Nagelkreuz und weiter zu dem auf einer idyllischen Waldlichtung am Abbruchrand stehenden **Hubertushaus** ❻, 946 m. Von der Hütte in nordöstlicher Richtung erst eben, später auf einem steinigen Steig steil hinab in den **Leitergraben** ❼ und jenseits hinauf zum **Hochkogelhaus** ❽, 932 m, oder zum Gasthof Luf 150 m nordöstlich davon. Vom Hochkogelhaus die Zufahrtsstraße aufwärts in eine Geländemulde mit einer **Abzweigung** (❾, rote Zeichen) nach Westen. Dort links ab (Pfeil) und auf einem Karrenweg, sich rechts haltend, sanft ansteigend zu einer Wegteilung bei der großen Wiese unterhalb des Gasthauses Zur Kleinen Kanzel. Geradeaus weiter und am linken Rand eines Hirschgeheges steil hinauf zum **Ausgangspunkt** ❶.

Das Hubertushaus am Südabfall der Hohen Wand.

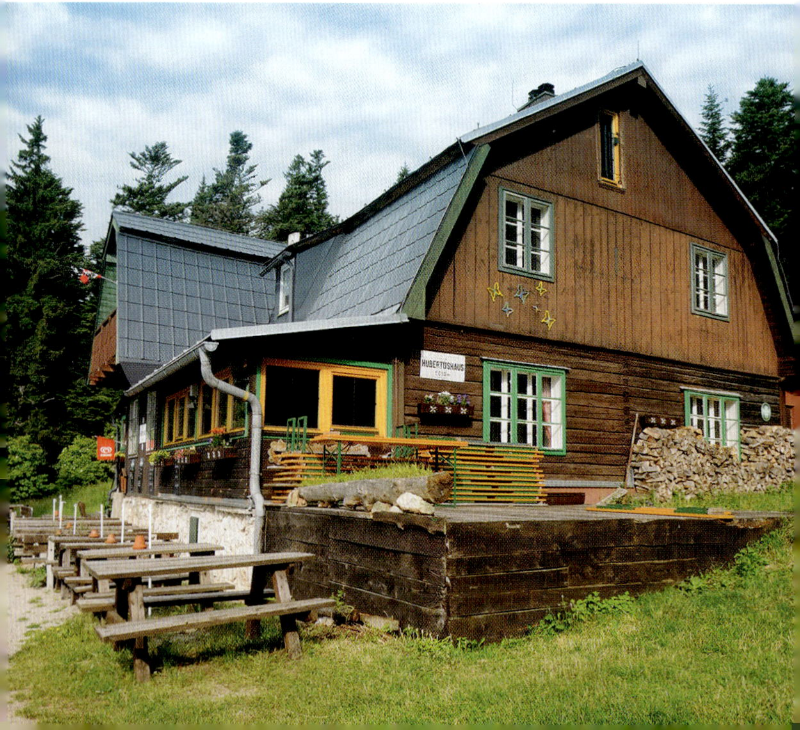

↗ 350 m | ↘ 350 m | 4.6 km

2.30 h

Hohe Wand: Springlessteig und Grafenbergweg

36

Felsenwege am Südabsturz der Hohen Wand

Die Schauseite der Hohen Wand, deren felsige Südseite, bietet neben zahlreichen Berghütten und Wanderwegen auch wunderschöne Ausblicke zum König der Wiener Hausberge, dem Schneeberg. Neben Kletterrouten in fast allen Schwierigkeitsgraden gibt es an den schroffen Wänden auch attraktive gesicherte Steiganlagen. Springles- und Wagnersteig sowie Grafenbergweg sind drei von ihnen, die mit der nötigen Vorsicht auch von ambitionierten Wanderern begangen werden können.

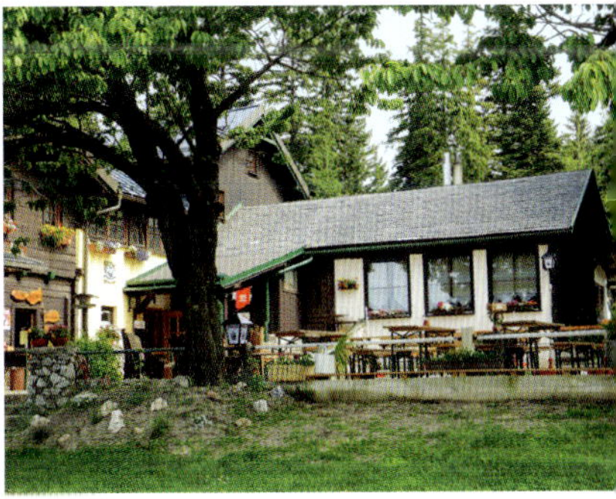

Die Wilhelm-Eichert-Hütte.

Ausgangspunkt: Berghof Seiser Toni, 720 m (derzeit nur Appartementbetrieb), 2 km Pkw-Zufahrt von Grünbach am Schneeberg, 557 m (Bushalt, Bahnstation der Linie von Wiener Neustadt nach Puchberg), Parkmöglichkeit (Gebühr). Fußweg von der Bahnhaltestelle Neusiedl am Walde auf blau bez. Weg (35 Min.).
Anforderungen: Mit Ausnahme des Grafenbergweges, der sehr einfach zu begehen ist, sind Schwindelfreiheit, Trittsicherheit und bergsteigerische Übung nötig. Ungeübte und Kinder sollten ans Seil genommen werden.
Einkehr: Hubertushaus, Wilhelm-Eichert-Hütte (siehe Tour 35); Turmsteighütte, 1025 m (8 B., April–Nov. an Wochenenden u. Feiertagen geöffnet, Tel. +43 1544 7065).
Variante: Abstieg über den Wagnersteig: Östlich vom Wildenauer Gedenkkreuz auf der Großen Kanzel, bei einer Föhre am Abbruchrand (gelbe Zeichen, Tafel »Wagnersteig«) entlang der Drahtseilversicherung nach Osten über mehrere Felsplatten abwärts. Später über Schrofen mit Hilfe von Eisenleitern in südlicher Richtung abwärts und in Kehren zum Wandfußsteig. Diesen ein kurzes Stück abwärts, dann links ab (gelb) und steil hinab zur querenden Forststraße. Über diese hinweg und durch Bergwald abwärts, später rechts zu einer Forststraße. Auf dieser in westlicher Richtung (blaue Zeichen) ohne große Höhenunterschiede zur Pension Seiser Toni.

Vom **Berghof Seiser Toni** ❶, 720 m, auf dem blau bez. Fahrweg eben nach Osten zur **Abzweigung** ❷ des gelb. bez. Wagnersteiges, der direkt zur W.-Eichert-Hütte führt. Hier allerdings geradeaus weiter, später links ab und sanft aufwärts zu einer querenden Forststraße. Über sie hinweg und allmählich steiler hinauf zum Fuß der Felsen, wo der direkte Zustieg von Oberhöflein herauf einmündet und der **Springlessteig** ❸ beginnt.

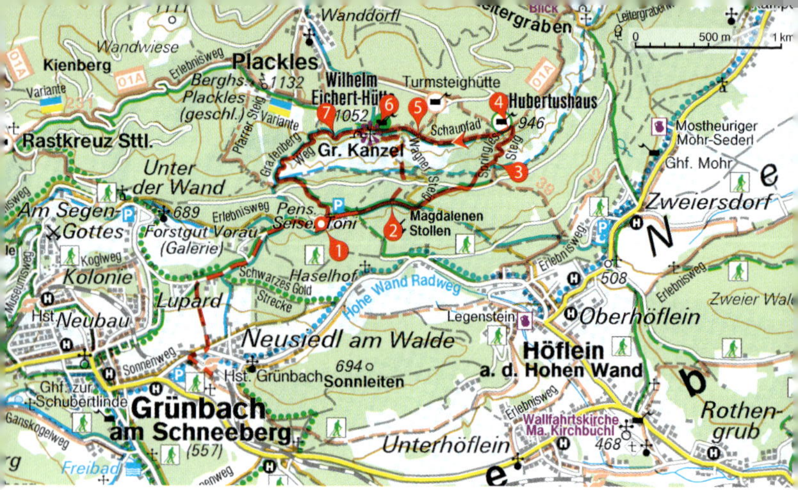

Nun steil auf dem teilweise ausgewaschenen, steinigen Weg (rote Zeichen) aufwärts zu einem Sekundärkamm und über bewaldete Schrofen zu einer Leiter bei der Johann-Stich-Gedenktafel. Den gut mit Drahtseilen gesicherten Steig in Windungen aufwärts unter die senkrechte Hochfallwand und

Der Ausstieg des Wagnersteiges auf der Hochfläche der Hohen Wand.

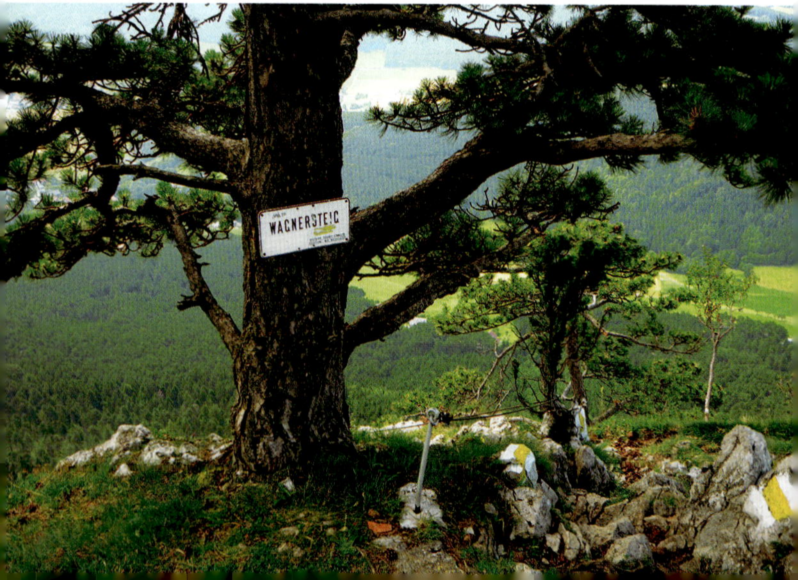

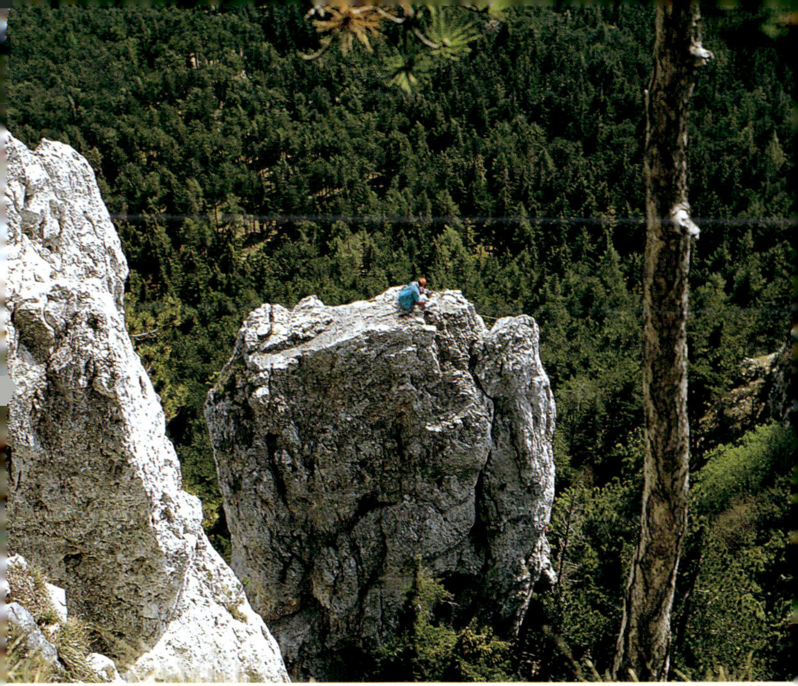

Am Weg zwischen W.-Eichert-Hütte und Hubertushaus: Tiefblick zum Baumgartnerturm.

über ein breites Felsband nach rechts hinauf zum Ausstieg beim **Hubertushaus** 4, 946 m.

Vom Schutzhaus auf dem rot/gelb bez. Steig am Südabbruch der Hohen Wand entlang, sanft aufwärts zu mehreren Felsvorsprüngen mit prächtigen Tiefblicken. Nach der Rechtsabzweigung des blau bez. Weges zur idyllischen Turmsteighütte erreicht man das **Nagelkreuz** 5. Weiter durch Bergwald eben zur **Wilhelm-Eichert-Hütte** 6, 1052 m, auf der Großen Kanzel mit dem Wildenauer Gedenkkreuz und großartigem Schneebergblick.

Von der Hütte den blau bez. und einfachen Grafenbergweg durch Wald nach Westen sanft abwärts zum Felskopf des **Grafenbergs** 7. In Kehren steil abwärts zur Trasse des ehemaligen Sesselliftes und zur Abzweigung des direkten Weges nach Grünbach. Sich links haltend auf dem grün bez. Steig (Binderweg) hinab zu einer Forststraße, über diese hinweg und durch Wald hinab zum **Berghof Seiser Toni** 1.

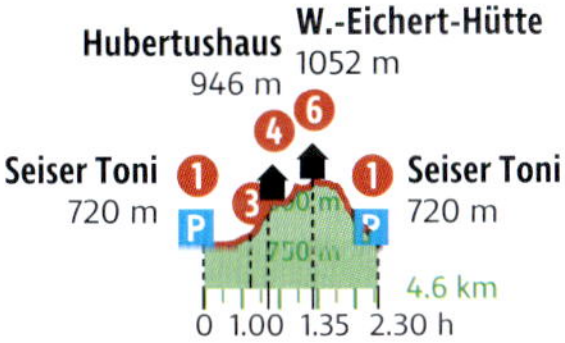

TOP

37

↗ 340 m | ↘ 340 m | 6.4 km

2.45 h

Hohe Wand: Das Gelände, 1023 m

Betschemel vor dem Schneeberg

Der Südwestsporn des Hohe-Wand-Massivs, das Gelände, auch »Geländ« oder »G'länd« genannt, erhebt sich wie ein Schiffsbug über dem Becken von Puchberg. Trotz dieser herausragenden Lage gehört das Gelände zu den vernachlässigten Plätzen dieser Gegend. Besonders der Anblick des mächtigen Schneebergs bietet dem Wanderer aber Grund genug, diesen interessanten und anregenden Rundgang abseits ausgetretener Touristenpfade unter seine Sohlen zu nehmen.

Ausgangspunkt: Grünbacher Sattel, 678 m, an der Straße von Grünbach nach Puchberg am Schneeberg, 2 km von Grünbach am Schneeberg, 557 m. Eingeschränkte Parkmöglichkeit, Bushalt. Bahnhalt »Grünbach Kohlenwerk«.
Anforderungen: Bequeme Wanderung auf guten Wegen. Etwas Trittsicherheit nötig.
Einkehr: Geländehütte, 1023 m (8 B., 10 L., Übernachtung nur nach Voranmeldung ab mind. 12 Pers., geöffnet Ostern–1. Dez. an Sa., So. und Feiertagen, Tel. +43 676 7877358, Urlaub siehe www.gelaende.at); Pub »Zum Gollni« am Grünbacher Sattel. Geöffnet ab 15 Uhr, Sa, So ab 9 Uhr, Mo Ruhetag, Tel. +43 664 4211 846.
Variante: Am Weg zum Lanzinger Kreuz zweigt rechts der rot bez., jedoch steilere Krumböcksteig auf das Gelände ab; 20 Min. kürzer.
Hinweis: Bei der Anreise mit der Bahn kann man von der Haltestelle »Grünbach Kohlenwerk« über den Steigerweg und die Straße Am Neuschacht in westlicher Richtung zum Rundweg ansteigen.

Vom **Grünbacher Sattel** ❶, beim ehemaligen Pub »Zum Gollni«, auf dem rot bez. Karrenweg am oberen Rand der Wiesen des Puchberger Beckens bequem nach Norden hinauf zum Sattel zwischen Gelände und Hutberg mit dem **Lanzinger Kreuz** ❷, 800 m, etwas abseits des Weges. Bevor man den Sattel betritt, rechts ab und auf dem blau bez. Steig über den bewaldeten Kamm nach Osten empor zu einer Wiese und, sich links haltend, weiter hinauf zu einer markanten Schulter am Rand einer Bergwiese. Bei einem

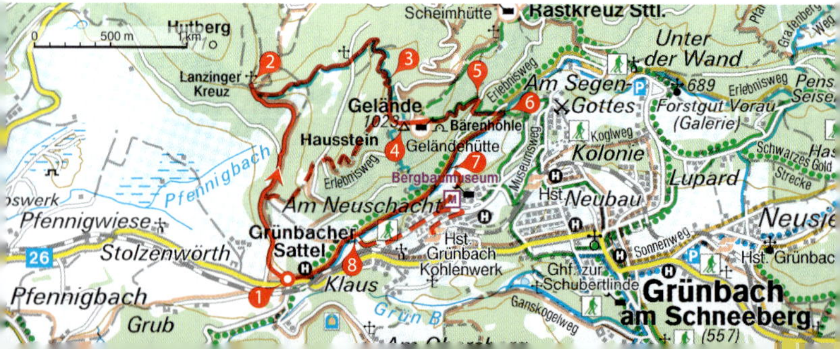

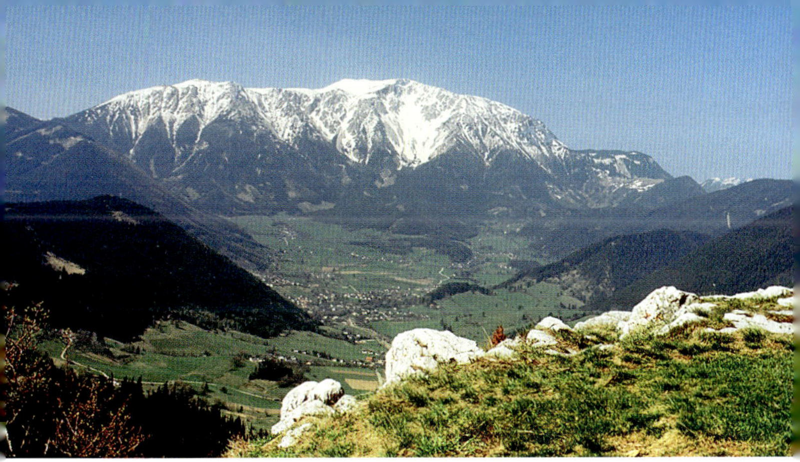

Das Talbecken von Puchberg mit dem gewaltigen Schneebergmassiv.

Gatter kurz nach links abwärts, dann rechts auf dem bez. Josef-Imnltzer-Steig durch die immer steiler werdende Nordwestflanke des Geländes in weiten Windungen hinauf. Zuletzt auf einem gut trassierten Steig in engen Kehren durch die sehr steile Waldflanke zur **Josef-Imnitzer-Ruhe** 3, 980 m, am Rand des Gipfelplateaus. Nun über schöne Bergwiesen in wenigen Minuten zur eigentlichen Gipfelkuppe mit der aussichtsreichen Fritz-Seiser-Ruhe am höchsten Punkt des **Geländes** 4, 1023 m, und zur Geländehütte wenig östlich davon. Von der unmittelbar am Abbruchrand stehenden Hütte bietet sich ein herrlicher Ausblick zum Schneeberg sowie auf den höchsten Punkt der Hohen Wand, den Plackles.

Von den lebensgroßen Skulpturen eines Höhlenbären und eines eiszeitlichen Jägers, wenige Meter östlich der Geländehütte, auf dem grün bez. Eselsteig zum Plateaurand und dort auf dem Serpentinenweg über Felsstufen steil nach Osten hinunter, später auf einem bequemeren Waldweg in Kehren hinab zur Einmündung des **Franz-Fassl-Steigs** 5 von links. Sich rechts haltend weiter, wobei die Forststraße zweimal überquert wird, und hinab zu einem querenden **Karrenweg** 6. Auf diesem eben nach rechts (Südwesten) und oberhalb einer lang gestreckten Wiese zu einer **Wegteilung** (7, links Fußweg zur Bahnhaltestelle »Grünbach Kohlenwerk«) und weiter auf dem blau bez. Weg hinab zu einem **Gehöft** 8. An ihm rechts vorbei, dann, sich links haltend, hoch über der Bahntrasse auf einem alten Karrenweg eben zurück zum **Grünbacher Sattel** 1.

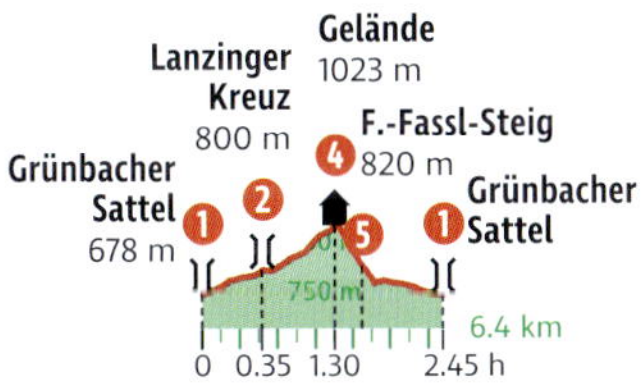

↗ 520 m | ↘ 520 m | 6.5 km

38 Große und Kleine Klause

3.00 h

Klettersteig-Raritäten im Rücken der Hohen Wand

Die Schauseite der Hohen Wand, ihr charakteristischer kilometerbreiter Felsgürtel, ist dem Osten, der »Neuen Welt« und dem Wiener Becken zugewandt. Dagegen präsentiert sich die zum Miesen- und Dürnbachtal weisende bewaldete Westflanke (»Hintere Wand«) nicht sonderlich attraktiv. Doch gibt es auch dort einige dankbare Durchstiege wie etwa die gesicherten Steiganlagen durch die Felsklammen der Großen und Kleinen Klause. Als Rundtour über das aussichtsreich postierte Waldeggerhaus begangen, wird einem dabei die ganze Romantik der »Miesenbach-Landschaft« vor Augen geführt, die in den Bildern Friedrich Gauermanns ihre mustergültige künstlerische Umsetzung gefunden hat.

Ausgangspunkt: Ehemaliger Gasthof Nazwirt, 550 m, in Dürnbach, 477 m, 3 km von Waldegg (402 m, Parkplatz). Die Anreise ist auch mit öffentlichen Verkehrsmitteln (Buslinie 330 Pernitz - Puchberg am Schneeberg) möglich.
Anforderungen: Etwas anspruchsvolle Tour mit gesicherten Felspassagen. Trittsicherheit und Schwindelfreiheit sind erforderlich.
Einkehr: Waldeggerhaus (25 B., ganzj. geöffnet, außer feiertags Do. und Fr. Ruhetag, Tel. +43 2638 88217, www.waldeggerhaus.at).

Vom **Parkplatz** ❶ beim ehemaligen Gasthof Nazwirt in Dürnbach auf einem bez. Steig südwärts in Richtung Hintere Wand empor zu einem querenden Weg. Auf ihm durch Wald nach rechts (Südwesten) hinauf in den bewaldeten Graben der **Kleinen Klause** (»Dürnbacher Klause«) und durch ihn aufwärts in einen **Kessel** ❷, 840 m. Nun die steile Felsklamm auf dem

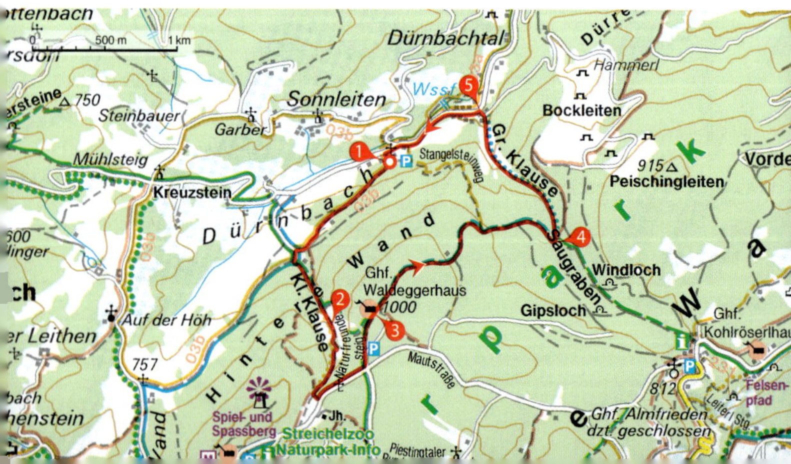

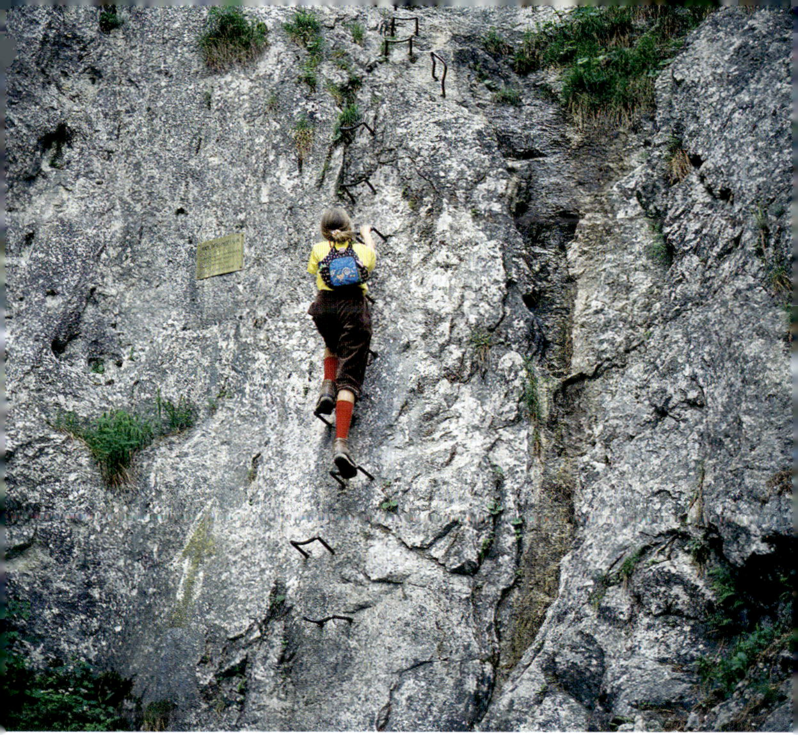

Am Beginn des Naturfreundesteiges durch die Kleine Klause (»Dürnbacher Klause«).

Naturfreundesteig (Klammern, Eisenleitern) anregend empor, später wieder im Waldgraben auf das **Hohe-Wand-Plateau** und dort nach links zur Hohe-Wand-Straße. Diese ein Stück in Nordostrichtung abwärts, dann links die Zufahrtsstraße (oder den direkten Weg entlang der Stromleitung) nach Norden hoch zum **Waldeggerhaus** 3, 1000 m, wo sich ein überraschend schöner, freier Rundblick bietet.

Von der Hütte auf dem blau bez. Weg durch Wald in Windungen nach Nordosten hinab in den **Saugraben** 4, 720 m. Dort den bez. Querweg nach links zum klammartigen Steilabfall der **Großen Klause** (»Waldegger Klause«). Durch sie auf dem **Waldeggersteig** (Drahtseile, Eisenklammern, Leitern) hinunter und im Waldgraben weiter nach **Dürnbach** 5, 477 m. Nun auf der Asphaltstraße durch das Dürnbachtal empor zum **Parkplatz** 1.

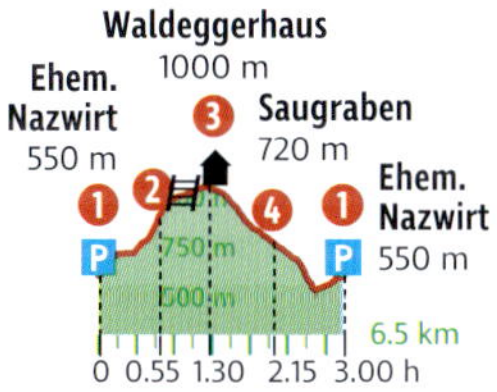

↗ 620 m | ↘ 620 m | 9.1 km

39 Dürre Wand, 1154 m

3.45 h

Durch den Motivgarten Friedrich Gauermanns

Die im Schatten der Hohen Wand gelegene und von Wanderern meist stiefmütterlich behandelte Dürre Wand hat durchaus ihre besonderen Reize. Dies bewies schon vor mehr als 150 Jahren der Maler Friedrich Gauermann, der, hier aufgewachsen, in seinen großartigen Ölbildern und Zeichnungen den Zauber seiner Heimat zum Ausdruck gebracht hat. Diese zum Synonym gewordene »Gauermann-Landschaft« kann man hier erleben.

Ausgangspunkt: Frohnberg, 565 m, westlich des Miesenbachtales. Gasthof Michlwirt »Zur schönen Aussicht«, mit Kfz 1,5 km ab Balbersdorf erreichbar. Parkmöglichkeit. Bei Anreise mit der Bahn von der Haltstelle Miesenbach (im Piestingtal) über Waidmannsfeld zum beschriebenen Weg 2; zusätzlich 2 Std.
Anforderungen: Unschwierige Wanderung auf manchmal spärlich bez. Wegen.
Einkehr: Gasthof Michlwirt »Zur schönen Aussicht« (40 B., ganzj. geöffnet, Mo., Di. Ruhetag, Tel. +43 2632 8230, www.michlwirt.com); Gauermannhütte, 1154 m (3 B., 20 L., von Anfang Mai bis 1. Nov. an Wochenenden u. Feiertagen geöffnet (April. Nov. auf telefon. Anfrage), Winterraum im Nebengebäude, 10 L., Tel. +43 699 81663022 oder +43 1 2702790).
Variante: Wer in einem Halbtagesausflug die Dürre Wand besteigen möchte, fährt vom Hotel Börsenhof-Hornung im Miesenbachtal die Straße nach Tiefenbach (Parkplatz). Von dort über den Schweighof 9 und den Sattel 4 in 1.15 Std. zur Gauermannhütte. Abstieg über den Ochsenweg zum Haselbauern 8 und weiter nach Tiefenbach; ges. 2 Std.
Tipp: Gauermann-Museum in Scheuchenstein, dem Geburts- und Begräbnisort des berühmten Biedermeiermalers Friedrich Gauermann (1807–1862), ganzj. geöffnet (außer Dez.) an Sa., So. u. Feiertagen 10–17 Uhr, Tel. +43 676 5962148, www.gauermannmuseum.at.

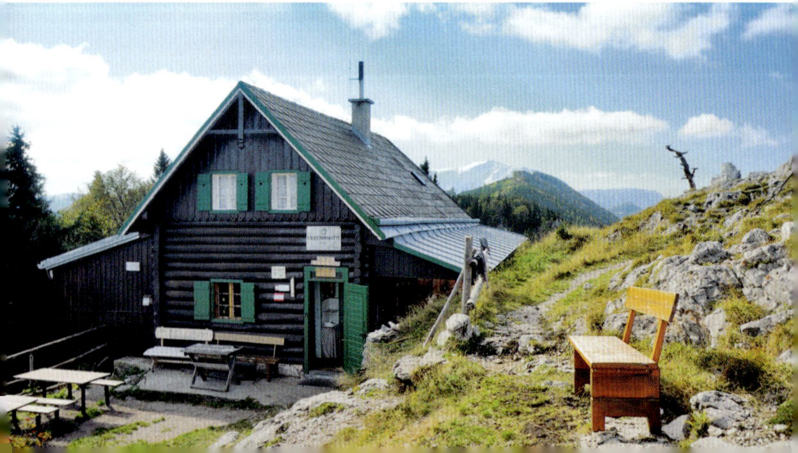

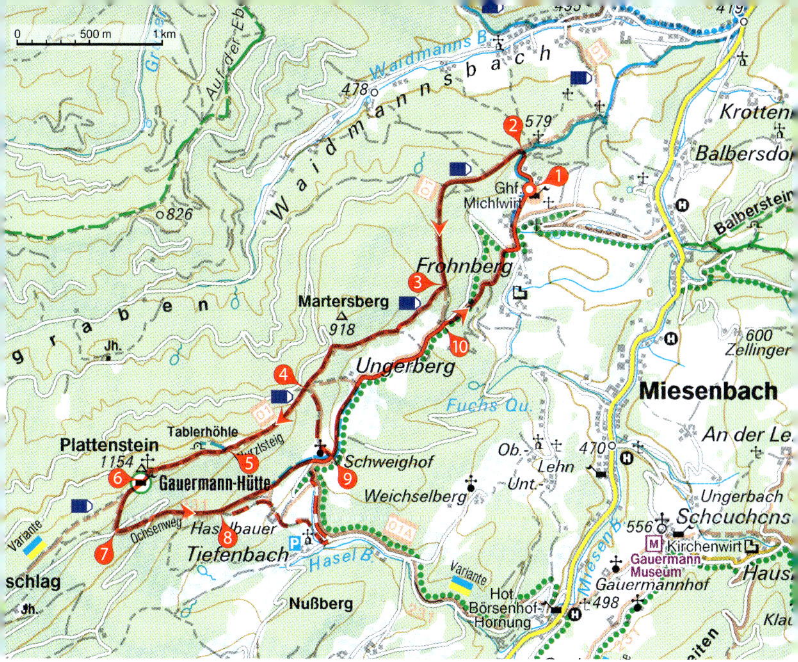

Vom Gasthof Michlwirt in **Frohnberg** ❶ nach Norden hinauf zu einem Umkehrplatz, geradeaus weiter auf dem blau bez. Karrenweg, um eine Waldwiese im Bogen herum und zur Einmündung des von Waidmannsfeld heraufziehenden **Wanderwegs** ❷. Auf diesem (rot/blau bez.) scharf links ab und direkt am Kamm der Dürren Wand zu dem sich aufsteilenden Martersberg hin. Später entlang eines Wildzaunes links durch die nach Osten hin abfallende Waldflanke zu einer Wegkehre mit Schranke. Geradeaus weiter über ein felsiges Wegstück abwärts zu einer **Wegteilung** ❸. Rechts auf dem Waldsteig steil aufwärts und entlang der Wiesen von Ungerberg und durch einen Hohlweg zu einer Wiese am Kamm der Dürren Wand südlich des Martersberges. Direkt über den Bergrücken nach Südwesten aufwärts in einen **Sattel** ❹, 842 m, wo von links der Weg vom Schweighof her einmündet. Weiter am Kamm steil aufwärts, wobei felsige Passagen links (Südosten) umgangen werden, zur **Rechtsabzweigung** ❺ des Steigs zur Tablerhöhle (in 10 Min. erreichbar, Begehung nur für Geübte und mit Taschenlampe!). Über den sich allmählich verflachenden Kamm weiter durch Wald zur **Gauermannhütte** ❻ am Plattenstein, 1154 m.

Die Gauermannhütte. Im Hintergrund der Schneeberg.

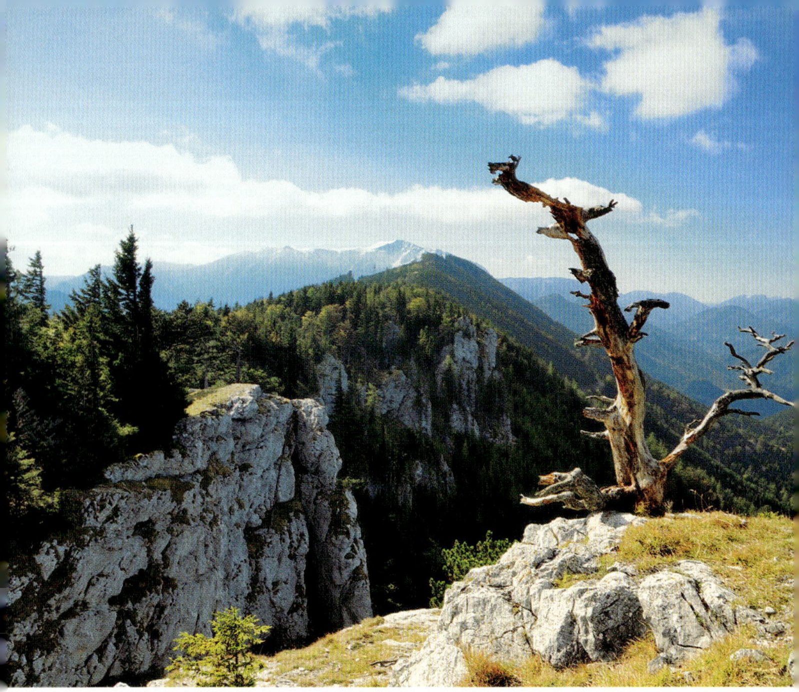

Blick vom Plattenstein in die Nordwestabstürze der Dürren Wand und zum Schneeberg.

Von der Hütte den rot bez. Karrenweg 01A und 231 nach Südwesten durch die bewaldete Bergflanke abwärts zu einer querenden Forststraße mit der **Baumgartner Rast** 7. Jenseits der Straße scharf links den hohlwegartigen und recht steinigen Ochsenweg nach Osten abwärts, später am oberen Rand von Wiesen zur **Abzweigung** 8 des Weges zum **Haselbauer**. Geradeaus weiter zu dem auf einem Sattel gelegenen **Schweighof** 9, 805 m. In nordöstlicher Richtung einen Ziehweg über Wiesen sanft abwärts in den Weiler Ungerberg, 730 m (keine Einkehrmöglichkeit), und die dort beginnende Straße weiter abwärts zum **Waldrand** 10. Dort rechts ab und auf dem rot bez. Fußweg durch einen Waldgraben hinab zu einem Sträßchen. Auf diesem, sich rechts haltend, zur Dorfstraße von Frohnberg und links zurück zum **Ausgangspunkt** 1.

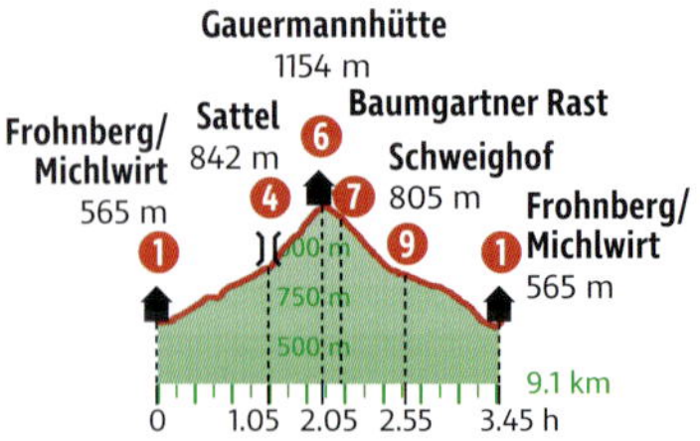

↗ 580 m | ↘ 580 m | 9.7 km

TOP 40

4.00 h

Schober-Öhler-Überschreitung (West–Ost)

Höhenspaziergang im Banne des Schneebergs

Gibt es die objektiv »schöne Bergtour« überhaupt? Ist vieles nicht letztlich von den Umständen, vom Wetter, von Stimmung, Laune oder Geschmack abhängig? Wer nach einem Tourenhit Ausschau hält und dabei einigermaßen sicher gehen möchte, hat mit der Schober-Öhler-Überschreitung jedenfalls einen Trumpf in der Hand. Bei dieser Mittelgebirgswanderung vor dem Schneeberg passt bei gutem Wetter einfach alles, und auch die Einkehrmöglichkeiten liegen am richtigen Ort …

Ausgangspunkt: Berggasthof Mamauwiese, 957 m (Parkplatz) im Norden der Mamauwiese, am Sattel zwischen Schneeberg- und Dürre-Wand-Massiv. Autozufahrt auf Naturstraßen von Gutenstein, 481 m, und durch das Klostertal entweder durch den Schwarzgraben (12,5 km) oder durch den Klausgraben (14 km).
Anforderungen: Einfache Kammüberschreitung auf bez. Wegen, im Steilanstieg auf den Schober etwas mühsam. Trittsicherheit nötig!

Einkehr: Berggasthof Mamauwiese (40 B., zusätzlich Selbstversorger-Apartments; wegen unsicherer Öffnungszeiten genauere Details bitte vorher erfragen; 15. März–31. Okt. geöffnet, Di. und Mi. Ruhetag, Tel +43 2634 72088, www.mamauwiese.at); Öhlerschutzhaus (42 B., 1. März–31. Okt. geöffnet, außer feiertags Mo. u. Di. Ruhetag, Tel. +43 2636 3225 o. +43 664 5226384); Jausenstation Schoberalm (keine Übernachtung, 15. Mai–30. Sept. Sa. u. So. geöffnet).

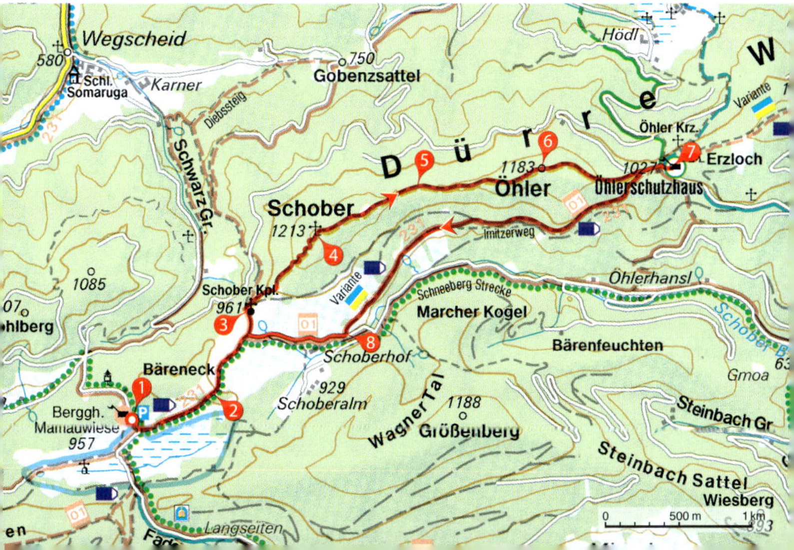

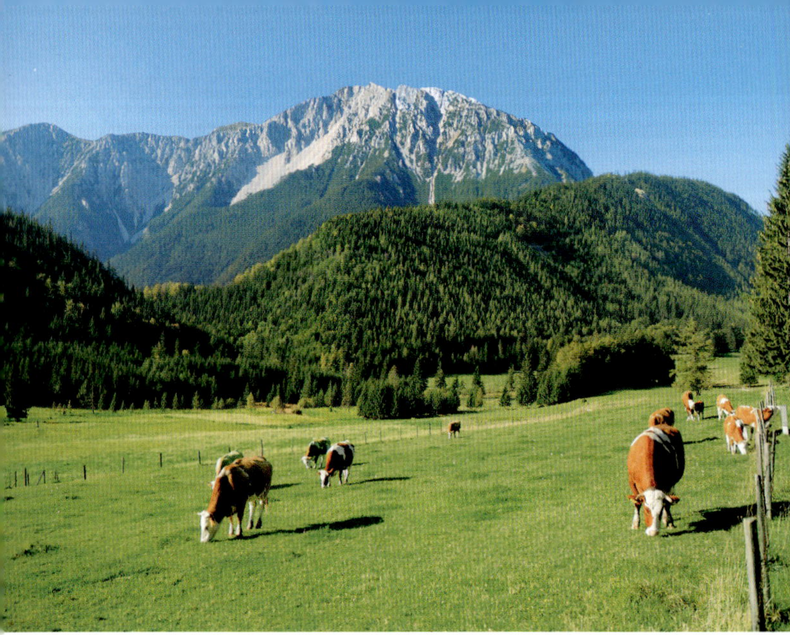

Das Schneeberg-Massiv über den sanften Almböden der Mamauwiese.

Vom **Berggasthof Mamauwiese** ❶ auf dem Fahrweg 100 m eben nach Südosten zu einer Verzweigung. Links den bez. Fahrweg Nr. 231 durch Wiesen und lichten Baumbestand in Nordostrichtung sanft bergauf zu einer **Anhöhe** ❷, 1010 m, mit Gatter (Übertritt). Jenseits über die Wiesen der Schoberalm hinab zu einem querenden Fahrweg und diesen nach links hinauf in den **Schobersattel** ❸, 961 m, mit Kapelle. Durch ein Gatter (Übertritt) zu einer Verzweigung. Rechts den gelb bez. Hans-Linhart-Steig über den bewaldeten Südwestrücken des Schober zur Linken eines Zaunes hoch, dann in Windungen sehr steil empor und im felsig-bewaldeten Gelände (Schneebergblick!) auf den Gipfel des **Schober** ❹, 1213 m, leider ohne Rundsicht!

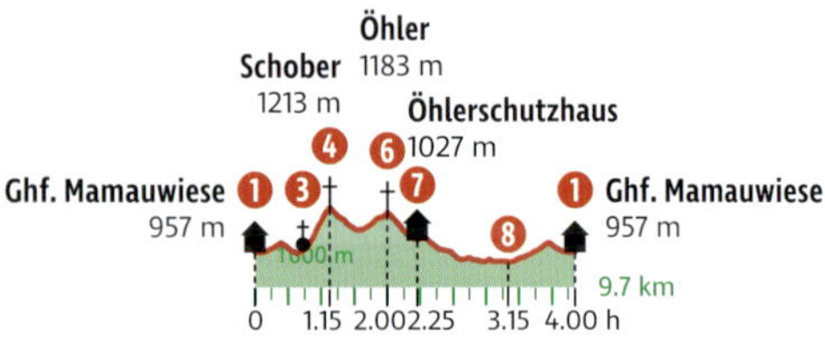

Auf dem gelb bez. Steig über den Ostrücken des Berges hinab in den **Sattel** 5, 1085 m, vor dem Öhler. Jenseits den Waldrücken hinauf, dann in die linke Flanke (Nordseite) des Berges und dort ein Stück bergab. Danach links unterhalb einer lang gestreckten Felswand aufwärts und kurz vor einem mächtigen Überhang nach rechts empor an den Westrücken mit schönem Rundumblick. Den Waldrücken weiter aufwärts zum bewaldeten Gipfel des **Öhler** 6, 1183 m. Den Ostrücken hinunter zu einem Verzweigungspunkt (rechts geht es auf Weg Nr. 231 zurück zur Mamauwiese) und geradeaus in den **Öhlersattel** mit dem **Öhlerschutzhaus** 7, 1027 m.
Zurück zum erwähnten Verzweigungspunkt. Links den rot bez. Fahrweg Nr. 231 in die bewaldeten Südhänge des Öhler hinein und dort bald zu einer Gabelung. Links nun auf dem Fußweg an den Hängen eben und abwärts zu einem querenden Fahrweg. Diesen nach links und in stetem Auf und Ab weiter, zuletzt über Wiesen zur Naturstraße im **Schobergraben** 8. Auf ihr rechts, an der Linksabzweigung zur Jausenstation Schoberalm vorbei, über Wiesen nach Westen aufwärts zur Verzweigung unterhalb des Schobersattels und auf bekanntem Weg zurück zum **Berggasthof Mamauwiese** 1.

Die Kapelle am Schobersattel.

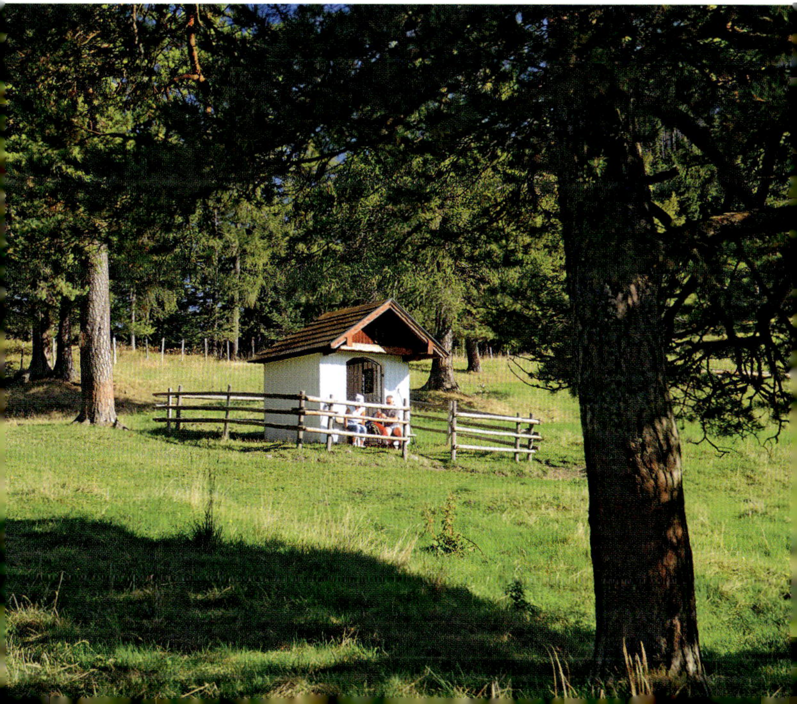

TOP

41

↗ 270 m | ↘ 270 m | 10.1 km

Teufelsmühlstein, 464 m, und Steinerner Stadl, 485 m

3.00 h

Wald- und Felsromantik in den Fischauer Bergen

Eine abwechslungsreiche Rundstrecke gibt es im Norden des Fischauer Mittelgebirges abzulaufen, wo charakteristische Föhrenwälder und helle Kalksteinfelsen ein wirkungsvolles Nebeneinander bilden. Vor allem der »Steinerne Stadl« ist hier zu nennen, eine mächtige Durchgangshöhle (Felsentor), die Schutz vor Wetterkapriolen bietet und Kinderphantasien zu allen möglichen Manövern anregt.

Ausgangspunkt: Bahnhof in Wöllersdorf, 315 m (auch Bushalt, Parkplatz), nahe der Südautobahn, an der Mündung des Piestingtals in das Wiener Becken.
Anforderungen: Unschwierige Wanderung auf bez. Fuß- und Fahrwegen.
Einkehr: Gastbetriebe in Wöllersdorf. Unterwegs keine Einkehr!

Hinweis: Im Bereich der Malleiten befand sich eine frühgeschichtliche Höhensiedlung mit bedeutender Kupferverarbeitung. Entdeckt wurden 14 Hügelgräber aus der Hallstattzeit (700 v. Chr.) mit Brandbestattung. Tonscherbenfunde befinden sich im Wiener Neustädter Stadtmuseum.

Vom Bahnhof in **Wöllersdorf** ❶ die Fischabergstraße westwärts in das Ortsgebiet und auf der Hauptstraße 150 m geradeaus bis zum Gasthof Räuscher. Das rot und grün bez. Sträßchen »An der Buchstetten« nach links unter Bahn und Umfahrungsstraße hindurch, danach auf einem asphaltierten »Forstweg« durch eine Siedlung nach Süden aufwärts. Schließlich auf dem rot bez. Fußweg nach links durch schönen Föhrenwald nach Südwesten empor zur **Fischaberg-Terrasse** ❷ mit einer Forststraße, die traversiert wird. Links am Sportplatz vorbei zu einem Karrenweg und auf diesem rechts zu einer **Verzweigung** ❸, 475 m. Rechts ab und auf dem rot bez. Fußweg, an der Linksabzweigung zum »Brünnl« vorbei, im Wald nach Nordwesten zur Abbruchkante gegen den Marchgraben und dort steil hinab zu dem auf einem Sockel ruhenden Felsgebilde des **Teufelsmühlsteins** ❹, 464 m.

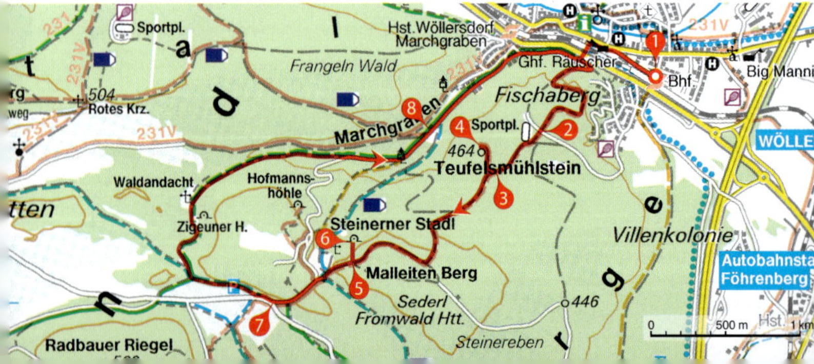

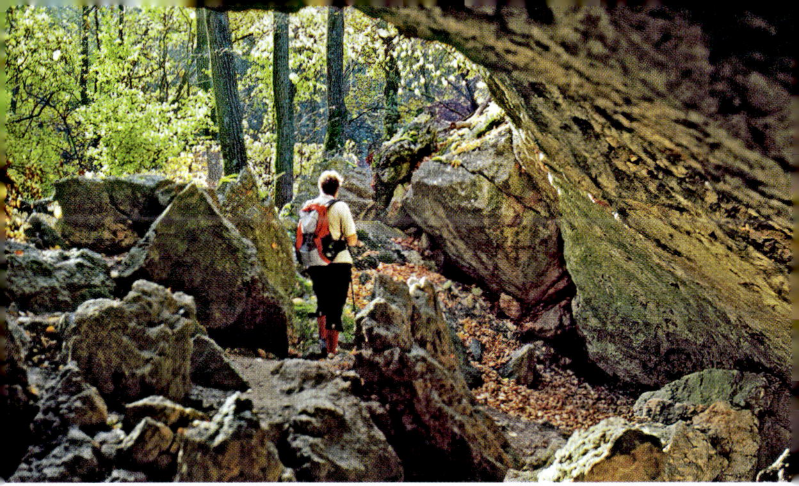

Im wuchtigen Felstor des Steinernen Stadls.

Zurück zur oben erwähnten **Verzweigung** 3 und dort den rot bez. Karrenweg durch Wald nach rechts (Südwesten) hoch, später nach Süden steiler empor auf das Waldplateau des **Malleitenberges** (prähistorisches Siedlungsgebiet). Am nördlichen Abbruchrand des Plateaus westwärts sanft bergauf zu einer Teilung und nach rechts durch einen schönen Eichenwald zur nächsten **Weggabelung** 5, 540 m. Rechts ab und an einem Zaun entlang nach Nordwesten hinab zum Felstor des **Steinernen Stadls** 6, 485 m, einer 30 m breiten, 15 m langen und bis zu 3 m hohen Durchgangshöhle.
Zurück zur erwähnten **Weggabelung** 5. Den rot bez. Hauptweg im Wald nach rechts (Südwesten) hinab zu einer schönen Wiese und zu einer Verzweigung. Geradeaus zu einer querenden Asphaltstraße und diese (rot, grün und blau markiert) über eine bewaldete Anhöhe hinweg zur **Asphaltstraße** 7 Bad Fischau – Dreistetten. Auf ihr durch Wiesen 100 m nach rechts, dann halbrechts ab und auf dem bez. Fußweg am Wiesenrand nach Westen, später (an zwei Wegteilungen jeweils rechts halten!) auf dem Fahrweg im Rechtsbogen nach Norden hinunter in den **Marchgraben**. Den anfangs von Felsbildungen flankierten Waldgraben nach Osten talauswärts zu einem **Kinderspielplatz** 8, 354 m, später die Asphaltstraße »In der Teufelsmühle« zu einer Gabelung. Rechts die Straße »An der Buchstetten« ostwärts zur Rechtsabzweigung des »Kickersteiges«, danach links unter Bahn und Umfahrungsstraße hindurch nach **Wöllersdorf** 1 und dort zum Bahnhof.

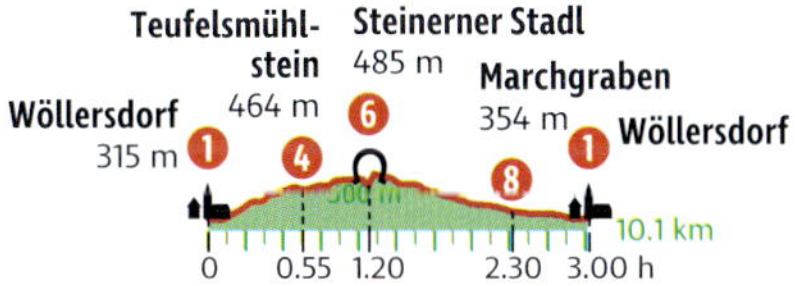

↗ 380 m | ↘ 380 m | 14.9 km

42 Größenberg, 605 m

4.30 h

In das Föhrenwald-Paradies der Fischauer Berge

Nicht gerade an heißen Sommertagen, vielmehr im Frühling und Herbst zeigt diese Voralpenwanderung ihre schönsten Seiten. Auf ihr werden die der Hohen Wand östlich vorgelagerten Fischauer Berge überschritten. Dabei wird auch deren höchster Gipfel, der Größenberg, bestiegen. Mit dem Weiterweg zur Ruine Emmerberg und der Rückkehr über Winzendorf nach Bad Fischau ergibt das eine Rundtour für gehobene Ansprüche.

Ausgangspunkt: Ortszentrum (Kirche) von Bad Fischau, 288 m. Parkplätze im Ortsbereich. Bus- und Bahnhalt.
Anforderungen: Leichte, aber lange Wanderung. Teils schlecht markiert.
Einkehr: Gaststätten in Bad Fischau und Winzendorf.
Tipp: Von Bad Fischau lohnender Besuch der Eisensteinhöhle (Führungen Mai–Okt. nach telefonischer Voranmeldung am ersten und dritten So. des Monats 10, 12, 14 u. 16 Uhr, www.eisensteinhoehle.at).
Hinweis: Von Winzendorf besteht Rückreisemöglichkeit mit der Puchberger Bahn Linie 522 Wiener Neustadt–Puchberg am Schneeberg (Achtung, Bahnfahrzeiten vorher erfragen, siehe https://fahrplan.oebb.at) nach Bad Fischau.

In **Bad Fischau** ❶ die Blumentalgasse zum Haus Nr. 4. Dort auf dem bez. Fahrweg durch Wald nach rechts (Nordwesten) hinauf, später erneut rechts zur Waldandacht (Felsgrotte) und weiter zu einer Forststraße. Diese nach links zum ehemaligen **Gasthof Kürassier** ❷. Auf dem Fahrweg nach rechts zu einer lang gestreckten Wiese, später auf dem grün bez. Karrenweg einen Waldgraben nach links (Südwesten) aufwärts zu einem Sattel am

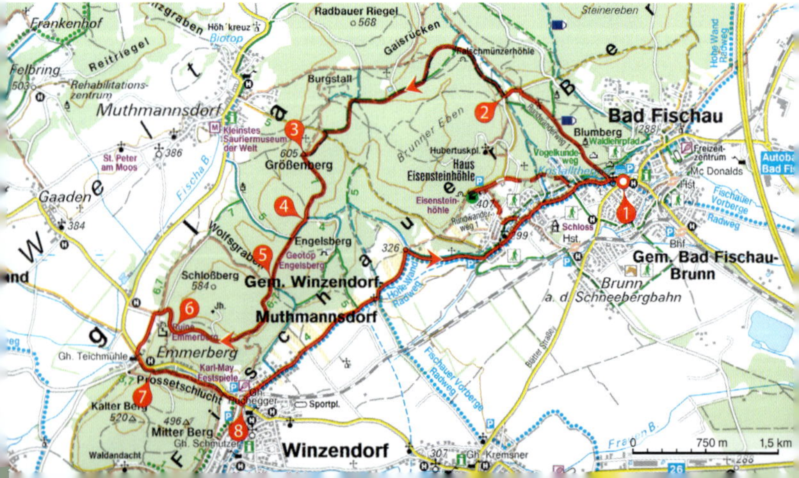

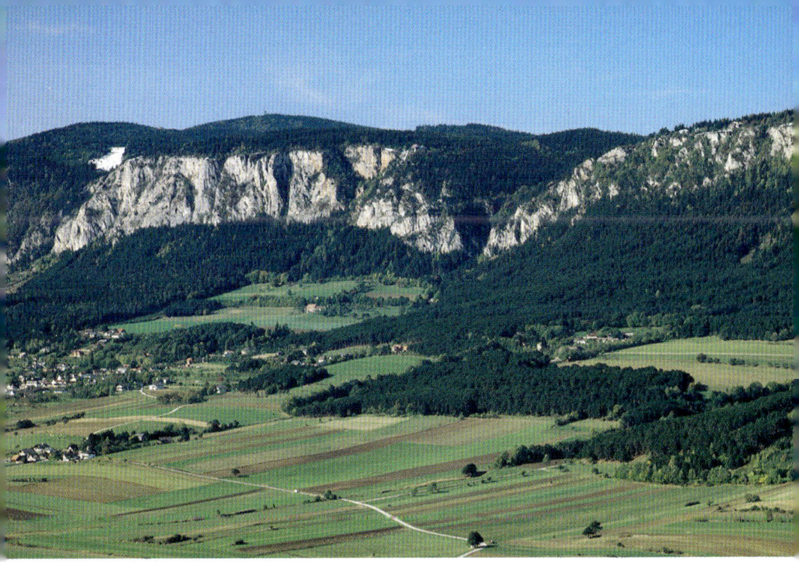

Blick auf die Hohe Wand vom Größenberg aus.

Höhenrücken der Fischauer Berge. Den Rücken nach links empor zur Gipfelwiese am **Größenberg** ❸, 605 m.
Auf dem rot bez. Karrenweg am Rücken nach Südwesten hinab zu einer Forststraße. Diese nach rechts in den **Sattel** ❹, 515 m, vor dem Engelsberg und zur Verzweigung dreier Wege ❺, 520 m. Den rot bez. Weg geradeaus aufwärts und quer durch die Ostflanke des Schlossberges zu einer weiteren Verzweigung, 540 m. Rechts den breiten unbez. Weg nach Westen abwärts zu einer Forststraße und diese einen Graben hinunter, zuletzt eben zur **Ruine Emmerberg** ❻, 460 m. Auf der Straße nach Westen hinab zu einem Meierhof, dann südwärts zur Asphaltstraße Muthmannsdorf – Winzendorf. Diese links zu einer Teilung und geradeaus in die **Prossetschlucht** ❼. Bei einem Haus nach rechts über die Fischa und jenseits auf einem unbez. Steig talauswärts, dann wieder an das linke Ufer und die Straße weiter nach **Winzendorf** ❽, 327 m. Vor der Bahntrasse der Schneebergbahn links durch die »Winzerstraße«, später einen asphaltierten Fahrweg (er folgt der antiken »Blätterstraße«) durch die Felder und Weingärten des Wiener Beckens nordostwärts nach **Bad Fischau** ❶.

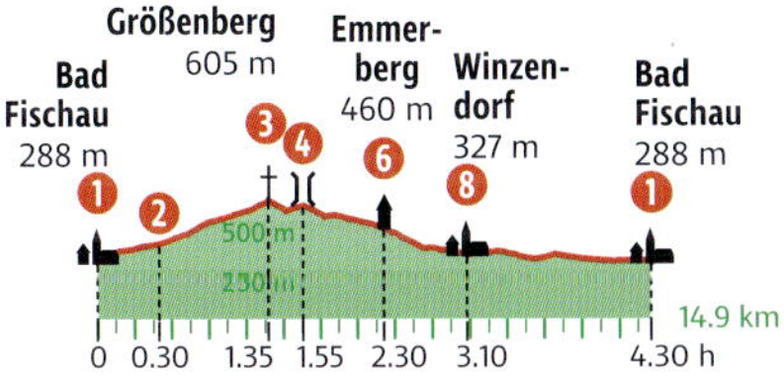

↗ 350 m | ↘ 350 m | 11.7 km

43 Johannesbachklamm, Dürrenberg-Runde

3.15 h

Erfolgssicherer Wandervorschlag für Kind und Kegel

Als langer, aus weichem Schiefergestein gebildeter Waldgraben durchreißt das Tal des Johannesbachs das Hügelgewoge der Grünbacher Berge zwischen Würflach und Greith. Knapp vor seinem Austritt ins Wiener Becken verengt es sich in einer romantischen Kalksteinklamm, die trotz bescheidener Dimensionen zu den beliebtesten Ausflugszielen der Gegend gehört. 1902 von den Wiener Naturfreunden erstmals begehbar gemacht, erweist sich ihr Besuch vor allem mit »Kleinen Leuten« als ergiebig, tragen doch plätschernde Wasser, abenteuerlich geformte Felszacken, lustige Brücken, Stege und Stiegen einiges zur Unterhaltung bei. Man kann sich mit der Durchwanderung der Talenge mit ihren malerischen Felsbildungen und typischen Föhrenwäldern begnügen (siehe Varianten!), doch für jene, die mehr wollen, empfiehlt sich der hier beschriebene Rundweg um den Dürrenberg.

Romantische Johannesbachklamm.

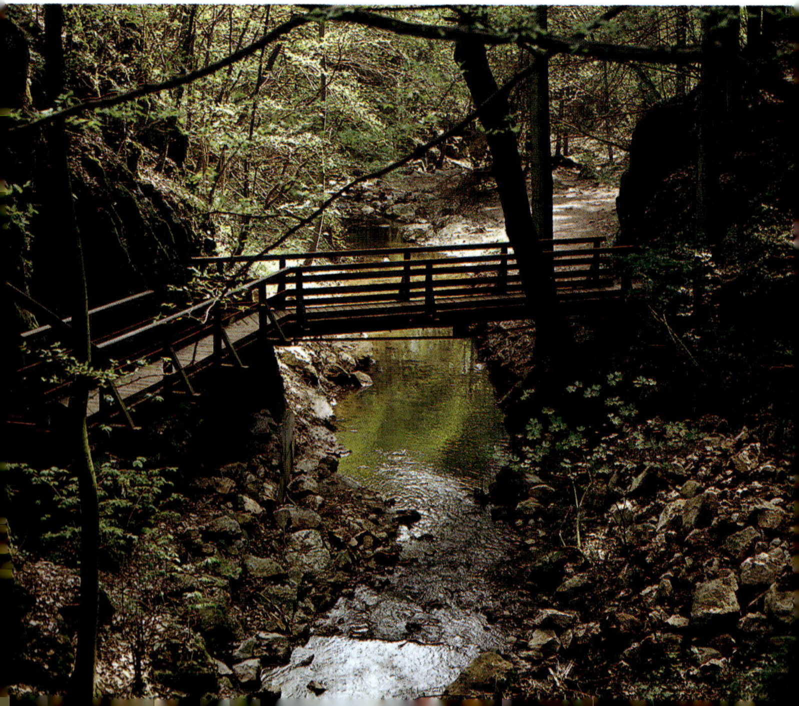

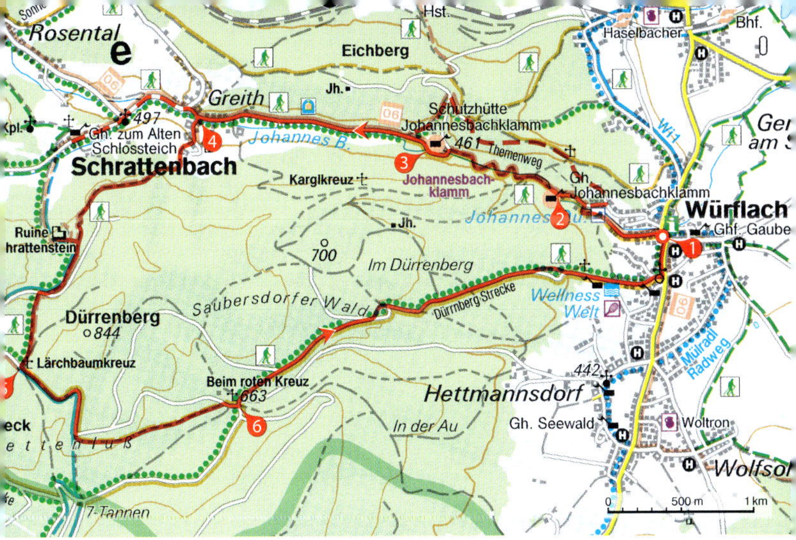

Ausgangspunkt: Gemeindeamt im Ortszentrum von Würflach, 400 m. Bushalt, Parkplätze.
Anforderungen: Einfache Wanderung auf bez. Wegen und Forststraßen.
Einkehr: Mehrere Gaststätten in Würflach. Schutzhütte Gerhartl »In der Johannesbachklamm« (2 Ferienwohnungen, von Ostern bis 25./30. Sept. Sa., So. u. Feiertag ab 10 Uhr geöffnet, bei Schlechtwetter geschlossen; Tel. +43 699 18162557).
Variante: Vom Westende der Johannesbachklamm gelangt man wesentlich kürzer auch über den »Kleinen Rundweg« nach Würflach: Von der Schutzhütte Gerhartl zunächst westwärts über den Bach zu einer Gabelung. Den blau-gelb bez. Fahrweg Nr. 4 an den Waldhängen scharf nach rechts aufwärts in einen Graben und dort zu einer Forststraße. Diese (Weg Nr. 3 und 4) ostwärts weiter in einen Sattel mit Verzweigung. Kurz nach rechts (Süden) hinauf an den die Johannesbachklamm flankierenden Rücken mit prächtigem Föhrenbewuchs. Dort nach links (Osten) abwärts zum »Berimoasta-Kreuz«. Rechts ab und auf dem breiten Weg hinab zu einem Felsturm, danach ostwärts hinunter nach Würflach. 45 Min. ab der Schutzhütte Gerhartl, ges. 1.15 Std.
Hinweis: Die zwischen den Waldkuppen des Dürrenbergs (»Kettenlus«) und des Eichbergs eingelagerte Johannesbachklamm wurde einst auch »Steinklaus« genannt.

In **Würflach** ❶ die Neunkirchner Straße südwärts über den Johannesbach zur Rechtsabzweigung der Brunnengasse. Durch diese (Weg Nr. 2, 4 und 206) westwärts eben zum Straßenende bei der Johannesquelle. Auf einem breiten Fußweg 100 m am Waldrand entlang, dann nach rechts über den Bach zu einer Asphaltstraße und auf ihr links in den Johannesbachgraben. Dort bald zum Ende der befahrbaren Straße (Parkplatz), danach auf einem Naturfahrweg zum **ehem. Gasthaus Lackner** ❷, 420 m. Auf dem guten

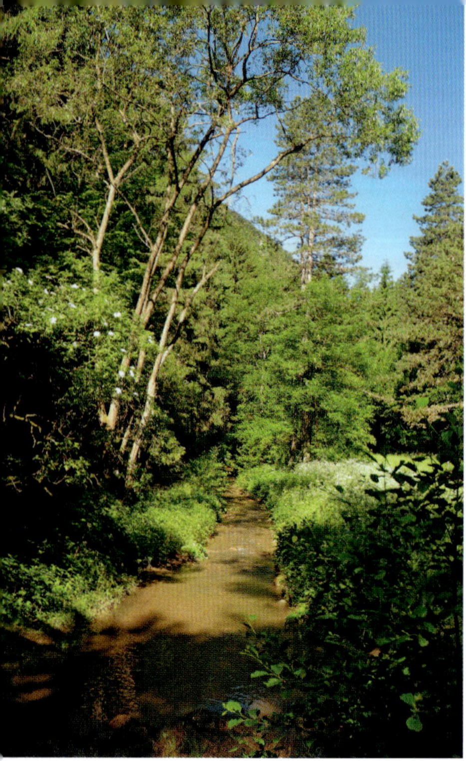

Im Waldgraben der äußeren Johannesbachklamm kurz nach dem Gasthaus Lackner.

Fußweg in dem jetzt engen Waldgraben eben weiter, später durch die Felsklamm (Brücken, Stege und Stiegen) aufwärts zur **Schutzhütte Gerhartl »In der Johannesbachklamm«** 3, 461 m, am Ende der Talenge. Auf der Naturstraße den breiten, wiesenreichen Graben westwärts eben nach **Greith** 4, 480 m, und dort zu einer Straßenteilung. Links die rot bez. Asphaltstraße (Weg Nr. 2) 150 m nach Süden aufwärts zu einer Verzweigung. Links einen Hohlweg hinauf zu einer Teilung und nach rechts in den Wald. Dort am Nordabhang des Dürrenbergs nach Südwesten empor in einen Sattel zwischen zwei Felsköpfen. Jenseits hinauf zu einem querenden Karrenweg (rechts zur nahen Ruine Schrattenstein, 12. Jh.) und auf diesem unter den Dürrenberg-Wänden zu einer Forststraße. Auf ihr, sich rechts haltend, zu einer Verzweigung bei einem Wendeplatz und dort den Fußweg Nr. 2 nach links (Süden) aufwärts an den Dürrenberg-Südwestrücken. Nun auf dem Fahrweg nach rechts zur Waldlichtung beim **Lärchbaumkreuz** 5, 750 m. Die gelb und blau bez. Forststraße (Weg Nr. 2) an der Südseite des Dürrenbergs nach links (Südosten) abwärts zu einer Teilung und, sich rechts haltend, zur nächsten Verzweigung. Den bez. Karrenweg geradeaus bergab zum Sattel beim **Roten Kreuz** 6, 663 m. Auf der Forststraße durch Föhrenwälder nach Nordosten weiter abwärts, zuletzt auf einer Asphaltstraße (»Holzweg«) nach **Würflach** und dort links durch die Neunkirchner Straße zurück ins **Ortszentrum** 1.

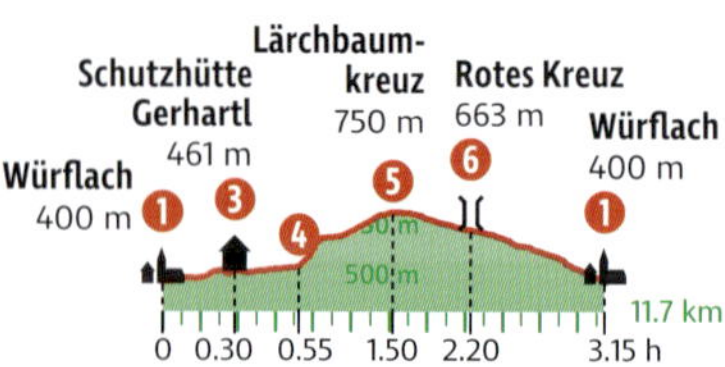

↗ 490 m | ↘ 490 m | 8.2 km

3.00 h

Flatzer Wand und Gösing, 898 m

44

Warmer Kalkfels und duftende Harzföhrenwälder am Voralpenrand

Wenn in den Tagen nach Allerheiligen die meisten Bergwanderer ihre Ausrüstung in den Schubladen verstauen und Unentwegte bereits ans Skifahren denken, dann ist die Zeit für Streifzüge durch die Wälder und Steilwände rund um das Dörfchen Flatz gekommen. Die nach Süden offene Mulde speichert die Wärme der schon tief stehenden Sonne und lässt Erinnerungen an den Sommer wach werden.

Ausgangspunkt: Flatz, 461 m, 6 km nordwestlich von Neunkirchen. Parkmöglichkeit in der Wandgasse, im nordwestlichen Ortsbereich. Bushalt.
Anforderungen: Unschwierige Wanderung, nur am Fürststeig Trittsicherheit nötig.
Einkehr: Neunkirchner Haus, 758 m (14 B., 25 L., ganzj. Sa., So. u. Feiertag geöffnet, Tel. +43 2630 37367 o. +43 676 4192966, www.neunkirchen.naturfreunde.at); Gasthaus Reiterer in Flatz (Di., Mi. Ruhetag, Tel +43 2630 35062).
Variante: Zum Flatzer Loch (Klettersteigerfahrung nötig!): Von der Info-Tafel am Beginn des Fürststeigs links abwärts und entlang blauer Zeichen, links von einer Felsrinne zum Beginn der Sicherungen. Erst entlang von Griff- und Tritteisen, dann nach rechts mittels Eisenstiften und Ringen hinauf zum Flatzer Loch; zusätzlich 20 Min.

Herbst im Talkessel von Flatz.

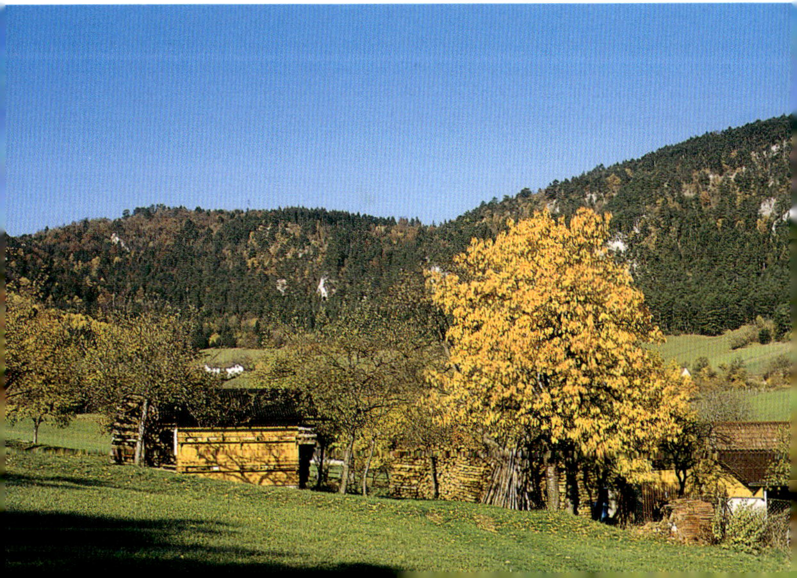

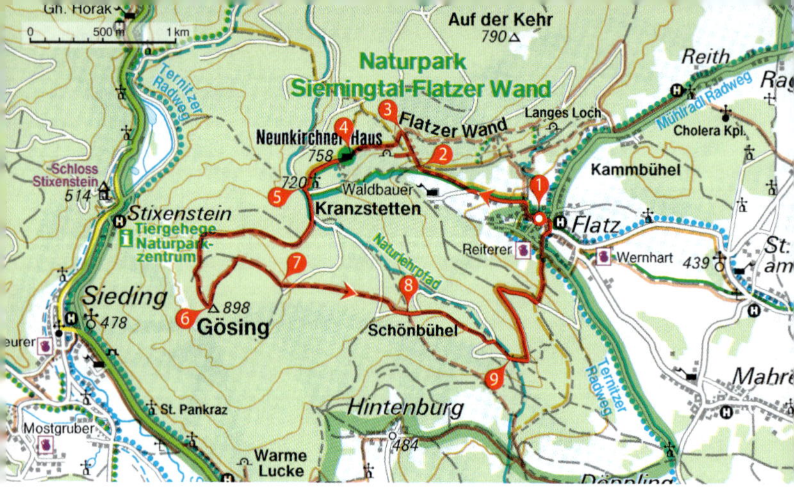

Von der Wandgasse im Ortszentrum von **Flatz** ❶ in nordwestlicher Richtung (blau, gelb, und grün bez.) sanft aufwärts, später durch einen Hohlweg zu einer **Weggabelung** ❷. Rechts ab und auf dem rot bez. **Fürststeig** über bewaldete Hänge steil hinauf zum Fuß der Felsen. Hier zweigt links der Steig zum Flatzer Loch ab (siehe Variante). Auf dem mit Holzstiegen versehenen und mit Ketten gesicherten Pfad durch die romantischen Schiebbögen (Reste eines weit verzweigten Höhlensystems), dann über Schrofen entlang der guten Kettensicherung in einen Waldgraben und durch oft tiefes Laub hinauf zum **Querweg** ❸ am Plateaurand. Nun links den rot bez. Steig entlang der Felsabbrüche (prachtvolle Tiefblicke) sanft aufwärts zum **Neunkirchner Haus** ❹, 758 m.

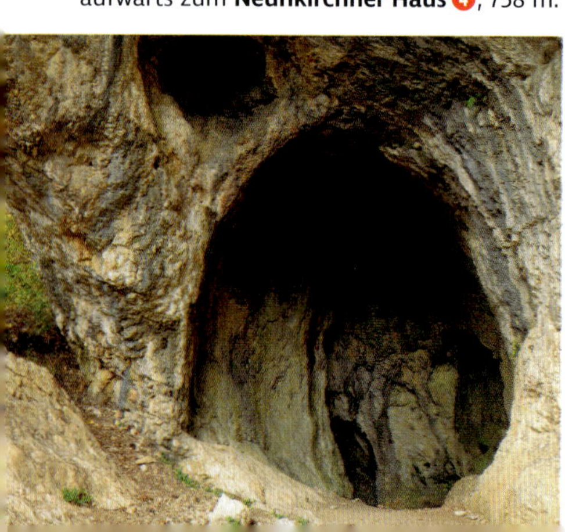

Vom Schutzhaus den breiten Fahrweg nach Südwesten hinab zum Wegkreuz Kranzstetten am **Flatzer Anger** ❺, 720 m, zwischen Flatzer Wand und Gösing. Nach Süden 200 m aufwärts zu einer weiteren Teilung. Hier rechts auf dem begrünten Güterweg in einem weit ausholenden Bogen durch Harzföhrenwälder nach Westen empor

Das Flatzer Loch.

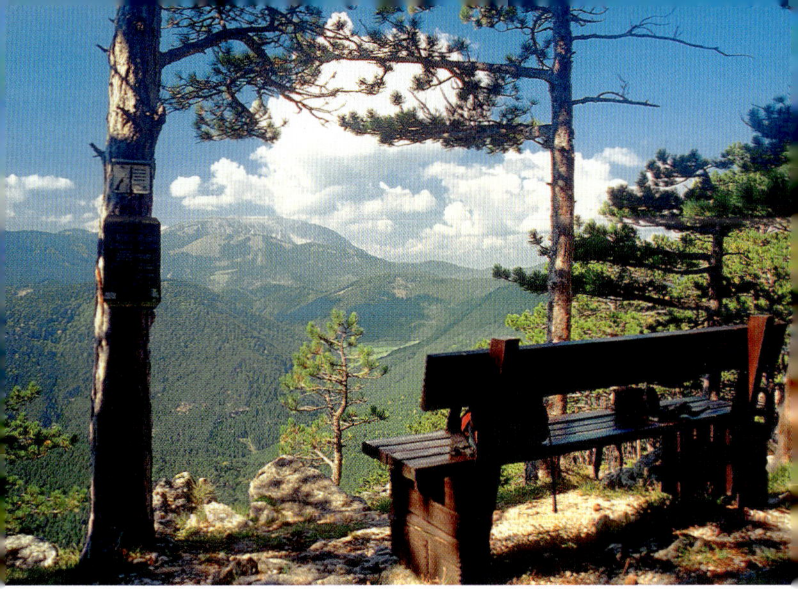

Das Schneebergbankerl am Gösing.

zum Ende der Forststraße. Auf dem rot bez. Waldsteig durch die Westflanken des Gösing mäßig steil aufwärts zum aussichtsreichen Schneebergbankerl am Rand der Felsabbrüche mit schönem Tiefblick nach Sieding und zum Schneeberg. Den bez. Weg weiter zur flachen, bewaldeten Gipfelkuppe des **Gösing** 6, 898 m, mit mehreren Rastbänken, aber leider ohne Rundsicht!

Vom Gipfel auf dem rot bez. Steig in Nordrichtung abwärts zu einer Forststraße. Auf ihr nach rechts (Südosten) bis zur Linksabzweigung eines rot bez. **Waldsteigs** 7. Auf diesem über den breiten Waldrücken nach Osten sanft abwärts, eine Forststraße querend, in den Sattel vor dem Schönbühel, wo rechts der rot bez. **Hühnersteig** 8 abzweigt. Hier aber geradeaus weiter, auf dem unbez. Weg wenig nördlich am Schönbühel vorbei und durch einen Hohlweg hinab zu einer blau bez. Forststraße. Auf ihr den Waldkamm nach Südosten hinab zu einer **Wegteilung** 9. Links eine mit orangem Punkt markierte Forststraße (der blau bez. Weg zweigt rechts ab) mittels zweier Kehren hinab zur Querung eines gelb bez. Weges. Auf diesem links hinab in die Gösinggasse und durch die Bründlgasse zurück zum **Ausgangspunkt** 1.

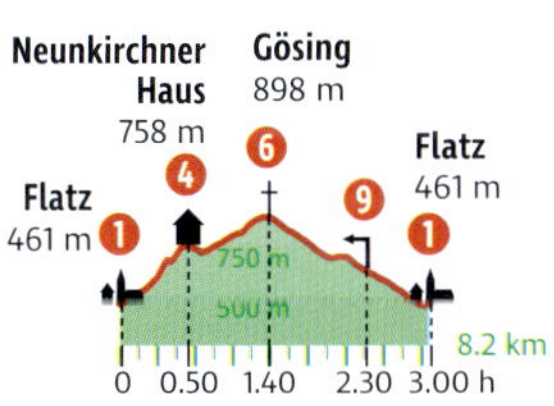

↗ 500 m | ↘ 500 m | 14.5 km

45 Von Puchberg nach Gutenmann

4.30 h

In die Waldeinsamkeit der Grünbacher Berge

Der Himberg am Ostrand des Puchberger Beckens ist seit Stilllegung des alten Sesselliftes ein recht einsamer, vernachlässigter Berg geworden. Bestimmt zu Unrecht, denn von seinen Anstiegswegen und vom Gipfel genießt man wunderbare Ausblicke auf Puchberg und zum allgewaltigen Schneeberg. Wir empfehlen, sich mit seiner Besteigung nicht zu begnügen, sondern die Wanderung über die Waldkämme der Grünbacher Berge bis nach Gutenmann fortzusetzen und über den idyllischen Ziehrerweg entlang der Sierning nach Puchberg zurückzukehren.

Ausgangspunkt: Puchberg am Schneeberg, 585 m. Bahn- und Bushalt, Parkmöglichkeit beim Bahnhof.
Anforderungen: Einfache Wanderung. Ausdauer nötig!
Einkehr: Gastbetriebe in Puchberg; Gasthof Bock in Gutenmann (4 B., ganzj. offen, kein Ruhetag, Speisen auf Voranmeldung, Tel. +43 2637 2330). Sonst keine Einkehr.

Variante: Über die Allelujahöhle: Von der Verzweigung am Beginn des Aufstiegs auf den Himberg geradeaus weiter nach Osten (rot bez.), später in steilen Kehren hinauf zur Allelujahöhle (Halbhöhle) in der steilen Waldflanke. Den etwas mühsamen Steig weiter in Kehren die Flanke hoch bis zur Einmündung in den Hauptweg östlich des Himberggipfels; zusätzlich 15 Min.

Vom Bahnhof in **Puchberg** ❶ die Bahnhofstraße nach Osten zur querenden Wiener Neustädter Straße. Diese nach rechts (Süden), gegenüber dem Gemeindeamt links ab und auf den rot bez. Weg über den Sierningbach. Durch Föhrenwald den Nordwesthang des Himberges hinauf zu einer Verzweigung (geradeaus weiter führt der rot bez. Steig zur Allelujahöhle). Hier

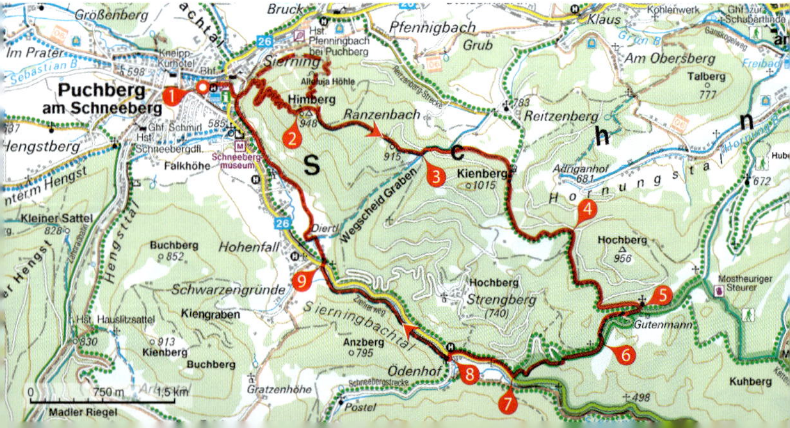

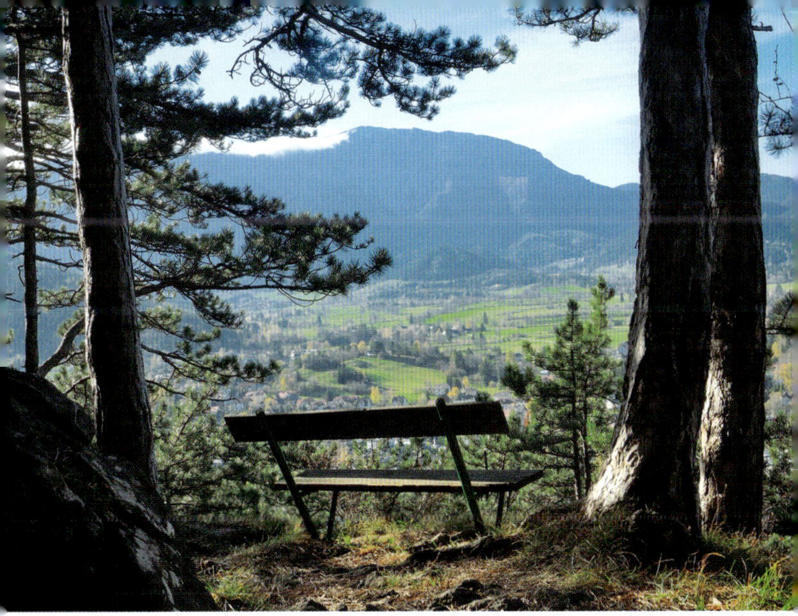

Rastbank am Aufstieg zum Himberg mit Blick in das Talbecken von Puchberg und zum Schneeberg.

scharf rechts einen gelb bez. Steig in weiten Kehren den steilen Hang aufwärts, wobei empfehlenswerte Abstecher zu den Aussichtskanzeln Theresienfels und Geierwand mitgenommen werden können. Schließlich erreicht man das geschlossene **Himberghaus** ❷, 925 m, wenige Meter unterhalb des Gipfels.

Auf dem ebenen, blau bez. Güterweg nördlich um den Himberggipfel herum (links die Abzweigung zur Allelujahöhle), dann auf der Kammhöhe entlang nach Osten, später hinab zu einer **Wegteilung** ❸ in einem Sattel. Links einen Karrenweg abwärts zu einer weiteren Teilung und geradeaus weiter einen rot. bez. Fahrweg sanft aufwärts um den bewaldeten Kienberg herum zu einem einmündenden Karrenweg. Diesen rechts aufwärts, dann links ab zu einem Wildzaun am Rand einer großen Wiese mit Schneebergblick. Auf einem rot bez. Waldsteig entlang dieses Zaunes nach Osten, später steil hinab in einen

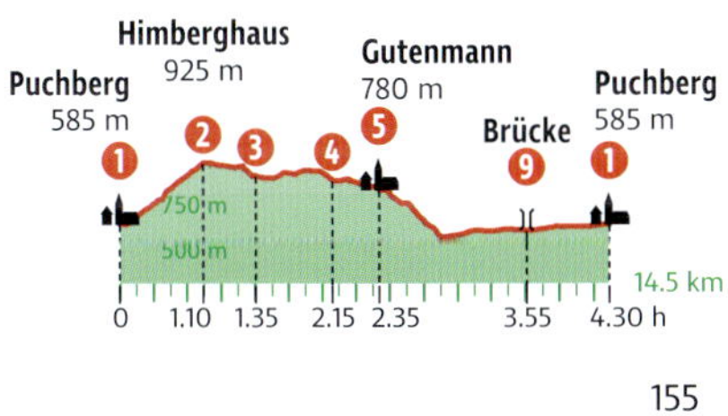

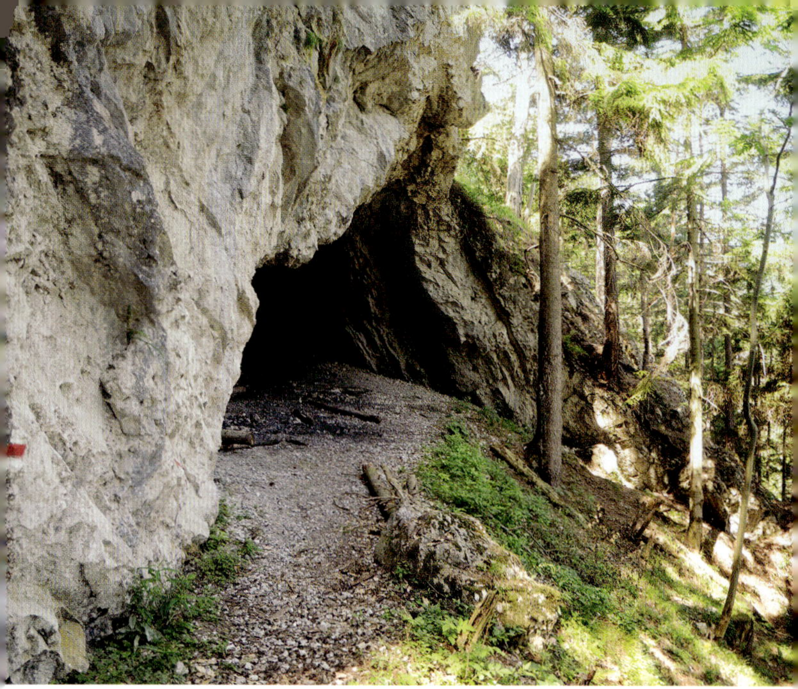

Die Allelujahöhle in der Nordflanke des Himbergs.

Sattel mit **Forsthaus** ❹. Hinter dem Haus nach rechts kurz abwärts, dann links auf einem bequemen Weg an den Südflanken des Hochbergs entlang zur Straße in **Gutenmann** ❺, 780 m. Die Dorfstraße abwärts bis vor die erste Linkskehre, dort rechts auf dem Karrenweg über Wiesen und durch ein Wäldchen hinab zum **Gasthof Bock** ❻. Nun entweder die Straße weiter abwärts oder besser nach einem kleinen Sattel (rechts Marterl) über die linke Straßenböschung auf Steigspuren hinab zu einem alten Karrenweg. Auf diesem durch Wald hinab zum Scheitel einer Kehre der Fahrstraße. 100 m nach der Kehre wiederum links ab und erst auf Steigspuren, später auf dem grün bez. Hohlweg durch Wald abwärts zur Straße und auf ihr zur **Sierningtalstraße** ❼. Auf dieser nach rechts zum ehem. **Gasthof Edenhof** ❽, 535 m, und links über eine Brücke an das südliche Ufer des Sierningbaches. Gleich wieder rechts ab (Bildstock) und den romantischen Ziehrerweg (blau bez.) am Bach entlang zur Straßenbrücke im Ortsteil **Diertl**. Rechts über die **Brücke** ❾ und jenseits links erst auf der Straße, dann über schöne Wiesen in Nordwestrichtung nach **Puchberg**. Zuletzt entlang des Sierningbaches zurück ins **Ortszentrum** ❶.

↗ 850 m | ↘ 850 m | 9.0 km

4.30 h

TOP **46**

Obersberg, 1467 m

Das Schönste wird einem nicht geschenkt!

Nichts schadet einer genussreichen Bergtour mehr als Hetz und Eile. Trotzdem sind bei manchen Unternehmungen früher Aufbruch und zügiges Tempo angebracht, um der Fernsicht willen oder um später wieder rechtzeitig Bus und Bahn zu erreichen. Für die vorliegende Besteigung empfiehlt sich jedenfalls ein früher Start, denn der Anstieg zum Obersberg ist lang, der zu bewältigende Höhenunterschied beachtlich. Und die prachtvolle Gipfelrundsicht sollte man doch bei besten Lichtverhältnissen genießen.

Ausgangspunkt: Hauptplatz von Schwarzau im Gebirge, 617 m. Parkmöglichkeit im Ortsgebiet.
Anforderungen: Einfache, wegen des zu bewältigenden Höhenunterschieds jedoch anstrengende Tour. Unterwegs keine Trinkwasserquelle o. Ä.

Einkehr: Gaststätten in Schwarzau. Waldfreundehütte Obersberg (20 B., 18 L., geöffnet 15./20. Mai–15./20. Sept. Sa. 9 Uhr–So. 15 Uhr, Feiertag 9–15 Uhr, Tel. +43 2667 319 o. +43 2667 35047, www.wieneralpen.at/alle-unterkuenfte/a-waldfreundehuette-obersberg).

Vom Hauptplatz in **Schwarzau** ❶ auf der Asphaltstraße südwärts auf den Kirchhügel mit Pfarrkirche links und Kaiser-Franz-Josef-Kapelle rechts. Bei der Kapelle rechts ab und auf dem bez. Fußweg über schöne Wiesen in Südwestrichtung aufwärts an den Fuß des Obersberges mit Verzweigung bei einer Bank. Geradeaus hinauf in den seichten Graben zwischen Hauskogel rechts und Pfarrkogel links. Durch ihn vorerst noch über Wiesen, dann durch Wald in Serpentinen nach Südwesten hoch in den **Sattel** ❷, 830 m, zwischen Pfarrkogel und Hirschkogel. Jenseits an den Südhängen des Hirschkogels nach rechts (Nordwesten) empor in den **Sattel** ❸, 890 m, westlich des Bergs. Nun am bewaldeten Ostkamm des Obersberges oder

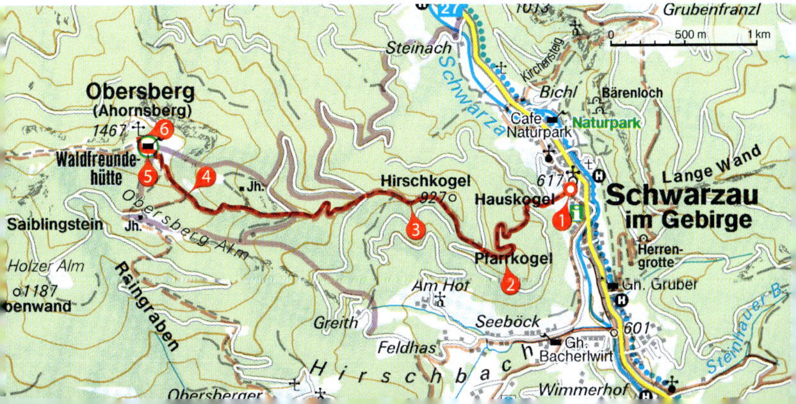

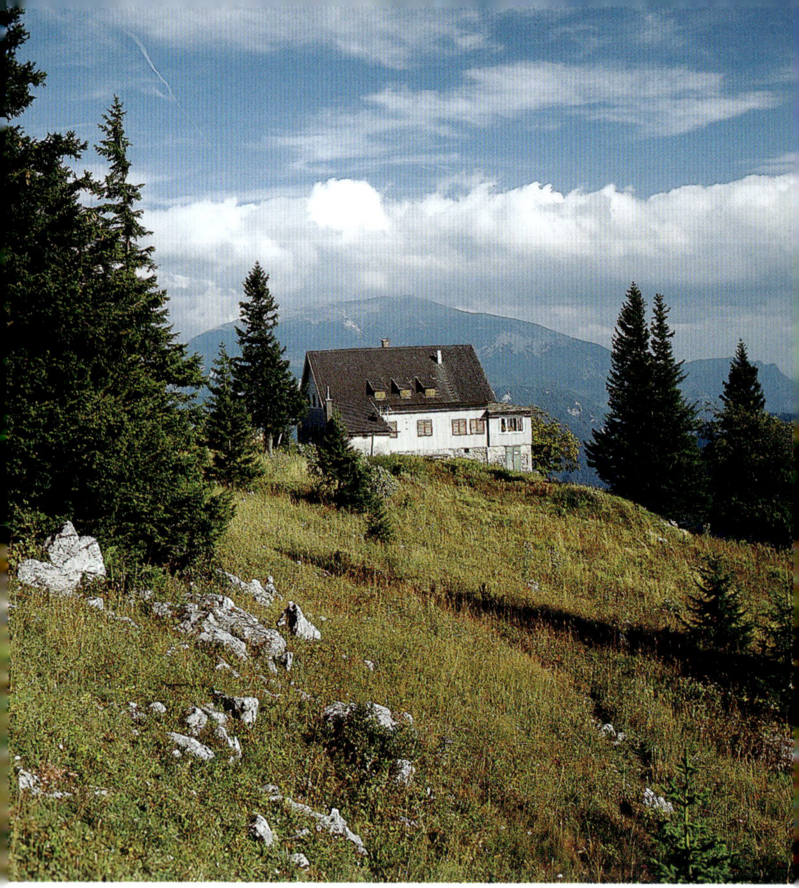

Die Waldfreundehütte am Obersberg.

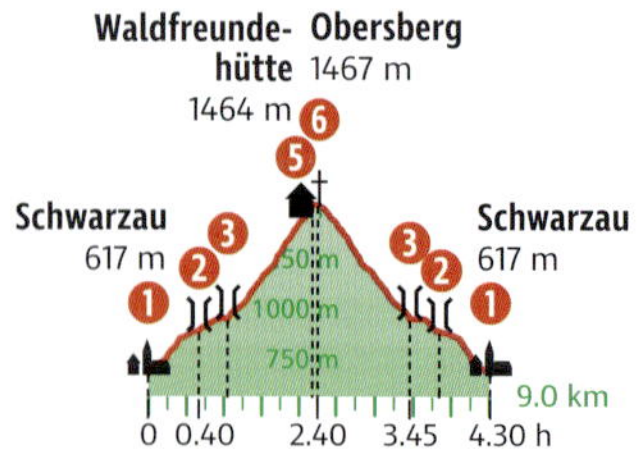

links in seiner Südseite teilweise in Kehren aufwärts und zweimal über eine Forststraße. Dann durch Wald und über Lichtungen steil und etwas anstrengend hinauf zu einer aussichtsreichen **Wiesenschulter** 4, 1350 m. Den breiter werdenden Gipfelrücken durch lichten Baumbestand und über Wiesen mäßig steil nach Nordwesten empor zu der

wenig südlich unter dem Gipfelkamm stehenden **Waldfreundehütte** 5, 1464 m. Den markierten Steig in Richtung Preineck über Wiesen 100 m eben nach Westen, dann rechts ab und kurz hinauf zum Gipfel des **Obersbergs** 6, 1467 m, mit einem großartigen Blick auf Schneeberg, Rax- und Schneealpe, Gippel, Göller, Türnitzer und Gutensteiner Berge.
Abstieg auf derselben Route nach **Schwarzau** 1.

Der Ort Schwarzau im Gebirge ist Ausgangspunkt zur Besteigung sowohl des Obers- wie des Handlesberges (Tour 47).

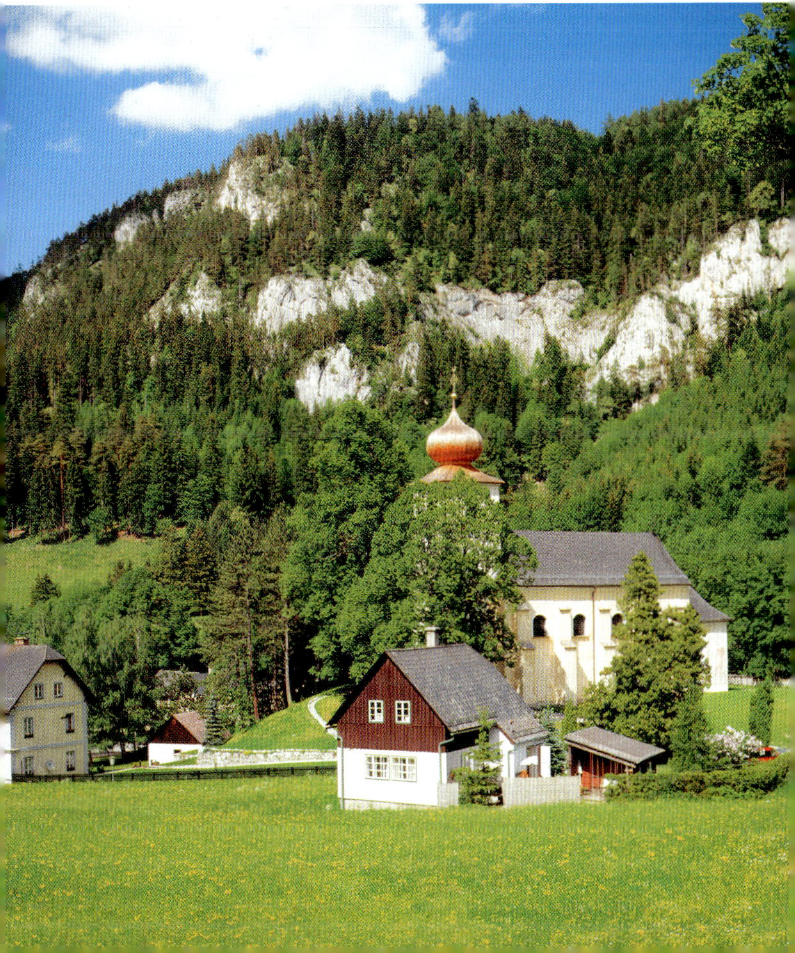

↗ 760 m | ↘ 760 m | 9.6 km

47 Handlesberg, 1370 m

4.00 h

Zu Unrecht vernachlässigtes Gipfelziel im Norden des Schneeberges

Auch an Schönwetter-Sonntagen werden die Berge entlang der oberen Schwarza, ihrer versteckten Lage wegen, selten und wenn, dann meist nur von Einheimischen bestiegen. Dabei bieten diese grünen Trabanten im Norden der Kalkhochalpen, vor allem der weit ins Land schauende Handlesberg, noch viel intakte Natur, von den Ausblicken zu dem in unmittelbarer Nähe übermächtig aufragenden Schneeberg ganz zu schweigen.

Ausgangspunkt: Hauptplatz von Schwarzau im Gebirge, 617 m. Parkmöglichkeit im Ortsgebiet.
Anforderungen: Unschwierige, aber anstrengende Tour. Teils verfallene, aber gut bez. Wege. Unterwegs kein Wasser.
Einkehr: Unterwegs keine Einkehr. Gasthäuser in Schwarzau.
Variante: Vom Verzweigungspunkt ❸ unter dem Hof Grubenfranzl kann der Falkenstein, 1013 m (atemberaubender Tiefblick in das Schwarzatal) auf einer Forststraße und einem Steig problemlos erreicht werden; zusätzlich 1 Std.

Vom Hauptplatz in **Schwarzau** ❶ die B27 nordwärts in den Ortsteil **Bichl** ❷, 610 m. Dort an einer Tafel rechts ab und auf dem Fahrweg zu einem Holzablageplatz, 620 m. Sich rechts haltend, auf dem bez. Steig (»Kirchensteig«) über eine Wiese steil nach Nordosten empor, dann an den bewaldeten Hängen unter dem Falkenstein entlang aufwärts zu einer kleinen Holzkapelle direkt am Wandfuß. Den breiten, durch ein Geländer abgesicherten Weg unter den Felsen weiter aufwärts, später eben zur **Verzweigung** ❸, 830 m, mehrerer Naturstraßen (links zum Falkenstein). Hier die Straße geradeaus durch Obstgärten hinauf zum **Hof Grubenfranzl** ❹, 840 m. Auf einem Waldweg in Windungen nach Nordosten empor zu den Wiesen beim verfallenen **Hof Greger am Berg** ❺, 970 m, und im Wald weiter zu einer Forststra-

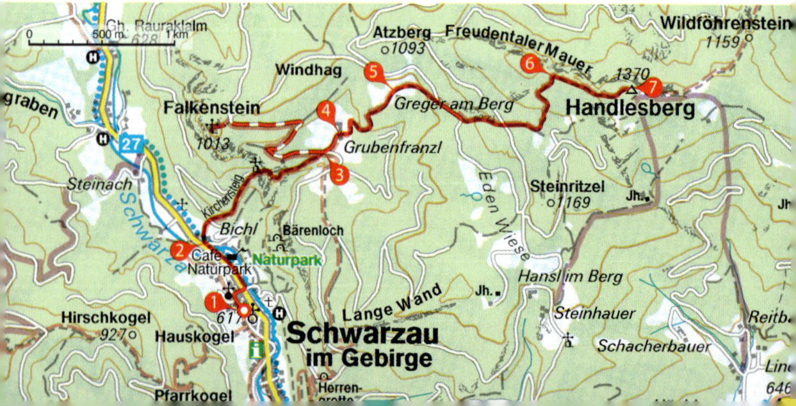

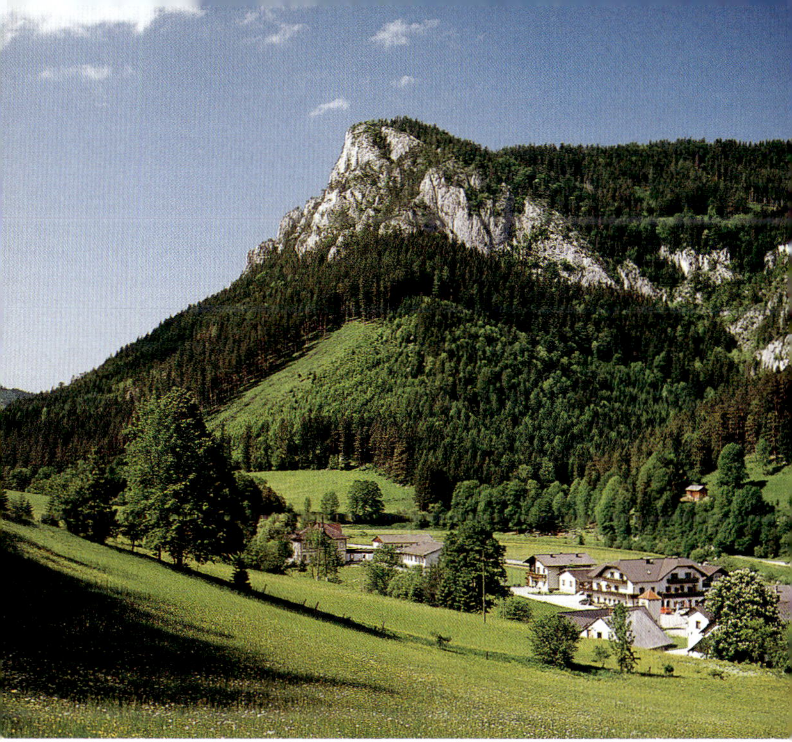

Der markante Falkenstein über Schwarzau im Gebirge.

ße. Auf ihr, sich rechts haltend, in einen seichten Graben und durch ihn auf einem bez. Steig in Ostrichtung hoch zur Straße. Diese ein Stück geradeaus, dann links ab und auf einem guten Steig in steilen Serpentinen nach Norden empor zur Kammhöhe der **Freudentaler Mauer** 6, 1271 m, mit Tiefblick in die Rax. Den bewaldeten Kamm vorerst eben nach rechts (Osten), dann steil hinauf zum höchsten Punkt des **Handlesbergs** 7, 1370 m, der nach Norden in steilen Felswänden abbricht. (Wenig unterhalb des Gipfels zweigt ein bez. Steig ab, der ostwärts bald zu aussichtsreichen Wiesen mit Prachtblick auf Schneeberg, Rax- und Schneealpe führt.) **Abstieg** auf demselben Weg nach **Schwarzau** 1.

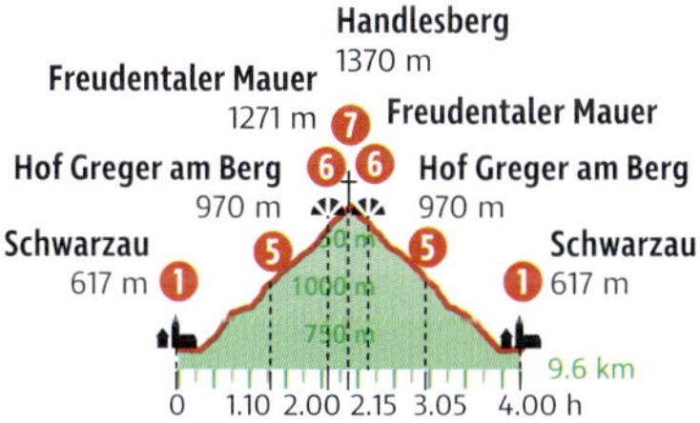

↗ 300 m | ↘ 300 m | 6.1 km

48 Wasserstein (Nordgipfel), 962 m

2.45 h

Wanderabenteuer bei Rohr im Gebirge

Man muss es eingestehen: Weder landschaftlich noch touristisch lohnt der Wasserstein einen Besuch, doch was im überreichen Maße geboten wird, sind Einsamkeit und unberührte Natur. Und es fehlt der »Gipfelsieg«, denn das aus dichten Wäldern aufragende zweigipfelige Felskastell ist für Wanderer nicht wirklich zugänglich und bietet der Vegetation wegen keine umfassende Rundsicht. So bleibt das Unternehmen Wasserstein ein Abenteuer der besonderen Art …

Ausgangspunkt: Kirche im Ortszentrum von Rohr im Gebirge, 683 m. Parkplätze im unteren Ortsbereich, an der B21 beim Gemeindeamt. Bushalt.
Anforderungen: Eine Kurztour der Sorte »Wandern extrem« durch ein einsames, unberührtes Waldgebiet. Meist verblasst rot bez., verfallene Steige. Nur für geübte Pfadfinder!
Einkehr: Mehrere Einkehrmöglichkeiten in Rohr im Gebirge. Unterwegs keine Einkehr!

Von der Kirche in **Rohr** ❶ nordwärts zum Hotel Kaiser Franz Josef und links an ihm vorbei zu einer Verzweigung. Rechts auf einem Naturfahrweg (»Sonnenpromenade«, »Tümpflweg«) entlang einer Allee über eine Wiese nach Norden hinauf zum Waldrand. Dort rechts zur Weggabelung bei einer Station des **Fitness-Parcours** ❷ mit einem schönen Blick zurück auf Rohr. Den verblasst rot bez. Fahrweg nach links in den Wald, dort nach Norden zu einer **Anhöhe mit Bank** ❸ und jenseits sanft bergab in den **Kohlgraben** ❹. Den Waldgraben in Nordostrichtung aufwärts zu einer Linkskehre mit Schranke. Geradeaus weiter bergauf, später auf einem schlecht erkennbaren Fußweg den seichten Graben, an Felsbildungen vorbei, steil empor in den **Sattel** ❺, 910 m, zwischen Mitterberg und Wasserstein. Auf verblasst rot bez. Steigspuren in Richtung Wasserstein nach rechts aufwärts in einen Sattel, danach in der rechten Seite (Westflanke) des felsigbewaldeten Kamms unter den Nordgipfel des Bergs, wo der Pfad zu fallen beginnt. Links ab und weglos empor zur Kammhöhe, danach im steilen Waldgelände nach links (Norden) hinauf auf den **Wasserstein-Nordgipfel** ❻, 962 m, mit schönem Blick auf Gippel, Göller, Rax und Schneeberg sowie Tiefblick auf Rohr im Gebirge.

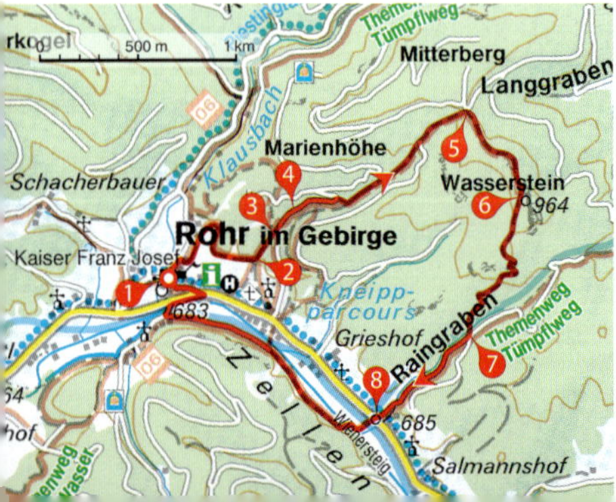

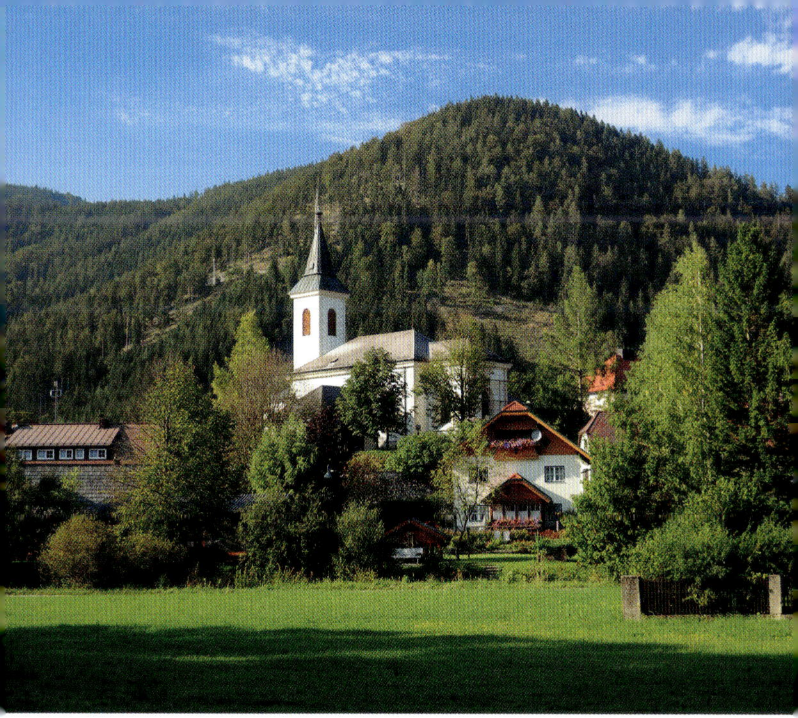

In Rohr im Gebirge startet unsere Erlebniswanderung zum Wasserstein.

Hinab zum rot bez. Pfad und auf diesem links, unter dem Wasserstein-Südgipfel, 964 m (Kletterei!), vorbei, an den Waldhängen nach Süden abwärts, später über den Südrücken und zuletzt eine steile Waldflanke hinab zur Forststraße im **Raingraben** 7, die an einer Verzweigung erreicht wird. Die blau bez. Straße durch den Graben in Südrichtung talauswärts in den Zellenbachgraben, dort über eine Wiese zu einem **Haus an der B21** 8. Die Straße 10 m nach rechts, dann links (Süden) über die flache Wiese zum Zellenbach. Neben diesem, über einen Mühlbach hinweg, 50 m nach rechts, dann nach links über den Zellenbach an das Südufer. Dort in Nordwestrichtung durch Wiesen und an Waldhängen entlang, schließlich über eine Brücke nach rechts in das Ortsgebiet von **Rohr** 1.

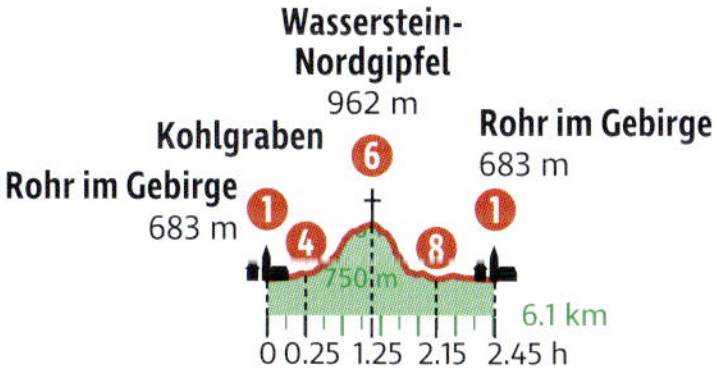

↗ 600 m | ↘ 600 m | 8.3 km

49 Jochart, 1266 m

3.15 h

Ein erstklassiger Alpenschauplatz am Oberlauf der Schwarza

Im Norden von Rax und Schneeberg, an der oberen Schwarza gelegen, gehört der Jochart zu jenen Aussichtsbergen, die zwar hinlänglich bekannt, jedoch wegen ihrer Entfernung von Wien niemals überlaufene Tourenziele geworden sind. Wer die lange Anreise nicht scheut, für den vollzieht sich das große Wunder im Laufe des nirgends beschwerlichen Anstiegs, wenn nach einem dichten Waldgürtel die hehre Szene der Kalkhochalpen in Erscheinung tritt. Eine festtägliche Bergwanderung fürwahr, am schönsten wohl im Frühling oder bei herbstlicher Farbenpracht.

Ausgangspunkt: Ortszentrum von Rohr im Gebirge, 683 m. Parkplätze im unteren Ortsbereich, an der B21 beim Gemeindeamt. Bushalt.

Anforderungen: Unschwierige Wanderung auf gut bez. Wegen.
Einkehr: Einkehrmöglichkeiten in Rohr im Gebirge. Unterwegs keine Einkehr!

Von **Rohr** ❶, die Klausgraben-Straße querend, in Westrichtung hinauf zum Garhof. Auf der Naturstraße nordwestwärts weiter zum **Schacherbauer** ❷, 700 m, dann durch einen Wiesengraben, zuletzt durch Wald in einer Schleife (bez. Abkürzer benutzen!) empor zum Sattel beim **Schacherkreuz** ❸, 780 m. Rechts den blau bez. Karrenweg durch Wald in Westrichtung aufwärts zu einer Verflachung. Den nun verfallenen Karrenweg noch ein Stück eben weiter, dann halb links (!) auf dem bez. Steig, an einem Zaun entlang, eben zum Südrücken des Jochart. Über ihn steil empor zur großen baumfreien **Südschulter** ❹, 1100 m, mit Holzhütte und Stierweide. Die Wiese in Nordrichtung hoch, später über einen Zaun und nach rechts hinauf in den Wald. Dort auf einem guten Steig weiter, zuletzt über Wiesen zum Gipfel des **Jochart** ❺, 1266 m, mit Blick auf Gutensteiner Alpen, Schneeberg, Rax, Schneealpe, Gippel, Göller, Mariazeller und Türnitzer Berge.

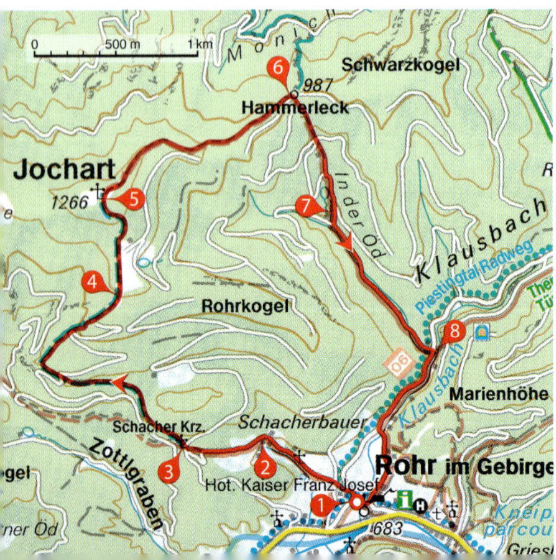

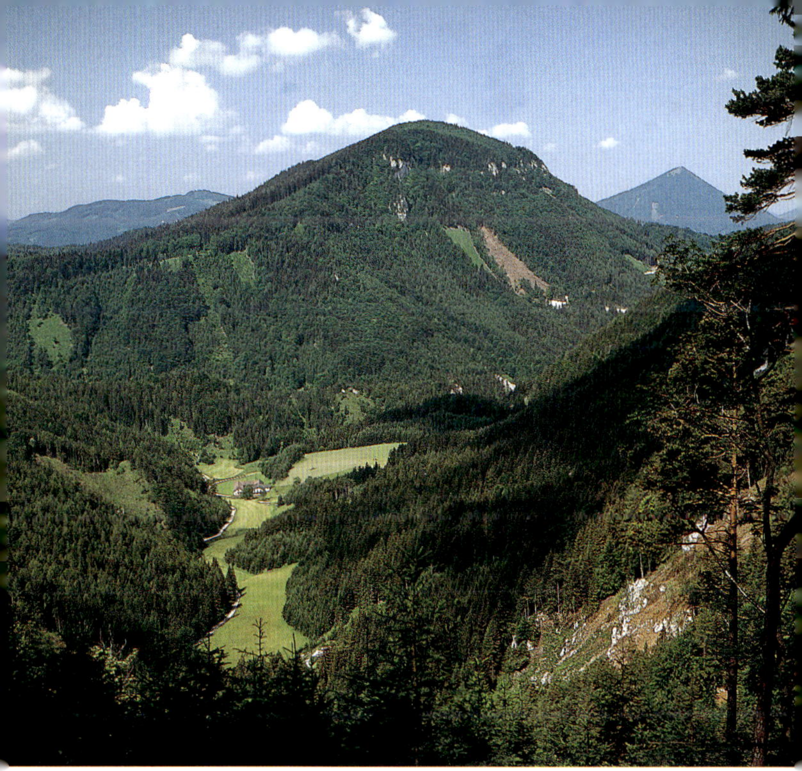

Tiefblick vom Jochart in das Halbachtal, darüber Hegerberg und Türnitzer Höger (rechts).

Auf dem rot bez. Steig den steilen bewaldeten Nordostkamm des Berges hinunter und über eine Kuppe hinweg zum Sattel des **Hammerleck** 6, 987 m. Die querende Forststraße nur wenige Meter nach rechts, dann links auf dem bez. Steig durch Wald steil nach Süden hinab in den Ödgraben. Durch ihn bei abnehmender Steilheit bald auf einer Forststraße talauswärts zu einer **Jagdhütte** 7, 774 m. Die Straße weiter in den **Klausgraben** 8, 692 m, und dort auf der Asphaltstraße nach rechts zurück nach **Rohr** 1.

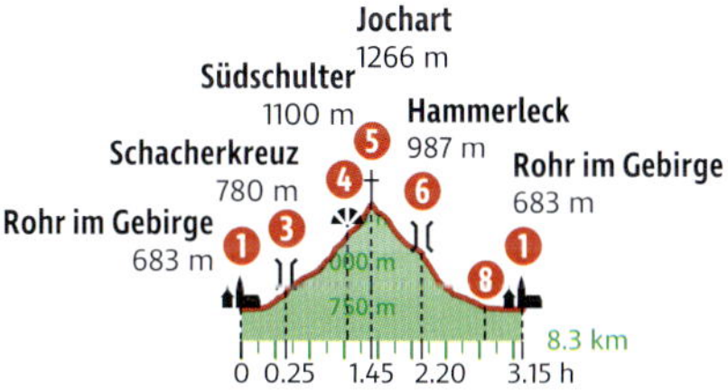

↗ 580 m | ↘ 580 m | 9.7 km

50 Unterberg, 1342 m, von Westen

3.15 h

Großer Voralpengipfel einmal anders

Position und Höhe stempeln den Unterberg zu einer hervorragenden Landmarke im Bereich der ostösterreichischen Kalkvoralpen. Die Besteigung dieser auch als Skiberg bedeutsamen Höhe ist daher ein Anliegen aller Bergfreunde rings um Wien. Der hier vorgestellte Anstieg vom Hof Gries folgt dem Westrücken des Unterberges und gilt als kaum bekanntes Tourenschmankerl um Rohr im Gebirge.

Ausgangspunkt: Hof Gries, 770 m, Parkplatz, im inneren Reinbachgraben, am Westfuß des Unterbergs. Zufahrt von Rohr im Gebirge, 6 km.
Anforderungen: Leichte, nur wenig anstrengende Wanderung auf meist unbez. Wegen und Forststraßen.
Einkehr: Unterberg Schutzhaus (19 B., 30 L., eigener Schlafsack erwünscht; 10./15. Nov.–5./10. Dez. geschlossen, sonst immer offen, Mo., wenn Feiertag Mo./Di. Ruhetag, Tel. +43 2632 74190, www.unterberg-schutzhaus.at).
Variante: Vom Unterberg Schutzhaus kann kürzer, aber weniger schön durch den gesamten Miragraben nach Gries im inneren Reinbachgraben abgestiegen werden.

An der Straßenteilung östlich vom **Hof Gries** ❶ auf der unbez. Forststraße den bewaldeten Gscheidgraben in Nordostrichtung aufwärts zur Rechtsabzweigung eines **Karrenwegs** ❷, 850 m. Diesen kurz nach Osten hoch, dann südwärts, an steilen Waldhängen entlang, empor an den Südwestrücken des Unterbergs. Über ihn zu einer schönen Wiese, dann hinauf zu einer querenden Forststraße und diese nach rechts auf ein weites Wiesenplateau mit dem **Unterberg-Jagdhaus** ❸, 1110 m. Auf einem breiten Fahrweg über die Wiesen eben nach Nordosten in einen Graben. Dort links ab und auf einem guten Pfad im Graben weiter empor zum **Blochboden** ❹, 1201 m, wo

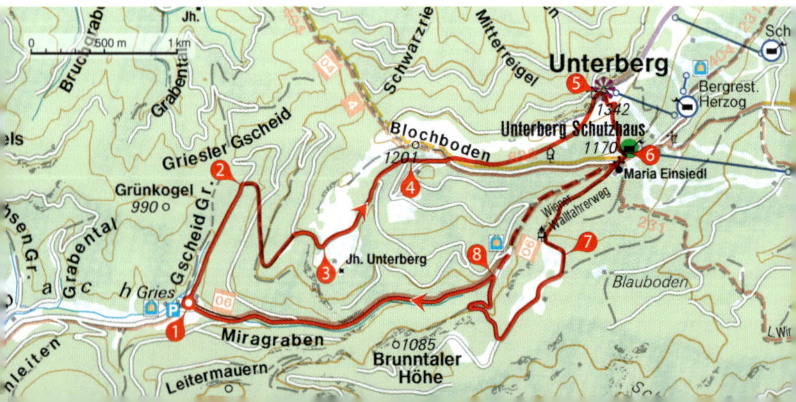

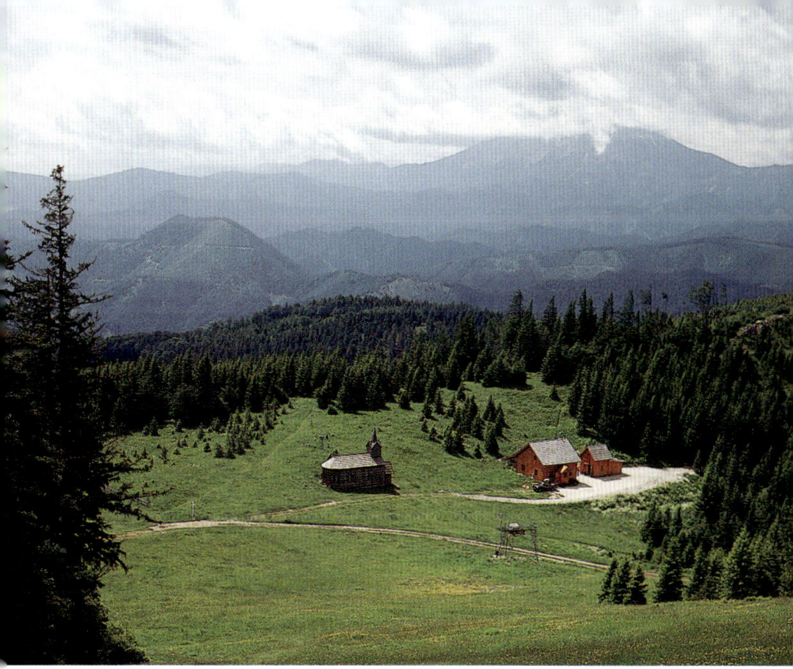

Die Kapelle Maria Einsiedl beim Unterberg Schutzhaus.

ein Fahrweg (Nr. 4, 404 und 622) quert. Auf einem unbez. Steig entlang eines Zaunes geradeaus hinauf zum grasigen Westrücken und über ihn zum höchsten Punkt des **Unterbergs** 5, 1342 m, mit Gipfelkreuz und Rundsicht. Am linken Rand einer steilen Wiese auf einem Steig nach Süden hinab zu einer großen Schulter mit dem **Unterberg Schutzhaus** 6, 1170 m, und Schneebergblick.

Den Fahrweg 100 m eben nach rechts (Südwesten) zur Kapelle Maria Einsiedl. Dort geradeaus und auf einem unbez. Fahrweg im Wald hinab in den Wiesensattel beim **Blauboden** 7, 1070 m. In Südwestrichtung weiter bergab, dann durch Wald zu einer Wegteilung. Rechts auf der Forststraße durch einen steilen Waldgraben nach Norden hinunter in den **Miragraben** 8, 970 m. Dort quert eine weitere Forststraße (Weg Nr. 206); auf ihr in Westrichtung talauswärts zum **Hof Gries** 1.

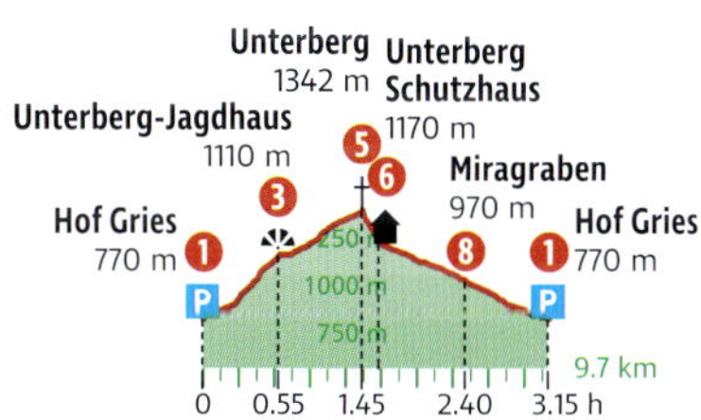

STICHWORTVERZEICHNIS

H

J

K

L

M

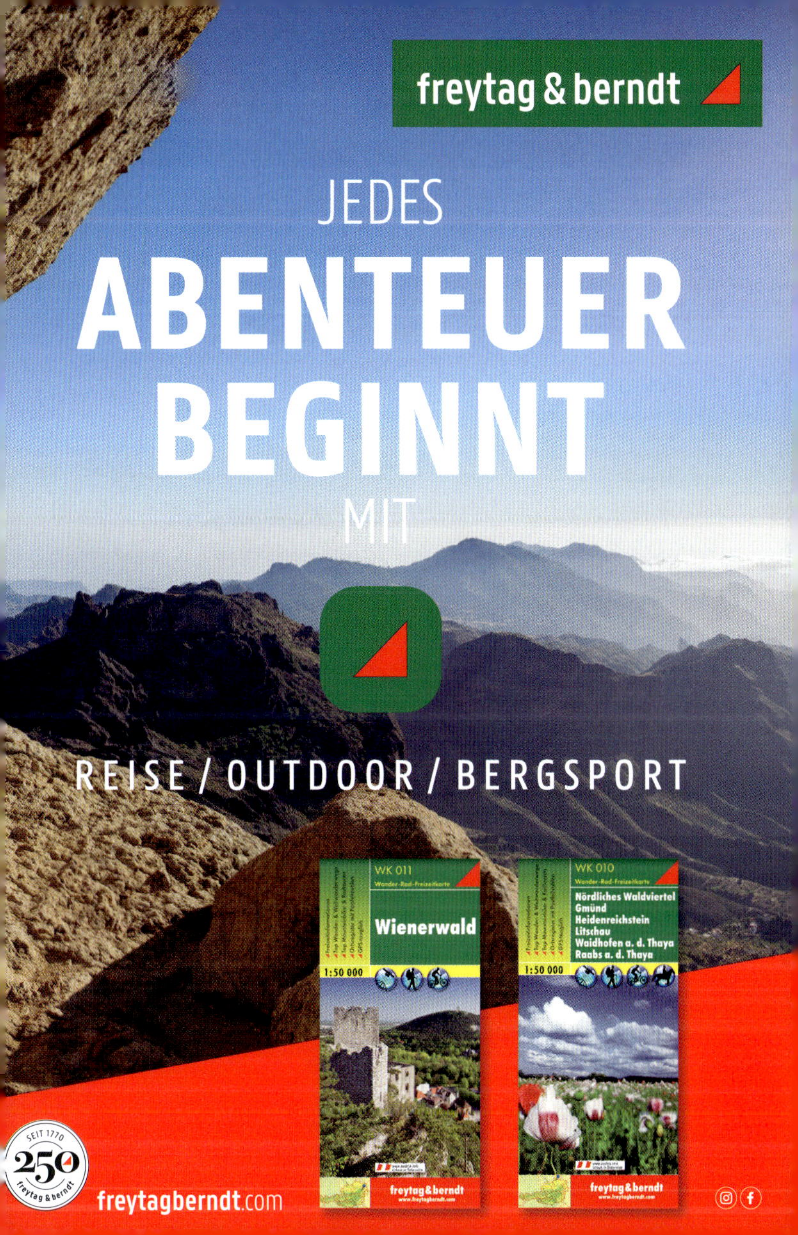
freytag & berndt
JEDES
ABENTEUER
BEGINNT
MIT
REISE / OUTDOOR / BERGSPORT
WK 011
Wander-Rad-Freizeitkarte
Wienerwald
1:50 000
freytag&berndt
WK 010
Wander-Rad-Freizeitkarte
Nördliches Waldviertel
Gmünd
Heidenreichstein
Litschau
Waidhofen a. d. Thaya
Raabs a. d. Thaya
1:50 000
freytag&berndt
SEIT 1770
250
freytag & berndt
freytagberndt.com

Umschlagbild: Der kreuzgeschmückte Gipfel des Hochstaff (Tour 8) im Gebiet der Reisalpe mit dem Wiesenplateau der Ebenwaldhöhe von Süden.

Bild im Innentitel: Der Waldkegel des Schober mit dem Schobersattel von Südwesten (Tour 27 und 40).

Bild Seite 2: Die Kapelle am Hegerberg (Tour 14).

Alle Fotos von den Autoren.

Kartografie:
50 Wanderkärtchen im Maßstab 1:50.000 und 1:75.000
sowie zwei Übersichtskarten im Maßstab 1:500.000 und 1:800.000

2., aktualisierte Auflage 2021

ISBN 978-3-7633-4500-7

FSC www.fsc.org MIX Papier aus verantwortungsvollen Quellen FSC® C021956

Wir freuen uns über jeden Korrekturhinweis zu diesem Wanderführer!
Bitte per E-Mail an: leserzuschrift@rother.de

ROTHER BERGVERLAG · Keltenring 17 · D-82041 Oberhaching
Tel. +49 89 608669-0 · www.rother.de